저도 **북한**에서
왔습니다

저도 **북한**에서 왔습니다

/ 자유가 선물한 소중한 삶을 돌아보며 /

조웅규 이야기

13살 어린 나이에 고향, 원산을 떠난 지 73년!

절박하고 억울하고 힘들었던 때도 많았으나 그러나 '결국 해내고 말았다'는 자부심과 보람으로
가득한 이야기입니다. 한 탈북 실향민의 삶에 관한 진솔한 이야기라 하겠습니다.
그리고 자나 깨나 '자유통일'을 간절히 염원하는 북한동포와 탈북민의 애환도
함께 나누는 따뜻한 마음을 가져 주시면 합니다.

좋은땅

오늘 2022년 10월 9일은 나의 선친 조희렴(曹喜炎, 1885-1950년) 목사가 북한 땅, 원산에서 순교하신 72회 기일이다.

1950년 6.25 남침 며칠 전에 아버님은 '기독교 목사' 그리고 김일성 정권에 협조하지 않는 미국 교육을 받은 '인민의 적'이란 죄목으로 재판도 없이 원산 감옥소에 투옥되어 혹독한 고문과 옥고를 치르고 계셨다.

그해 10월 9일 새벽 UN군의 원산 진격 바로 직전 북한군이 퇴각하면서 김일성의 공산 괴뢰들에 의해 아버님은 무참히 살해되었다. 그들은 원산 형무소 뒤 축사(畜舍)에서 총대로 무자비하게 얼굴과 머리를 때려 쳐서 아버님은 65세에 참혹하게 순교하셨다.

그때 내 나이 13세 어린 소년이었다.

사랑하고 존경하던 아버님이 처참한 죽음을 당하여 하나님 곁으로 가신 후 나는 온갖 역경과 싸우며 험난한 삶을 살았다. 그러나 보람이 있었던 삶이었다고 자부한다.

13세 어린 나이에 정겹고 그리운 내 고향 원산을 피난민이 되어 쫓기듯 떠나서 72년이 지난 지금 돌이켜 보면 자유를 찾아 떠난 나의 선택이 옳았다고 본다. 그러나 언제나 망향의 한을 품고 원산을 그리며 산다.

정말 내 고향 원산은 인심 좋고 아름다운 북한에서 제일 살기 좋은 항구 도시다. 특히 원산의 2대 명소인 그 유명한 명사십리와 송도원은 항상 내 마음에 그림처럼 남아 있다.

명사십리는 흰모래사장이 10리나 길게 펼쳐 있어 주어진 이름이다. 고운 흰모래사장을 따라서 핀 해당화 꽃밭은 참 절경이다. 이와 함께 송도원 해수욕장 역시 맑고 시원한 바닷물과 하얀 모래사장 그리고 푸른 소나무 밭으로 조화를 이루어 원산을 유명한 해안 휴양지로 만들었다.

죽기 전에 꼭 다시 돌아가 보고 싶다. 원산을 떠나 세상을 떠돌며 산 지 72년, 그러나 아버님과 어머님의 종교적, 정신적 가르침에 큰 힘을 얻어 파란만장한 삶 속에서도 정직, 소신, 용기, 지혜와 함께 하나님의 인도하심에 감사하며 살았다.

어려움에 직면할 때마다 무에서 유를, 불가능을 가능으로 만들겠다는 각오로 혼신의 힘을 다할 수 있었던 것도 사랑하는 아버님과 어머님의 가르침의 덕이었다.

이제 순교하신 아버님을 추모하며 지난 85년의 험난하면서도 보람이 있었던 나의 삶을 돌아보고자 한다.

6.25 전쟁 전후의 나의 유·청소년 시절, 대학 졸업과 함께 시작한 사회생활, 미국 유학 생활 그리고 대학교수와 국회의원으로 겪었던 많은 일들을 사실대로 정리해 기록으로 남기고자 한다.

목차

17부   언론 인터뷰를 통해 본 조웅규   423

1부

순교자 조희렴 목사의 생애

어린 시절의 조희렴(曺喜炎)과 경신학원

조희렴 목사는 1885년 2월 20일 함경남도 함흥에서 한학자 집안의 아들 셋 중 막내로 태어났다. 한학을 공부하며 동네에서 장난이 심한 아이로 자랐다.

20세 때 함흥에서 선교 활동을 하던 캐나다 선교사를 만나 영감을 받고 기독교인이 되었다. 총명함을 알게 된 선교사는 아버님에게 목회자의 길을 택하도록 권고하였다.

그리고 신학교육을 받을 수 있는 교육 과정을 위해 우선 서울의 경신학원에 진학시켰다. 경신학원에서 신학문을 배우면서 어학에 뛰어난 재능을 보였다.

아버님은 1910년에 미국에서 독립운동을 하다 잠시 귀국해 경신학원에서 교편을 잡고 후학을 가르친 이승만(1875-1965년, 대한민국 제1·2·3대 대통령) 박사를 만났다. 그때 이 두 사람은 특별한 사제관계를 맺었다.

1912년 이승만 박사가 다시 미국으로 가게 되어 자신이 추진하던 유년 주일학교 사업을 아버님에게 부탁하고 떠났다. 이런 인연으로 1933년에 아버님은 조선주일학교 대회장이 되어 주일학교 부흥을 위한 사업에 역점을 두고 활동하셨다.

또한 종교, 교육 그리고 애국 활동에도 혼신의 힘을 다했다.

아버님은 1911년 경신학원 제6회 졸업생 9명 중 한 분이다. 2015년 10월 15일 경신학교 개교 130주년 기념식에서 조희렴 목사는 '그의 나라사랑과 신앙 생활이 모든 이들에게 모범이 되며 기독교 학교인 경신학교의 명예를 높인 가치를 인정받아' 제1회 자랑스러운 경신인상을 받으셨다.

매컬리 선교사와 캐나다 유학

1914년 캐나다 장로교 한국 선교회의 여선교사 루이스 매컬리(1886-1945년)의 도움을 받아 아버님은 캐나다로 유학을 가게 되었다.

일제강점기 초기에 일경의 삼엄한 감시를 피해 두만강을 건너 러시아의 블라디보스토크를 거쳐 해안을 따라 동북진하여 북극해의 베링(Bering) 해협을 건넜다. 그리고 알래스카를 거쳐 캐나다 대륙을 횡단하여 대단히 위험하고 고난스러운 길고 긴 여로를 모험하며 동부의 토론토에 도착했다.

그는 캐나다 토론토에 발을 디딘 최초의 한국 사람이다.

경신학교를 졸업하고 연희전문을 거쳐 캐나다 댈하우지대학교(Dalhousie University)에서 신학 학사학위를 취득한 후 토론토대학교에서 신학 석사학위를 받고 목사 안수를 받았다. 공부를 계속할 목적으로 미국으로 가서 시카고대학교 대학원에 진학했다.

그가 시카고대학 시절에 한국 유학생회 및 국제유학생회 총회장 등을 역임하고 활동했다. 유학생들이 휴식할 수 있는 기거 공간을 만들기 위해 록펠러(Rockefeller) 재단의 지원을 얻어 내어 대학 구내에 'International House' 건물을 건립하였다.

또한 전 미국 한인 유학생회 총회장으로 선출되어 유학생들의 복지 및 지위 향상을 위해 활약하면서 탁월한 리더십을 발휘하였다. 이때에 은사인 이승만 박사와도 깊고 오랜 관계를 돈독히 지속하면서 그가 하는 독립운동에도 참여하여 활약했다.

김원용 저《미주한인 50년사》에 따르면 1924년 조희렴과 염광섭, 차의석, 김원용, 강영소, 김경, 박장순 등의 발기로 시카고에 한인 감리교회를 설립하고 '링컨' 애비뉴에 있는 미국인 교회 지하실을 예배당으로 사용했다고 한다.

시카고대학교에서 교육학, 사회학으로 석사학위 두 개를 취득했다. 인류학으로 박사과정을 수료한 후 학위 논문 준비 중에 캐나다 장로교 선교회로부터 '귀국하셔서 귀하의 힘을 신학교육에 보태 주시기 바랍니다.'라는 부름을 받고 13년 만인 1927년에 귀국, 함흥으로 돌아왔다.

1979년 4월 토론토에서 개최된 학술회의에 참석하기 위해 내가 토론토를 처음으로 방문했을 때 감회가 남달랐다. 일찍이 아버님이 이곳에 오셔서 신학을 공부하신 곳이기 때문이다. 토론토에서는 어디서 사셨을까, 여러 가지 아버지에 대한 기억을 떠올리기도 하면서 그리움이 마음속 깊이 사무쳐 왔다.

회의에 참석한 몇 분의 한국인 학자들을 만나 휴식 시간에 담소를 나누고 있었다. 한 분이 자기가 토론토 한인 이민사를 연구하고 박사학위 논문을 쓰고 있는데 1914년에 토론토에 처음 온 한국 사람이 조희렴이라고 말했다.

내 아버지의 존함을 듣는 순간 나는 너무 놀랐다. 무슨 이런 우연이 있는가! 조희렴이 나의 선친이라고 말했더니 그분은 나보다 더 놀랐다. 그리고 너무 반가워하며 아버님에 대해 연구하면서 알게 된 여러 가지 좋은 이야기들을 들려주었다.

그리고 다음 날 토론토 캐나다 선교부의 Archives(기록보관소)에 아버님에 대한 자료들이 보관되어 있다며, 아버님이 선교부에 보낸 친필 서신 2개와 타자로 친 편지 하나의 사본을 나에게 가져다주었다.

이 학회 참석에 나는 크게 보람을 느꼈다. 아버님의 수려한 영어 필체로 친근감 있게 쓴 영문 서신들과 그 옛날, 한 세기도 전 발명 초기의 희귀한 기계식 수동 타이프라이터의 작은 활자를 쳐서 쓴 편지를 읽으면서 캐나다 유학 시절의 아버님을 회상하였다.

나는 지금도 아버님의 그 소중한 편지들을 보며 아버님의 유학 시절을 상상해 본다.

1927년에 귀국한 조희렴 목사는 캐나다 선교회의 매컬리 선교사가 자신의 어머니 이름으로 1910년에 개교한 원산 마르다윌슨 여자신학교 신학부장으로 교수하면서 훗날 신학교 원장이 되었다. 그리고 함흥 YMCA 총무로 활동하면서 김관식(1888-1948년, 신학자) 목사가 교장인 함흥 영생학교에서도 잠시 교편을 잡으셨다.

왕성한 종교 및 애국활동

농촌을 사랑하는 조 목사는 농촌계몽과 사회운동을 하면서 민족 독립을 위한 활동에도 전력을 다했다. 그리고 기독교 강연과 부흥회를 하면서 국내는 물론 만주 북간도 지방까지 순방하였다.

이런 조 목사의 애국적·종교적 활동은 일본 경찰의 감시 대상이 되어 일거수일투족을 감시받으면서도 독실한 신앙인으로 항상 하나님의 말씀에 순종하면서 당당하게 소신껏 할 일을 다하셨다.

조 목사는 나름대로 독립을 위한 확신과 함께 독립할 수 있는 방식도 고민하였다. 그는 '식민 치하를 벗어나는 길은 예수를 중심에 둔 미래세대 교육이 답'이라는 신념을 가지고 이를 실천하기 위해 주어진 여건 속에서 부단히 최선을 다하여 노력했다.

1920년대, 그 시대에 보기 드문 캐나다, 미국 유학을 한 기독교 엘리트로서 맹렬히 활동하면서 〈인류 사회가 어떻게 발전되었는가〉〈진화론을 시인하여야 할까〉 그리고 〈여자의 사회적 지위〉 등 다수의 논문도 발표했다.

1930년 8월 5일 독일 베를린에서 열린 제8차 세계기독청년면려회(World Christian Endeavor) 총회에 조 목사는 조선 기독교 대표로 참석했다. 기도하는 순서에 우리 민족이 일제 식민 치하에서 고난받는 사정을 알리고 조선해방을 위해 기도해 줄 것을 요청했다. 그러나 식민지의 힘없는 목사의 요청은 일본의 집요한 방해로 묵살당하고 말았다.

이로 인해 귀국 즉시 함흥경찰서에 연행되어 온갖 모진 고문을 받으며 옥고를 치러야 했다.

귀로에 조 목사가 유럽 국가들과 소련을 여행하면서 보고 느낀 기행문

《노농로국별견기(勞農露國瞥見記)》를 1930년 10월 7일부터 10월 22일까지 동아일보에 연재했다. 《북구별견기(北歐瞥見記)》 또한 1930년 10월 26일부터 11월 16일까지 동아일보에 연재하였다.

이 기고문에서 조 목사는 '천황이 신이 되어 예배를 받는 모순'을 지적하는 등 '정의를 억압하는 폭력은 끝내 폭력의 제물이 된다'고 강조하였다.

집필 중단을 강요당하는 등 일본 경찰의 협박을 수차례 받기도 했으나 '목이 꺾일지언정 붓을 꺾지는 못한다'고 버티었다. 나라를 빼앗긴 울분을 토하는 지식인의 절규이기도 했다.

일제가 군국주의를 강화하면서 기독교는 위기를 맞게 되었다. 1930년 대 말엽부터 총독부의 탄압으로 캐나다 선교사들이 모두 추방될 때 마르다윌슨 여자신학교 원장인 조희렴 목사는 폐교를 막아 보려고 고군분투하였으나 끝내 일제의 강제 조치로 신학교는 폐교되고 말았다.

일경에 의한 옥고와 공산 북한

1941년 12월 7일 일본 해군은 하와이 진주만의 미국 함대를 기습 공격하고 동남아시아와 중앙 태평양에서 전면적인 공세로 미국과 영국을 공격하기 시작한다. 그 결과 미국이 일본에 선전포고했다. 제2차 세계대전 태평양 전쟁이 시작되었다.

일본이 미국과 전쟁하면서 캐나다와 미국에 유학한 조희렴 목사는 친미파로 분류되어 심한 견제와 탄압을 받았다. 종내 독립운동과 신사참배 거부 등으로 원산 감옥에 투옥되어 근 3년여의 심한 옥고를 치러야만 했다.

1945년 8월 15일 해방과 함께 조 목사는 석방되어 자유인이 되었다. 그러나 일제 식민지에서 해방이 되고도 자유가 없는 공산주의 사회에서 살게 될 거라고는 상상을 못 했다.

3년 이상을 독립운동과 종교 때문에 일제에 의해 투옥되어 옥살이를 했으나 북한 지역인 원산과 함흥을 중심으로 주로 활동하여 남한에는 아버님의 활동 및 투옥 기록이 없다. 그래서 국가독립유공자로 예우 받지 못한 것이 너무 속상하다.

나는 보훈처를 찾아가 아버님의 투옥 사실과 아버님에 관한 여러 문헌 중 투옥에 관한 기록들이 있어 이것들을 근거로 국가독립유공자 심사를 신청했으나 정부의 공식 기록이 없다는 이유로 심사가 불가능하다고 했다.

지금 원산에서 일제강점기의 아버님 기록을 가져온다는 것은 불가능하다. 과연 내가 통일의 그날까지 살아서 아버님이 일제에 의해 투옥되고 고난받은 기록을 찾아볼 수 있을 것인지 막연히 기대하며 살고 있다.

조 목사는 송창근, 김관식, 함태영, 김재준 목사 등과 함께 조선 신학원

(한신대 전신) 설립을 추진하고, 제1대 이사로 참여하였다. 그러나 38선이 그어져 남북이 분단되면서 38선 이남에는 올 수 없게 되어 신학원에서 강의 한번 하지 못했다.

해방 후 아버님은 시민들에 의해 원산 부시장에 추대되었다. 평양에는 조만식이 있듯이 원산에는 조희렴이 있었다. 원산 시민들이 그를 행정관으로 초빙한 것이다. 시장은 행정에는 별 관심도 능력도 없는 노동당 간부가 평양에서 내려와 공무원들을 감시 감독하는 일에만 치중하며 하는 일이 별로 없었다.

조 목사는 이내 공산주의 이념에 동조할 수 없어 사임하였다. 그리고 바로 공산 치하에서 흩어진 성도들을 모아 원산 남부교회를 설립하고 서민들과 시장에서 장사하는 영세 상인들이 중심이 된 교회에서 목회에 전념하게 되었다.

공산당의 온갖 박해를 무릅쓰면서도 평양에서 조만식(曺晩植, 1883-1950년) 장로의 '조선민주당에 힘을 보태 달라'는 요청으로 조선민주당의 원산시 당 책임자가 되어 있을 때 이승만 대통령이 밀사를 보냈다.

이승만 대통령의 밀사

　1948년 가을 어느 날 이승만 대통령이 보낸 밀사가 조 목사 자택을 은밀히 찾았다. "목사님 월남하시지요. 각하께서 친히 목사님을 모셔오라는 분부이십니다." "뜻은 고맙습니다만 제가 어떻게 이곳을 떠나겠습니까?" "어떻게라니요." 밀사는 의아하여 눈을 치켜떴다. "목사에게는 양들이 있습니다. 그 양을 버리고 어떻게 목사가 도망을 치느냐는 것이지요." "그래도 죽음이 지척에 이르렀는데…." "아닙니다. 저는 양들과 함께 생사를 같이 하겠습니다. 또 북한의 기독교가 위험합니다. 기독교를 지키는 일도 매우 중요합니다."

　밀사도 호락호락하지는 않았지만 조희렴 목사의 뜻이 완강하여 더 이상 입을 떼지 못하고 물러났다. 이승만 대통령으로부터 남한에 오기를 권고받았으나 조 목사는 '교회와 양을 지켜야 한다'고 북에서 떠나지 않았다.

6.25와 아버님의 마지막 모습

　김일성은 해방 후 5년간 소련과 중공의 적극적인 지원하에 남침 준비를 마쳤다. 1950년 6월에 8월 15일까지 남반부를 해방시킬 목적으로 기습 남침을 계획했다.

　350km의 38선 전역에 걸쳐 5개 방면 11개소에 북한 인민군을 전진 배치하였다. 6.25 전쟁을 비밀리에 준비하면서 또 한편으로 북한의 민주 인사들을 잡아 재판 없이 감옥에 투옥하였다.

　이때 조희렴 목사도 기독교 목사이며 친미파 반역자로 국가보위부에 연행되어 투옥되었다. 연행된 다음 날 어머님은 수소문하여 국가보위부 원산 지부에 아버님이 잡혀 있다는 것을 알게 되었다.

　음식과 옷을 챙겨 나에게 따라나서라고 하여 보위부 지부로 갔다. 유리창 너머로 의자에 앉아 계신 아버님의 옆모습을 볼 수 있었다. 내가 본 그때의 옆모습이 아버님의 생전의 마지막 모습이 되고 말았다.

　1950년 6월 25일 새벽 4시 비 내리는 38선 전역에 걸쳐 북한 인민군은 일제히 남한의 국군 방어진에 맹렬한 포격으로 기습 공격을 하면서 한국 전쟁이 발발했다.

　1950년 6월 28일 UN안보리에서는 소련의 불참으로 UN군 한국전 참전이 만장일치로 의결되었다. 따라서 6월 29일 27대의 미군 전투기들이 평양 지역을 폭격했다.

　전쟁이 가열되면서 미군의 원산폭격도 심해져 우리 가족은 시골로 피난을 갔다.

　그러던 중 1950년 10월 초순 UN군의 원산 진군을 목전에 두고 김일성은 원산 형무소에 수감된 300여 명의 모든 정치범들을 참혹하게 처형하였다.

처형은 형무소 뒷산 밑에 일제 때 파서 만든 방공호에서 3일간 이른 새벽 미명의 어두움을 틈타 잔인하게 진행되었다. 정치범들을 4인조로 묶어 눕힌 후 한 사람씩 총살하고 또 그 위에 생선 절이듯 층층이 눕혀 총으로 쏘아 모두를 학살하였다.

이 집단 학살 현장에서 살아남은 이가 한준명(1907-1999년) 목사다. 천우신조의 기적으로 총알이 어긋나 피로 범벅이 된 시체들 속에서 그는 죽음을 면했다. 그는 이 처참하고 잔인한 학살 현장에서 일어난 모든 것을 목격한 살아 있는 증인이었다. 그리고 6명이 그 속에서 더 살아남았다 한다.

10월 9일, 처형하기 전 이른 새벽 미명의 어두움을 타고 모든 죄수들을 마당에 집합시킨 후 횃불을 들고 정치범과 민사범을 구별하였다. 민사범은 즉석에서 석방하고 정치범만 처형하였다.

구별하는 과정에서 아버님을 개인적으로 존경하였던 한 간수가 아버님이 호명되자 민사범 쪽으로 밀어 버려 얼떨결에 영문도 모른 채 석방되었다.

잠시 귀가 후 당한 죽음

아무것도 모르는 아버님은 8.15 해방 때 일본 당국이 석방한 것처럼 이제 석방되는 것으로 알았던 것 같다. 옥고를 치르며 영양실조로 발걸음을 옮기기도 힘들 정도로 쇠약해진 몸으로 젊은 두 장정의 도움을 받아 약 10리 거리에 있는 집까지 힘들게 걸어서 도착했다.

사실 투옥되기 전 아버님은 65세의 나이에도 활력이 넘치는 건강한 분이셨다. 캐나다 유학 시절에 시작해 일상이 된 냉수마찰욕과 규칙적 운동을 아버님은 원산의 가장 추운 영하 14도의 엄동설한에도 하루도 거르지 않으시며 건강관리를 하셨던 분이다. 그러나 감옥생활 100일도 채 안 되었는데도 스스로 거동하실 수 없을 정도로 쇠약해지셨다. 기막히고 너무 분하다. 김일성 괴뢰들의 비인간적 학대로 인한 심한 옥고와 최악의 부실 급식으로 몸이 완전히 망가져 두 젊은이들의 부축을 받고서야 힘겹게 집까지 오신 모양이다.

우리 가족은 폭격을 피해 시골로 피난을 가고 집에 없었다. 대신 이웃에 홀로 사는 교회 여집사가 우리 집 지하실이면 안전하니 집도 지킬 겸 와서 살겠다고 하여 허락했다.

이 집(함경남도 원산시 명석리 205번지)은, 나의 이복 자형 되시는 최황(崔晃, 1908-1980년) 박사의 도움으로 지었다.

1934년 미국 오하이오 주립대학교에서 화공학으로 공학박사를 취득한 분이다. 한국인으로는 최초의 화공학 박사다.

귀국 후 연희대학교와 유한양행에서 근무했다. 그리고 중국 상해에 가서 화학공장을 설립 운영하면서 엄청난 부를 축적하였는데 1940년대 초장인인 아버님이 집을 짓는 것을 알고 재정적 도움을 주어 서양식 2층 돌집을 건립할 수 있었다고 한다.

이 집은 마르다윌슨 여자신학교가 내려다보이는 언덕 위에 있었다. 구조는 선교사들의 집처럼 서양식 돌집으로 벽난로, 욕실과 수세식 변기를 갖추고 지하실도 있는 근사한 돌집이다. 해방 후 소련의 원산 점령군 사령관이 집요하게 우리 집을 탐냈으나 아버님의 완강한 거절로 뜻을 이루지 못했다.

여집사가 홀로 지하실에서 집을 돌보며 지내겠다고 하여 허락한 것이 아버님의 운명을 바꾼 것이 아닌지 지금도 생각하면 가슴이 아프다.

만약 그 집사가 집에 없었다면 문이 잠겨 있어서 아버님은 이웃의 다른 집으로 혹은 먼 곳으로 갔을 것이다. 그랬으면 아버님을 잡으러 온 무장 군인들은 집에 왔다가 빈집이라 포기하고 그냥 돌아갈 수밖에 없었을 거란 생각을 하게 된다.

아버님이 집에 와 문을 두드리자 그 집사는 아버님을 반갑게 맞으며 안방으로 안내하고 더운 차를 준비하고 있었다.

그때 밖에서 갑자기 트럭 소리가 요란스럽게 나며 십여 명의 무장 군인들이 집을 포위하고 "조희렴 당장 나와."라고 소리를 질렀다. 아버님은 담담하게 "나 여기 있소." 하며 나갔고 이들은 아버님을 트럭에 싣고 사라졌다.

곧 처형할 정치범들 중에서 아버님이 없는 것을 알게 된 집행자는 즉시 군인들을 보내 아버님을 다시 체포해 갔다.

아버님은 자신이 직접 설계하고 건축하여 살던 정든 집을 마지막으로 잠깐이었지만 들어와 보셨다. 그러나 사랑하고 보고 싶은 가족, 아내와 나이 어린 아들 셋을 만나 보지 못한 아쉬움을 안은 채 다시 끌려가셨다.

그리고 감옥 뒷마당에 있는 돼지우리에서 총대로 머리와 얼굴을 난타당해 처참하게 얼굴을 알아보지 못할 정도로 폭행을 당하고 순교하셨다.

2018년에 백수를 맞은 서울 남부교회(원산에서 피난 온 남부교회 교인들이 아버님을 추모하여 서울에 세운 교회)의 김명옥 은퇴 권사의 증언에 의하면 권사님의 큰아버지가 아버님의 시신을 처음 발견하여 어머님께 알렸다고 한다.

어머님과 교회 청년들이 아버님 시신을 찾아서 감옥소 돼지우리로 서둘러 달려갔다. 그곳에 참혹하게 얼굴이 망가진 시신이 있었다. 얼굴을 알아볼 수 없을 정도로 훼손된 시신이었다고 한다.

아버님으로 확인할 수 있었던 근거는 아버님이 입고 계셨던 상하가 붙은 미국제 겨울 내의였다. 미국 유학 시절 때부터 입으셨던 겨울 내의가 오래되어 낡고 떨어져 구멍이 난 것을 어머니가 손수 바느질로 꿰매고 고친 내의였다. 또한 아버님의 체위와 몸의 특징들 그리고 손과 발을 꼼꼼히 살펴보고는 아버님의 시신임을 확인하게 되었다.

이승만 대통령은 아버님의 장례식에 신성모 국방장관과 원산시 군정장관인 김 대령을 보내어 애도와 위로의 뜻을 전하셨다. 유족인 나는 하늘나라에 계신 이승만 대통령에게 우리 유족에게 보내신 애도의 마음과 깊은 배려에 한없는 감사와 존경을 보내 드린다.

순교로 생을 마감한 조희렴

조희렴 목사

1885년 2월 20일 함남 함흥 출생. 경신학교. 토론토 낙스
대학 졸업. 원산 마르다 여자신학교 교수. 해방 후 남부
교회 목사로 시무 중 1950년 10월 9일 공산군에 연행되어
원산감옥에서 총살되었다.

한국기독교순교자 기념관에서 편히 쉬고 계신 조희렴 목사

신사참배 거부와 독립운동에 연관되어 일제에 의해 3년여 동안 투옥되
었다 8.15 해방을 감옥에서 맞이한 아버님이 오매불망 독립을 염원하고
소원하던 해방은 되었으나 우리 민족이 독립된 나라에서 자유를 누리고
하나가 되어 함께 나라를 재건하는 꿈과 기대는 공산주의 독재자 김일성
에 의해 산산조각이 났다.

조희렴 목사의 삶을 한마디로 정리한다면 '그분은 자유를 위해 억압과 고난 속에서도 자신의 소신을 말보다 행동으로 실천하며 사셨다. 또한 어떠한 탄압에도 타협하지 않고 부단히 그리고 당당하게 하나님의 말씀에 순종하며 자신보다는 남을 위해 열심히 일하며 보람찬 삶을 사시다 하나님 곁으로 가신 분'이다.

지금은 경기도 용인시 처인구 양지면 추계로에 1989년 개관한 한국기독교 순교자 기념관에 종교의 자유를 위해 순교하신 하나님의 아들 300여 명과 함께 편히 쉬고 계신다.

2부

북한을 지옥으로 만든
악의 결정체들

김일성으로 개명한 동족 살인자 김성주

김일성의 탈을 쓴 김성주는 우리 민족의 '철천지원수'이다. 용서받지도 잊어서도 안 될 동족을 살해한 민족반역자이다. 그리고 내 아버지, 조희렴 목사를 참혹하게 학살한 극악무도한 살인자다. 김일성은 공산주의 독재 권력에 대한 끝없는 욕심으로 인해 수없이 많은 동족을 무참히 죽였다.

1945년 8.15 해방 후 한 달쯤 지난 9월 19일 나는 학교에 갔다. 항일 독립운동을 하고 소련이 대일항전을 앞두고 구성한 조선 공작단 단장, 민족의 영웅 김일성 장군이 오늘 소련 군함을 타고 블라디보스토크에서 원산으로 들어오니 우리 학생들 모두는 도로변에 나가서 그를 성대히, 열광적으로 환영해야 한다고 했다. 수많은 원산 시민들과 우리 학생 모두는 도로변에 진열하고 그의 도착을 기다렸다.

얼마 지나서 김일성과 그의 일행을 태운 자동차 행렬이 나타났다. 우리가 도열해 있는 지점에서 가까운 곳에 자동차들이 서서히 정차했다. 자동차 문이 열리고 몇 사람이 밖으로 나와 환영하는 군중들을 향해 손을 흔들며 응답했다.

어디선가 "김일성 만세"를 외치기 시작하니 일행 중 아주 젊고 얼굴이 넓적하고 남달리 검게 탄 사람이 웃으며 반갑다는 듯 손을 흔들었다.

나는 즉시 이 사람이 김일성이란 것을 알고는 그의 젊은 모습에 크게 놀랐다. 김일성 장군에 대한 세상에 떠도는 이야기대로라면 나이 지긋하고 위엄 있고 당당한 모습의 장군을 기대했는데, 내가 본 젊은 김일성은 그냥 보통 사람으로 보였다.

주변에서 어른들이 동명이인 가짜라고 수군거렸다. 아니나 다를까 그는 김일성 장군의 이름을 자신의 필요에 의해 일찍이 도용하여 행세하며 8.15 해방과 함께 원산을 통해 귀국하였다.

33살의 젊은 가짜 김일성의 본명은 김성주(1912-1994년)이다. 항일투쟁을 한다며 소수의 무리와 떼를 지어 마적단과 같은 생활을 하며 젊은 시절을 만주 일대에서 보냈다. 교활하고 출세에 눈먼 그는 자신을 영웅화하기 위해 일본군의 간담을 서늘케 할 정도로 널리 알려진 전설의 독립투사 김일성 장군의 이름을 따서 개명한 후 영웅적 장군처럼 행세하였다.

또한 자신을 미화하기 위해 많은 독립운동가들의 업적을 자기가 한 것으로 날조하여 역사왜곡을 서슴지 않았다.

광복의 기쁨도 잠시

　나는 원산에서 8.15 해방, 광복의 기쁨을 마음껏 누리고 자유를 얻었다고 믿었으나 그것도 잠시였다. 일제의 강압적 식민통치 속박에서 해방되자 곧이어 김일성의 공산독재 치하에서 또 자유를 박탈당하고 순종만을 강요하는 억압과 공포 속에서 살아야 했다.

　나는 초등학교 2학년부터 중학교 1학년까지 5년 동안을 공산주의 교육으로 세뇌 당했다. 그리고 일요일마다 소년단 행사에 강제 동원되었다. 그래서 생활화되었던 일요일 교회 예배에 더 나갈 수 없게 되었다. 나의 주일예배 출석은 우리 모두가 꼭 먹어야 살 수 있는 것처럼 필수적이고 나의 의무였다. 처음에 소년단 행사에 불참했는데 자아비판을 강요하고 괴롭히기 시작했다. 결국 나는 굴복할 수밖에 없었다.

　이런 일들을 당하면서 막연하나마 나는 공산주의와 김일성에 대해 적개심을 갖게 되었다. 더욱이 김일성이 자신을 신격화하기 위해 엄청난 역사 날조 및 왜곡을 자행한 사실에 분개했다. 어린아이들과 북한 동포들을 세뇌한 과정과 사실을 잘 알게 되었고 나 자신이 이러한 김일성 우상화 세뇌공작의 희생물이었다.

　1937년 6월 함경남도 보천보에 있는 일본 경찰 주재소를 가짜 김일성과 그의 무리 약 150여 명이 습격했다. 그런데 사실은 일경의 주재소에는 5명의 일본 순사들이 주재소를 지키다가 저항도 못하고 즉각 사살당했다. 이 과장된 사건을 북한에서는 마치 역사적 업적으로 포장해 선전했다. 그리고 마치 김일성이 놀랄만한 영웅적 전과를 올린 것처럼 기록하고 있다.

권력을 위한 무자비한 숙청

가짜 김일성은 1930년대에 항일운동에 참여하고, 1936년에는 동북항일 연군에서 제1로군 소속 제2군 6사에서 사장이 되었다. 1940년 3월경 일본 관동군의 대대적 토벌작전으로 궤멸 상태에 빠지게 된 동북항일 연군지 도부의 잔여 병력을 따라 그도 소련의 연해주 지역으로 근거지를 옮겼다. 그리고 소련 극동군 사령부 휘하의 교도여단인 제88특별 여단에 편입해 이 부대의 제1대대의 대대장이 되었다.

그 후 소련의 대일 참전을 앞두고 조선 공작단을 구성하여 김성주는 소련군 대위 계급을 받아 단장으로 임명되었다. 이것이 가짜 김일성의 운명을 음지에서 양지로 송두리째 바꾸어 놓은 계기가 되었다.

1945년 8월 9일 소련이 일본에 선전포고를 하고 만주와 한반도로 진격을 시작하자 김일성도 제88특별 여단 소속으로 소련군을 따라 남하하였다. 일본에 원자폭탄이 투하된 지 6일 되는 8월 15일 일본의 항복으로 전쟁은 끝났다.

소련은 북한을 위성국으로 통치하기 위해 김일성 행세를 하는 김성주를 이용하기로 했다. 그리고 소련은 한반도 공산화와 북한을 발판으로 동북 아에서의 공산주의 팽창을 획책해 가짜 김일성을 사상적으로 정치적으로 훈련시켜 자신들의 충복으로 만들었다.

소련의 사주를 받은 그는 스탈린식 공산주의 사상으로 단단히 무장하고 귀국했다. 그리고 목적을 위해 수단과 방법을 가리지 않고 권력을 잡기 위해 피도 눈물도 없이 해치우는 잔악무도한 괴물이 되었다.

8.15 광복과 함께 소련이 북한을 위성국으로 건립하면서 김일성을 조선

민주주의인민공화국의 초대 최고지도자 겸 국가 원수로 추대하였다. 소련의 지원을 받아 북한의 권력을 장악한 김일성은 남한에서 월북한 남조선로동당 당수 박헌영(1900-1955년, 제1대 부수상 겸 외무상, 총살형 처행됨)을 위시해 국내파, 갑산파, 소련파, 연안파 등 정치적 경쟁자들을 모두 무자비하게 숙청하고 권력을 독점했다.

조선민주주의인민공화국이라는 허울 좋은 국호는 현실적으로는 김일성 일가의 세습독재권력과 추악한 범죄들 그리고 탐욕적이며 위선적인 방탕한 삶을 은폐하기 위한 것에 불과하였다.

군림한 김일성의 세습독재

김성주는 그의 아들 김정일과 손자 김정은으로 이어지는 세습독재 권력을 3대에 걸쳐 승계하며 오늘의 지옥 같은 김씨 왕조를 북한 땅에 만들었다. 그리고 북한 동포들을 굶주림과 독재의 공포 속에서 신음하며 살게 만들었다.

지금 북한에서 기록으로 알려진 김일성에 관한 문헌은 모두 그를 영웅화하고 우상화하기 위해서 만들어진 날조되고 왜곡된 거짓 홍보물에 불과한 것들이다. 가짜 김일성의 집권과 함께 김일성 우상화 작업이 체계적이며 조직적으로 진행되었다.

김일성 우상화 선전 선동은 방송, 언론, 교육과정, 노동당과 기관들을 통해 학습적으로 반복하여 전 인민을 세뇌하며 김일성과 그의 후손들을 신처럼 떠받들게 만들었다.

이런 신격화 작업을 위해 북한은 김정일 사망 전까지 수많은 김일성, 김정일 동상을 전국에 건립하였다. 또한 김정일 사망 이후 김일성, 김정일 기념탑을 북한 전역에 250개 이상 건립했고 약 35개의 김정일 동상을 건립하는 등 세계에서 유례가 없는 우상화 작업을 계속하고 있다.

가짜 김일성은 북한 주민들을 사상적으로 분류하여 공산주의자가 아닌 지식인, 종교인, 지주 그리고 재산가들을 '인민의 적'으로 적대시하여 잔악하게 숙청하였다. 반면에 노동자 농민 문맹인 소시민들을 세뇌하고 노예화하여 자신과 세습독재자들의 끝없는 부귀영화와 안위를 위해 이용하며 그들의 주체 이념으로 합리화하였다.

상상을 초월하는 6.25 전쟁 피해

2002년 5월, 6.25 한국전에 자유우방국의 일원으로 참전한 에티오피아의 노병들을 찾아 감사와 위로를 전하는 조웅규, 유흥수, 김용갑 의원 방문 당시 에티오피아의 공산 정권은 참전 노병들을 적대시하고 푸대접해 모두가 생활고로 어려움을 겪고 있었다

　김일성의 무모하고 잔악한 6.25 남침과 그 피해의 참상을 볼 때 그는 흉악한 전범이다. 6.25 기습 남침은 우리 역사에 가장 비극적인 사건이다. 전 국토가 폐허가 되었고 천만 이산가족을 만들었다.

　3년여의 전쟁 기간 동안 우리 국군과 국민 그리고 UN의 21개국(미국과 영국을 비롯해 16개국의 전투부대와 스웨덴, 인도 등 의료지원 5개국)이

희생의 제물이 되었다.

6.25는 3백여만 명이 희생된 대규모 전쟁으로서 2차 대전 이후 최초의 국제전이었다. 그리고 현대사에 가장 많은 나라가 참전한 전쟁이다.

엄청난 살상과 피해는 말로는 다 표현할 수 없다. '위키백과사전 6.25 전쟁 피해 규모'를 보면 한국군 전사자 149,005명, 부상자 710,783명, 실종자 19,400명, 포로 8,800여 명, 민간인 사망 373,599명, 부상 299,625명, 행방불명 303,212명, 총계 사망 522,604명, 부상 940,408명, 실종 435,468명, 총합계 1,898,480명 살상 등으로 동족을 살상한 기록이다.

전쟁 기간 경찰도 3,131명 전사했으며 7,084명이 실종됐다. 또한 20여만 명의 전쟁미망인과 10여만 명의 전쟁 고아, 천만이 넘는 이산가족이 생겼다.

80%의 산업시설 및 공공시설과 정부 건물의 3/4, 민간 가옥의 절반 이상이 파괴되고 손실되었다.

미군을 비롯한 UN 21개국의 피해 상황도 처참하다. 미군 전사자 36,574명, 부상자 103,284명, 실종자 3,737명, 포로 4,439명, 북한군에 맞서 싸운 UN군 사망자 3만 7902명 등 참혹함은 끝이 없다.

70여 년이 지난 지금 가장 안타까운 것은 이런 김일성의 잔인한 동족상잔 및 UN 참전 군인들의 희생에 대해 많은 국민들이 이 사실을 잊고 있다는 것이다. 또한 자라나는 후세대들은 아예 이 사실을 모르고 있다. 대신 김일성에 대한 거짓 선전에 속아 이 괴물을 잘못 알고 있다는 사실이다. 정의를 위해 역사를 위해 이런 오도된 역사 인식을 바로잡아야 한다.

계속되는 북한의 대남 도발과 테러

북한의 테러로 순국한 아웅산 사건의 희생자들의 명복을 빌며
헌화하는 조웅규 의원

1958년 2월 16일 창랑호(KNA) 여객기 공중 납북사건, 1968년 1월 21일 김신조 청와대 기습사건, 1968년 1월 23일 미 해군정찰함 푸에블로호 동해 공해상에서 나포된 사건, 1974년 8월 15일 박정희 대통령 영부인 육영수 여사 피살사건, 1976년 판문점 도끼만행 사건, 1983년 10월 9일 미얀마 아웅산 테러 사건, 1987년 대한항공 858편 폭파사건(폭파범 김현

회), 1999년 6월 15일 연평해전, 2002년 6월 29일 서해교전(제2연평해전), 2008년 7월 11일 금강산 관광객 피격 사망사건, 2010년 3월 26일 해군의 초계기 천안함 격침 등 대형 도발 사건들을 위시해 첩보원 발각(1953-1980년) 횟수 5,500여 회 그리고 당국에 의해 잡히거나 사살된 북한의 공작원 및 무장공비(1953-1980년)만도 2,973명에 이른다.

중앙일보 2013년 3월 7일 자 '북, 60년간 정전협정 위반 43만 건' 기사에 의하면 1953년 7월 27일에 발효된 정전협정 이후 북한은 이 협정의 효력을 무력화하기 위해 끊임없이 도발을 계속해 왔다.

국방부가 지난해 발표한 국방백서에 따르면 지난 60년간 북한이 정전협정을 위반한 사례는 43만 건을 넘었다. 그중에서 대규모 침투와 국지 도발이 약 3,000건이다.

악마 같은 김일성 일가는 3대에 걸쳐 적화 통일의 야욕을 위해 크고 작은 수없이 많은 대남 도발을 꾸준히 잠시도 멈춘 적이 없다. 적화 통일을 위해 남한 내에 주둔한 미군 철수와 전술 핵무기의 폐기를 부르짖으며 뒤에서는 핵 개발에 열을 올렸다.

국제 사회가 가난과 굶주림으로 고통받는 북한 어린이들과 환자들을 위해서 지원한 돈과 원조품을 김일성 일가와 그들을 둘러싼 일당들이 도용하고 핵 개발에 전용하며 실수요자에게는 일부만 보급하고 있다.

김일성 일가는 오로지 핵 보유만이 자신들이 살아남을 수 있는 생존의 전략이라고 철석같이 믿고 있다. 이런 북한의 핵 무장은 사실 김대중, 노무현, 문재인의 퍼 주기식 햇볕정책과 종북 주사파 세력의 굴욕적 북한 편들기가 없었다면 불가능했다.

이 문제는 반드시 진실 규명과 함께 국민의 심판을 받고 한국 역사에 기록되어야 한다. 또한 이를 계기로 우리와 우리의 후손들이 괴물 김일성 일가에 대한 경각심과 경계심을 항상 갖고 만전을 기해야 한다.

비굴한 종북 주사파와 문재인

김일성 일가의 반인륜적 만행에 눈을 감고 귀를 막으며 그들을 찬양하고 맹종하면서 김정은이 "삶은 소대가리"라고 모욕적인 조롱을 퍼부어도 이를 감수하는 문재인과 그의 추종 세력은 자신들의 정체를 밝혀야 할 것이다.

지금 우리나라에 종북 친북 주사파들이 넘쳐나는 현실에 나는 경악을 금치 못한다. 이들은 자신도 모르는 사이에 주체사상이나 김일성을 우상화한 교육에 세뇌되어 이런 불행한 삶을 살고 있는 것 같다.

자유 민주주의 가치와 인권의 소중함이 무엇을 뜻하는지 알면서도 모르는 척하는지, 자유 대한민국이 베푸는 모든 혜택은 다 받아서 누리며 이미 기득권 세력이 되어 버린 이들의 망국적 사상과 언행은 나라에 위협이 되고 있다. 이로 인해 나라의 안보와 번영이 크게 위협받고, 혼란하게 되는 현실을 외면하는 이들의 속셈은 무엇인지?

김일성의 손자 김정은은 권력을 지탱하기 위해 고모부와 이복형까지 잔인하게 죽였다. 그리고 자신에게 충성을 다했던 고위 간부들 수백 명, 수천 명을 무참히 처형하거나 정치범 수용소에서 죽게 만들고 있다.

이런 중범죄를 범한 김일성 일가는 아직까지 반성이나 사과 한마디 없다. 대신 72년이 지난 지금까지도 집요하게 반민족적 적화 통일을 위해 광분하고 있다.

김정은은 죽기 전까지 적화 통일 야욕을 절대 포기하지 않을 것이다. 이런 김정은에게 문재인 정권과 이재명과 더불어민주당은 무엇을 기대하며 비굴한 자세로 위장된 평화 타령을 앵무새처럼 반복만 하고 있는가? 김정은의 한반도 적화 독재통치가 이들이 궁극적으로 추구하는 목표인가?

나는 이들을 대한민국 국민이라고 생각하기가 너무 힘들다. 많은 애국 국민들도 나와 같은 생각이라고 믿는다.

이러한 국민적 시선이 억울하면 양심선언을 하고 자유 대한민국 국민답게 처신하고 애국하기 바란다. 그리고 위장평화쇼나 연방제 통일 주창을 철회하고 대신 북한 동포의 인권과 자유를 위해 솔선수범하기 바란다. 이와 함께 북한 동포의 자유화 운동이 범국민적으로 전개되고 정부가 이를 바탕으로 남북이 하나 되는 날을 위해 최선을 다하는 것을 우리 국민은 보고 싶어 한다.

3부

기적이 가져다준 북한 탈출

구원의 손길 S.S. Lane Victory호

나는 어려서부터 아버님의 반복되는 투옥과 이로 인해 어머님이 감수해야 했던 고통과 망가져 가는 집안 살림을 몸소 겪고 자라면서 아버님의 투옥에 대해 구체적인 내용은 잘 몰랐으나 막연히 아버님이 정치적 이유로 고난을 겪고 있다는 것은 알았다. 일제가 무엇인지? 공산당이 무엇인지? 어려서 잘 몰랐지만 정치적으로 그들과 대립관계에서 힘이 없어서 억울하게 당한다고 생각했다.

아버님의 장례식을 마치고 원산 바다와 마르다윌슨 여자신학원이 내려다보이는 우리 집 뒤 산 중턱 양지바른 곳에 아버님을 모셨다.

그리고 두 달 가까이 지난 1950년 12월 7일 미군의 S.S. Lane Victory호에 의해 기적적으로 나의 암울했던 13년을 마감할 수 있는 천운의 기회를 갖게 되었다.

바로 이날을 시작으로 나는 드디어 자유인이 되어 남은 긴 여생을 자유와 함께 소신껏 살 수 있게 되었다.

오늘날까지 나는 억압과 암흑의 13년과 도전과 자유의 72년으로 나누어 살아왔다. 출생하여 유년기는 일제강점기 8년 그리고 김일성 공산주의 독재 치하 5년의 암흑기로 자유가 없는 순종만이 살아남을 수 있었던 그런 끔찍한 시기였다.

이 유년기에 아버님의 종교적, 애국적, 교육적, 민주적 가르침으로 인해 나는 많은 영향을 받았고, 이 가르침으로 고난과 시련을 극복하면서 힘든 삶을 참고 살 수 있었다.

길다면 긴 지난 85년의 나의 삶은 13살 때 S.S. Lane Victory호의 기적으로 자유를 얻어 지금까지 살고 있다. 비록 힘든 일들로 고생스러웠던 때도 많았으나 희망을 잃지 않고 자유분방하게 살았다. 나에게 닥친 모든 역경과 난관, 그 어떤 도전에도 당당히 맞서 소신에 따라 지혜롭게 극복하며 살았다.

남에게 피해 주지 않고 정직하고 성실하게 할 말은 하고 행동해야 할 때는 주저 없이 행동하며 부끄럽지 않게 살았다.

이것이 바로 자유의 힘이며 자유 속에서만 추구할 수 있는 사람답게 사는 삶이라 나는 믿고 그렇게 살려고 노력했다.

여기서 말하는 자유는 자유 민주 사회에서 통용되는 자유를 말한다. 자유란 남에게 구속을 받거나 무엇에 얽매이지 않고 법의 범주 안에서 자신의 뜻에 따라 소신껏 말하고 행동하는 힘이다. 또한 외부의 모든 구속으로부터 벗어나는 것을 뜻하고, 자기의 의지로 목적을 실현할 수 있는 가능성을 뜻하는 것이다.

이런 자유가 보장된 사회에서만이 인간이 참된 삶을 추구할 수 있다고 믿는다. 또한 이런 자유 속에서만 행복을 위해 노력하는 사람다운 사람이 될 수 있다. 이런 자유로운 세상을 만들어 보고자 성실하게 사는 사람들, 이런 사람들이 공동으로 집단생활하는 사회, 이것이 우리의 꿈이며 내가 추구한 삶의 목표며 공동체에 대한 기대다.

남북은 반드시 이런 자유가 보장된 민주주의 통일이 되어야 한다. 그래서 한반도에 사는 우리 모두가 자유롭게 행복을 추구하며 상부상조하는 가운데 서로 아끼며 열심히 살 수 있는 날을 기대해 본다.

고철로 폐기될 뻔했던 레인 빅토리호

지난 72년간 사람답게 살 수 있게 천운의 기회를 나에게 준 S.S. Lane Victory호를 잊을 수 없다.

이 배는 제2차 세계대전 때 미군이 최전선에 군수물자와 병력을 신속히 수송할 목적으로 만든 4백여 척의 군수물 수송선 중 하나로 S.S. Lane Victory라 명명된 선박이다. 좀 더 구체적으로 말하면 1944년 4월에 로스앤젤레스 부두 부근의 벡텔(Bechtel) 조선소에서 건조한 최초의 군 수송선 69척 중 하나이다.

이 배는 1945년 5월 31일 S.S. Lane Victory로 명명되어 그해 7월 27일 American President Lines에 인도되어 군수물자 수송 작전에 투입되었다.

제2차 세계대전 종식 전까지 총 434척의 Victory호 선박이 건조되었는데 명칭은 나라 이름, 도시명, 대학명 등에서 따서 명명했다. 그래서 이 배의 이름도 노예 출신 목사이며 교육자인 Issac Lane 박사가 설립한 Lane College의 이름을 따서 명명되었다.

이 배는 2차 대전, 한국전, 월남전 등에서 혁혁한 공을 세운 후 노후하여 434척의 Victory호들과 같이 고철로 경매에 나왔다.

그런데 이 배에 근무했던 장병들이 고철로 폐기하게 할 수 없다고 뜻을 모아 십시일반 모금하여 낙찰받았다. 그 후 정부에 이 배를 군 수송 기념관으로 보존하게 허락해 달라고 청원하였다.

로널드 레이건(1911-2004년, 미국의 제40대) 대통령이 1988년 10월 18일 법령 HR2032로 이 배를 '2차 세계대전 미국 군 수송선 재향군인의 배'로 공식 명명하여 1989년 6월 7일에 지금의 California, San Pedro 부두로 옮겨져 수리를 한 후 전시되어 있다.

이 배는 434척 중 지금 남아 있는 두 척 중 유일하게 정부가 공인한 전시 기념관으로 모두의 사랑을 받는 자랑스러운 배이다.

2014년까지는 이 배가 항해가 가능해 매년 네 번 날짜를 정해 일반 승객에게 100불 정도의 승선료를 받고 약 7시간 동안 LA만을 크루즈하며 다채로운 프로그램으로 흥겹고 즐거운 뱃놀이를 했다.

특기할 것은 항해 시 항해에 필요한 승무원, 즉 선장에서 주방의 요리사, 청소부 등 배 안의 모든 일은 지금 그들의 현직이 무엇이든 상관없이 과거 자신들이 반세기 전에 맡아 일했던 그 직책으로 돌아가 요리했던 사람은 요리하고 청소했던 사람은 청소 일을 하면서 그날을 위해 봉사한다.

이런 자랑스러운 배가 1950년 12월 7일 김일성의 지옥 같은 북한 땅 원산에서 자유를 갈구하는 7,009명의 피난민들을 구출하였다.

그런데 이 배는 소련군이 매몰한 3,000여 개의 지뢰로 인해 원산 부두에 정박하지 못하고 약 800미터 떨어진 해상에 정박하고 구출 작업을 힘겹게 했다.

사실은 피난민 구출 명령을 받기 전에 이 배에는 중공군의 인해전술로 인해 부득이 퇴각하기로 한 미군 3,834명, 군용차량 1,146대 그리고 10,013톤이나 되는 군수물자들로 이미 만적 상태였다.

그런데 상부의 뜻밖에 명령에 따라 이 만적한 미군과 군수물자를 모두 USS Zellars 구축함의 엄호 속에 하선시키고 피난민인 우리 원산 시민들을 승선시켰다.

승선은 먼 거리에서 들려오는 중공군의 포화 속에서 군사 작전을 방불케 했다. 부두 안으로 진입한 7,009명의 피난민들을 소형 해병대 상륙용 보트에 70-80명씩을 태우고 먼바다에 정박해 있는 배까지 가서 배 바깥벽에 걸쳐 내려놓은 그물망을 잡고 여러 명이 동시에 기어올라 배를 타야 했다.

7,009명 모두를 안전하게 배에 승선시키기 위해 이러한 수송 작업을 얼마나 많이 반복적으로 했는지 감탄스럽다.

이렇게 피난민 모두를 단시간 내에 승선시켜야 하는 작업을 조심스럽고 신속하게 진행했다. 그러면서도 사고나 낙오자가 하나도 없는 기적같이 놀랍고 감사한 성공적인 작전이었다.

그리고 적의 기습적 공격을 피해 전속력으로 24시간 항해해 부산항에 모두를 무사히 월남시켰다. 항해 중 하나의 새 생명이 출생하여 부산에서 하선한 원산 피난민 수는 7,010명이 되었다.

우리는 〈국제시장〉이라는 영화를 통해 14,000여 명의 피난민을 구출한 미군의 영웅적 '흥남철수작전'을 익히 잘 알고 있다. 이 작전에는 'S. S. Meredith Victory(메러디스 빅토리)'호가 투입되어 1950년 12월 24일 부산항에 입항했으나 몰려든 피난민들로 이미 부산시가 넘쳐나 하선을 거절당하고 거제도 장승포항으로 가서 피난민들을 내려 주어야 했다.

이로 인해 먼저 12월 7일 원산에서 7,009명의 피난민을 구출해 부산에 무사히 하선시킨 동종의 '레인 빅토리'호는 사람들에게 별로 알려지지 않았다. 유감스럽게도 아직까지 많은 사람들은 원산 시민을 구출한 Lane Victory호를 모르며, Lane Victory호라 하면 흥남철수작전에 동원된 Meredith Victory호로 잘못 알고 있다.

이런 연유로 지금도 원산 피난민 구출 작전에 투입되어 혁혁한 공을 세운 이 배는 Meredith Victory호에 가려 많은 국민들이 아직도 별로 모르고 있다.

이런 기적 같은 원산과 흥남의 구출 작전들은 미국이기에 가능했다. 이 지구상에서 오직 미국만이 할 수 있었던 전대미문의 인도주의적 피난민 구출 작전이었다.

역사에 기록되어 만민에게 알려지고 길이 기록으로 인류 역사에 남아야 한다. 이런 자유와 인도주의가 미국을 세계의 초강국으로 만들고 또한 자유세계의 리더로 활약할 수 있게 만든 힘이다.

2020년 9월 21일 NLL(북방한계선)상에서 우리 해양수산부 공무원 이대준 씨가 배에서 실족했다. 그래서 이 씨는 본의 아니게 북쪽 해역으로 표류되어 북한군에 의해 무참히 사살되고 불태워졌다. 천인공노할 사건이었다.

이에 대해 우리 정부는 구조를 위한 어떤 노력도 없었다. 수수방관하면서 북한의 만행을 덮어 주고 변명해 주는 어처구니없는, 아니 억장이 무너지는 짓을 하고도 변명과 거짓 해명에만 급급하다.

인권 변호사라던 문재인의 정부가 취한 고 이대준 씨에 대한 처사는 한없이 무책임하며 직무유기에 해당하는 범죄행위라 할 수 있다. 나아가 비굴한 저자세로 북한의 만행을 은폐하려는 작태는 오늘날 문재인 주사파 정부의 민낯을 고스란히 세상에 드러내는 꼴이 되었다.

문재인은 대통령에게 부과된 '자국민 보호'라는 막중한 의무를 망각한 행동을 하였다. 치매 환자가 아니고서야 구출을 위해 최선을 다해야 했던 절체절명의 6시간 동안 문재인 대통령이 무엇을 하며 있었는지? 잠을 잤다는 것이 사실이라면 도저히 용서가 안 되는 일이다.

특히 자국 군인들과 군수물자들을 뒷전으로 미루며 한 번도 보지도 들어본 적도 없는 피부색도 언어도 다른 낯선 피난민들을 구출하기 위해 노력한 미국을 보고 문재인 정권은 느끼고 배우는 것도 없는가?

　이런 동맹국인 미국을 헐뜯으며 친중 반미에 몰입하는 문재인 정권은 어느 세상에 존재하는 족속들인지 묻지 않을 수 없다.

　이제, 왜 무엇 때문에 위험을 무릅쓰면서 미국이 우리 피난민들을 구출했는지 나는 계속 고뇌하며 되씹어 생각해 보았다. 서서히 나름대로의 답을 찾게 되었다. 바로 '자유'와 '인권' 때문이었다.

　자유와 인권이 국가의 최고 가치인 미국은 김일성 공산 치하에서 자유를 갈구하며 자유를 찾아 죽기 살기로 북한을 탈출하려는 피난민들의 절규를 확인하고 받아들였다.

　미국의 정치가이며 독립운동가인 패트릭 헨리(Patrick Henry, 1736년 5월 29일-1799년 6월 6일)가 외친 "자유가 아니면 죽음을 달라(Give me liberty, or give me death)."라는 이 말과 같이 자유에 대한 갈구가 그 무엇보다 강하고 절실한 인간의 본성이기 때문이다.

우리 가족을 살린 한 여집사의 기지

　1950년 12월 6일 밤에 기독교인과 여성 그리고 아이들을 우선적으로 구출하기 위해 미군이 배를 보냈다는 전갈이 왔다. 피난 가기를 원하면 12월 7일 새벽 4시까지 모 초등학교 교정으로 모이라는 소문이 돌았다. 이에 어머니와 형, 동생과 나는 무조건 피난 가기로 결심하였다.

　미군이 약 2주 후면 다시 원산을 탈환할 거라 믿고 우리도 그때 귀가할 수 있을 것이라 생각하며 2주간 먹을 식량만 준비했다. 우리는 각자가 감당하기에 버거울 만큼 식량만 등에 메고 아버님이나 가족에 관한 기록이나 서류 또는 사진 등 소중한 것들은 모두 그냥 집에 두고 나왔다.

　그해 겨울이 유난히 추워 아버지가 입던 옷들로 방한을 위해 세 겹씩 덮쳐 입고는 집합장소로 갔다. 가 보니 벌써 집합장소는 물론 부두로 가는 길까지 인산인해로 아마 원산 시민 5만 명 중 약 3만 명 이상이 피난길에 나선 것 같았다.

　우리 가족은 움직이지 않는 인산인해 속에서 선 채로 오전 내내 학교 교정에서 기다렸다. 오후가 되어 길이 열리기에 우리 차례인 줄 알고 부두로 향했다. 가서 보니 이미 승선할 사람은 모두가 바다 한가운데에 정박해 있는 배까지 상륙용 작은 배로 옮겨져 승선을 마친 상태였다.

　우리는 미군이 바리케이드를 치고 부두에 진입하는 사람들을 총검으로 막고 있는 지점에 도달했다. 그제야 이미 만선이 되어 배를 타지 못한 사람들이 모두 귀가했기 때문에 길이 열린 것을 알게 되었다.

　어머니는 포기하고 집으로 돌아가자고 우리를 재촉하였다. 미군 헌병들의 부산한 움직임을 보며 호기심이 발동한 나는 어머니의 귀가 재촉을 한 귀로 듣고 한 귀로 흘리면서 총검으로 무장하고 사람들을 막고 있는 미군들을 구경하느라고 그곳에서 시간을 보내고 있었다.

그때 부두 안쪽에서 한 여인의 통곡소리가 들려왔다. 무슨 일인가 하여 그쪽을 보았다. 그런데 한국군 장교 세 사람이 우리 쪽을 향해 급히 오는 것을 보게 되었다.

그들은 바리케이드를 지키고 있는 미군 장교와 이야기를 나누었다. 그리고 바리케이드가 열렸다. 그들은 우리 쪽으로 와서 조희렴 목사 유가족이냐고 물었다. 확인 후 우리를 데리고 가서 마지막으로 우리 가족은 구사일생으로 배를 탈 수 있었다.

알고 보니 우리 남부교회 여집사 한 분이 승선의 기회를 얻어 부두 안으로 일찍이 진입한 후 우리 가족을 찾아 배를 타지 않고 마지막까지 부두에서 서성거렸다. 그러던 중 먼발치로 우리가 바리케이드 밖에 있는 것을 보게 되었다.

그분은 기지를 발휘하여 타인의 시선을 끌기 위해 무조건 큰 소리를 질러 통곡을 했다.

마침 바로 그때 기적처럼 원산시 군정장관이었던 김 대령이 부관 두 사람을 대동하고 승선 완료를 점검하기 위해 부두를 시찰하고 있었다.

여인의 통곡 소리에 놀란 김 대령은 여인에게 왜 승선을 하지 않고 통곡을 하고 있느냐며 야단치고는 승선을 재촉했다. 그러자 여집사는 우리 쪽을 손으로 가리키며 공산당이 오면 제일 먼저 처형될 가족이 저기 밖에 아직 있다고 살려 달라고 애원을 했다.

어떤 가족이냐는 물음에 조희렴 목사 유가족이라고 답했다. 아버님 장례식에 참석했던 김 대령은 그 즉시 발길을 돌려 우리가 있는 곳으로 왔다. 그리고 조 목사 유가족인 것을 확인하고 구원의 손으로 우리를 승선하게 하여 자유와 새 희망의 삶을 기적처럼 선물하였다.

　우리 가족이 7,009명의 피난민 중 마지막 4명으로 승선해 Lane Victory 호에 실려 남쪽 자유 대한민국으로 남하한 일은 아버님의 기도로 하나님이 역사하신 기적이다.

우연히 알게 된 배의 존재

2000년 6월 25일 정부는 6.25를 기념하면서 한국전 참전 UN 재향군인 200여 명을 부부 동반으로 서울에 초청하였다. 서울의 한 호텔에서 열린 기념 만찬에 주최 측에서 내가 국회 통일외교통상위원회의 한나라당 간사였기에 초대장을 보내온 모양이다.

정부의 의전 행사에 나는 야당 의원으로 언제나 좀 소극적이었다. 그런데 이번 행사는 한국전 참전 UN 재향군인들이 귀빈으로 초대된 행사라 무조건 참석하기로 했다.

목숨을 걸고 용감히 싸운 그분들이 있었기에 지금의 내가 존재하고 대한민국이 있기 때문에 그들에게 감사의 인사를 꼭 전하고 싶어서 참석하기로 했다. 시간 전에 좀 일찍이 가서 가급적 많은 영웅적 노병들에게 개인적으로 고마운 인사를 하려고 서둘렀다.

그런데 주최 측인 한국관광공사에서 나에게 예상치도 못했던 건배를 부탁했다.

국회에서 김대중 대통령의 햇볕정책을 제일 강도 높게 비판하고 반대하는 미운털 박힌 야당 의원 중 하나인 나에게 건배 제의를 부탁하다니. 나는 이것이 무슨 조화일까 하면서 앞으로 전개될 기적 같은 일을 전혀 예상하지 못했다.

나는 건배 제의 차례가 되어 주최 측에서 건네준 와인 잔을 들고 단상으로 오르면서 간단한 의례적인 환영 인사말을 마음속으로 준비하였다. 단상에 올라가서 백발의 영웅적 노장들을 보는 순간 감사한 마음에 눈시울이 뜨거워지며 가슴이 벅차오르는 감격에 젖고 말았다.

준비했던 건배사는 까맣게 잊은 채 순간 6.25 동란 중 피난 올 때 미군이 제공했던 이름도 존재도 모르는 큰 배가 머리에 떠올라 내 입을 열어 버리는 것이었다.

기적적으로 승선하여 김일성의 공산 북한을 탈출해 자유 대한으로 오게 된 북한 탈출 이야기를 하고 말았다. 그리고 자유 속에서 나의 새 삶은 바로 여러분들의 희생과 용기 그리고 자유에 대한 믿음 때문에 가능했다고 감사의 인사말을 했다.

계속해서 여러분들은 한국의 영원한 영웅이며 친구로 항상 건강하고 가정에 행복이 충만하기를 기원한다며 건배사를 하고 함께 술잔을 들어 한 모금 마시고 자리로 돌아왔다.

자리에 앉으니 누가 뒤에서 내 어깨를 친근하게 톡톡 두드렸다. 돌아보니 점잖은 백발의 노장이 나를 보고 웃으면서 그 배 이름을 아느냐고 물었다. 뜻밖에 물음에 잠시 머뭇거리다 모른다고 머리를 좌우로 흔드니 그는 엷은 미소로 친절하게 배 이름이 S.S. Lane Victory라고 알려 주었다.

배에 대해 궁금해하면서도 전혀 알 길이 없어 항상 미안한 마음으로 반세기 넘게 지내 오던 나는 이 뜻밖의 말에 놀라며 그를 쳐다보았다. 꿈만 같았다.

그는 자신이 원산 피난민 철수작전 시 승무원이었으며 지금은 이 배의 이사회 회장으로 있는 Thom Hendrickson(탐 헨드릭손)이라고 소개했다. 지금은 배가 산 페드로 캘리포니아(San Pedro, California) 부두에 정박해 있다고 말했다.

나는 놀란 가슴을 다독거리며 다음 날 다시 만나기로 조찬 약속을 하고 돌아왔다. 어찌 이런 꿈같은 일이 있을까.

내가 평생 알고 싶으면서도 알 길이 없었던 배에 대해 이렇게 우연한 기회에 알게 된 것을 하나님께 감사하며 또한 행사 주최 측에 진심으로 감사함을 전하고 싶은 마음에 밤잠을 설쳤다.

다음 날 아침 만났을 때 그는 배에 대한 자세한 자료를 나에게 주었다. 그리고 그는 친절하게 그해 8월에 계획된 Lane Victory호의 크루즈에 우리 부부를 초청하였다. 그 배를 다시 만나 보고 승선해 항해할 수 있다니 나는 꿈만 같은 감격의 그날이 오기를 매일매일 마음 설레며 기다렸다.

50년 만에 재회한 Lane Victory호

미군은 중공군의 인해전술로 원산이 함락 위기에 놓이자 원산 시민을 대피시키기 위해 10,750톤급 Lane Victory호를 투입했다. 그리고 7,010명의 원산 피난민을 부산으로 무사히 대피시키는 데 성공했다.

그런데 한국전에 참전한 모든 UN 연합군은 한국 정부로부터 대통령 표창을 받았지만 빅토리호는 한국 정부에 기록이 보존되지 않아 대통령 표창을 최근까지 받지 못했다.

6.25 50주년 행사로 미국의 참전용사들이 한국에 초청돼 한국관광공사 주최의 만찬에 참석했을 때 나 역시 초대받아 참석했다. 주최 측의 부탁으로 건배를 제의하며 13살 때 피난민에 섞여 큰 미 화물선 배를 타고 공산 북한을 탈출한 기적의 이야기를 하였다.

그때 만찬에 참석한 한 노병으로부터 이 배의 존재를 안 나는 빅토리호에 대한 자료들을 찾기로 했다. 그리고 LA 한국 총영사관, 국방부 그리고 청와대에 이 배의 공적을 인정해 달라는 취지의 청원서를 자료와 함께 제출했다.

그리고 그해 5월 7일, 국방부로부터 빅토리호에 대한 기록이 틀림없다는 것과 함께 대통령 표창이 주어진다는 내용의 회신을 받았다. Lane Victory호가 50년 만에 한국 정부로부터 인정을 받고 대통령 표창을 받게 된 것은 만시지탄이 있으나 너무 당연하고 다행한 일이었다.

그리고 2000년 12월에 빅토리호 승무원 가운데 4명이 한국에 초청 받아 대통령 표창장을 받았다.

이런 특별한 인연이 있는 Lane Victory호에 초청을 받은 나와 집사람은 2000년 8월 19일에 정확히 반세기(50년) 만에 꿈에 그리던 재회를 말로 다할 수 없는 감회에 젖어 갖게 되었다.

사실 나와 집사람은 때를 같이하여 8월 14일부터 17일까지 열린 미국 민주당 전당대회의 초청을 받아 Los Angeles에 왔다. 로스앤젤레스 Staple Center에서 열린 민주당 전당대회에는 4천여 명의 대의원, 국내외 귀빈, 국내외 취재진들이 모여 붐비는 가운데 14일부터 4일간 열렸다.

이 대회에서 제42대 대통령인 빌 클린턴(1946-) 때 부통령을 지낸 앨 고어(1948-)가 차기 민주당 대통령 후보로 지명되었다. 4일간의 민주당 전당대회의 분주한 일정이 끝났다.

이제 하룻밤만 자고 나면 나에게 새 삶을 준, 그러나 지난 50년간 찾을 수도 알아볼 수도 없었던 그 배를 기적처럼 만나 로스앤젤레스 근해를 크루즈하게 되었다.

나는 감사의 표시로 원산 시민과 나의 이름을 넣은 감사패를 준비하였다. 이 감사패는 지금도 S.S. Lane Victory호의 기념관 진열장 안에 소중히 전시되어 있다.

나는 설레는 마음으로 50년 전의 그 배와 원산 탈출의 기적적 순간들이 파노라마처럼 펼쳐 지나가는 기억들을 회상하며 깊은 감회에 빠졌다.

출항 시간에 맞추어 배가 정박해 있는 부두를 향해 흥분된 마음으로 걸어갔다. 가까이 접근해 보니 진한 회색빛의 배가 위용을 뽐내며 당당한 모습으로 정박해 있었다.

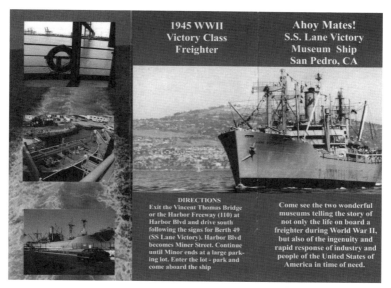

S.S. Lane Victory

돛에 달려 바람에 나부끼는 깃발들이 마치 '반갑다 내가 너를 반세기 동안 기다리고 있었는데 빨리 오라'라고 부르는 것 같았다.

아! 이제 이 배의 존재가 내 앞으로 다가오는 현실에 감격하여 눈시울이 뜨거워졌다. 배에 가까이 한 발 한 발 서서히 접근하면서 나는 집사람의 손을 꼭 잡고 배에 오르기 시작했다.

배에 오르자 기다리고 있던 선장과 여러 승무원들 그리고 군악대의 장엄한 환영 연주로 승객들이 지켜보는 가운데 우리 부부를 그날의 '주빈(Guest of Honor)'으로 따뜻이 영접하고 환영해 주었다. 그리고 출항과 함께 나와 집사람을 승객들에게 소개하고 나에게 인사말을 할 기회를 주었다.

나는 마이크를 잡고 우리 가족이 기적처럼 이 배에 승선해 자유의 삶을 얻게 된 과정을 말했다. 그리고 배와 모든 승무원들의 노고에 감사한다고 인사했다. 또 미국의 위대한 가치, 즉 자유와 평화 그리고 인도주의를 위해 희생과 용맹으로 피난민 구출에서 보여 준 미국의 '행동하는 자유와 인도주의'에 무한한 찬사와 감사를 전한다는 말로 인사말을 대신했다.

즐거웠던 크루즈와 인터뷰 기사

美 남가주 Daily breeze 신문은 지난 8월 19일 The S. S. Lane Victory 측의 초청으로 미국 LA항을 방문하여 이 배에 승선한 조웅규의원 관련기사를 8月 20日字 신문에 대서특필했다. 아래는 기사내용중 일부이다.

2000년 8월 20일 자 Daily Breeze에 실린 기사로 50년 만에 극적으로
다시 만난 Lane Victory호와 저자

이 크루즈는 7시간에 걸쳐 카탈리나 섬(Catalina Island)을 중심으로 하
여 LA만을 서서히 돌면서 승선한 일반 승객들에게 다양한 흥이 나는 프로

그램들을 제공했다. 배가 크루즈를 마치고 귀항할 때는 6대의 비행기가 하늘에서 곡예 모의 공중전을 하며 돌고 배의 양편에서는 물대포를 높이 쏘아 무지개 형상을 연출하며 배의 귀항을 환영했다.

다음 날 이 지역 일간지 신문 〈Daily Breeze〉의 2000년 8월 20일 조간 일면에 내가 배의 구명 튜브를 잡고 바다를 보고 있는 큰 사진과 〈A Wave of Memories〉라는 제목의 기사가 크게 보도되었다.

Dennis Johnson 기자가 쓴 나와 인터뷰한 기사 일부를 발췌해 번역한다.

"화창한 햇볕 아래, 잔잔한 LA만의 파도 위에 떠 있는 이 배에 대해 그는 별로 아는 것이 없어 보인다. 많은 승객들은 서로 미소로 인사하며, 소리 내어 웃기도 하며 사진도 찍으며 부산하다. 그리고 시원한 음료수들과 입맛을 돋우는 먹거리들이 많아 보인다.

토요일 아침 조웅규는 이 S.S. Lane Victory호를 보고도 곧바로 알아보지 못한 것 같다. 그러나 그는 이 배가 그 배라는 것을 알고는 그 배가 확실하다고 느낀 것 같다. 63세인 조 의원은 '50년 전 나는 이 배를 탔다' '그때 이 배에 탈 수 있었던 것은 기적이었다'고 말했다. 1950년 12월 7일 이 Victory호는 조 의원과 그의 가족에게 자유를 선물했다.

한국전이 한창이던 그 당시 조 의원은 13세 소년으로 중공군의 무서운 포화를 피해 원산을 탈출하려는 많은 피난민들과 함께 이 배에 짐짝처럼 실려 남하하게 됐다.

조 의원은 900명이 최대 수용 인원인 이 배에 마치 정어리들처럼 엉킨 채 실려 24시간 후에 남한의 항구도시 부산에 실려 온 7,010명 중 한 사람이다. 높고 험한 파도로 인해 뱃멀미와 심한 구토는 배에 짐짝처럼 꽉 들어찬 피난민들을 몹시 괴롭혔다. 그러나 모두에게 이 상황은 북한에 남아 있는 것보다는 훨씬 좋아 보였다. 그들에게는 다른 선택이 전혀 없었기 때문이다.

조 의원은 말하기를 '그 당시 우리는 미국은 세계 제일의 군사대국으로 어마어마한 전투력을 갖고 있다고 믿었다. 그래서 남하하는 중공군을 쉽게 저지할 수 있을 거라고 생각했다. 그런데 알고 보니 중공군의 인해전술은 상상을 초월하리만큼 엄청난 것이었다.'

조 의원의 선친은 목사로 공산주의자들에게 잡혀 처형당해 조 의원과 그의 어머니 그리고 두 형제만 남게 되었다. 조 의원 가족은 마지막으로 승선하였으며 이 배는 마지막 배였기에 승선 못한 피난민들은 나름대로 다른 방도를 찾아 남하했어야만 했다.

조 의원은 또 '우리는 이 배를 보내 준 미 당국에 항상 감사하고 있다'고 말했다. 부산에 온 피난민들은 남한 당국에 의해 빈 학교 건물에 아무런 지원도 없이 배치되어 추운 겨울을 담요 한 장 없이 참고 견뎌야 했다. 약 3년 후 1953년 휴전협정이 체결된 후 조 의원은 가족과 함께 수도 서울에 왔다.

현재 한국의 국회의원인 조웅규는 우연한 기회에 이 배의 존재를 알게 되어 토요일인 오늘 이 배를 다시 만나게 됐다. …조 의원은 미국의 여러 지역과 Peru를 방문하고 다시 LA에 와서 민주당 전당대회에 참석한 후 Hendrickson의 초청에 응해 그에게 새 생명을 준 Lane Victory호를 다시 찾았다.

이 배의 부이사장인 Allen Thronson은 조 의원의 북한 탈출을 경이로운 사건이라고 소개하며 다른 7,000여 명의 피난민들은 지금 어디서 무엇을 하고 있는지 몹시 궁금하다고 했다. 계속해서 그는 '일단 조 의원의 이야기가 알려지면 7,000여 명 중 상당수가 어디선가 나타나고 말 것이라고' 말하며 웃었다.

조 의원과 부인 수희 여사는 7시간에 걸친 카탈리나섬을 도는 크루즈를 하며 배의 이곳저곳을 살피며 귀항 시 6대의 전투기들이 하늘과 바다 위에서 펼치는 곡예 모의 공중전을 즐기는 것 같았다.

조 의원은 말하기를 '이 배는 나와 내 가족을 원산 부두에서 구했다. 지금 나는 50년 만에 이 배 위에 두 번째로 서 있다. 그러나 그때는 한 노예로, 한 피난민이었으나 지금은 자유인이다."

이 기사는 이 말을 마지막으로 끝을 맺었다.

생명을 구해 준 Victory호와 가까이 사는 행운

S.S. Lane Victory, San Pedro, CA., U.S.A.

나는 지금 이 배의 종신 회원이 되어 기회가 있을 때마다 방문한다. 다행히도 내가 사는 곳에서 자동차로 40여 분 소요되는 거리에 S.S. Lane victory호가 항상 기념비처럼 당당한 위용을 과시하며 정박해 있다. 그러나 엔진 고장으로 지금은 항해가 불가능하다.

축복받은 특별한 인연임이 분명한 이 배와 내가 지금 가까이에서 살고 있다는 사실에 항상 감사한 마음을 갖고 있다. 나는 아들 서황, 며느리 그리고 두 손녀 손자에게 "너희들의 존재는 이 Victory호가 있었기에 가능했다."라고 상기시키곤 한다. 그러면서 이 배를 원산 피난민 구출 작업에 투입하게 된 미국 정부의 의도가 무엇이었는지 그 의미와 파급력을 생각하며 우리 가족의 존재를 감사하고 있다.

내가 속한 '아메리카 한인연합재단'에서 많은 행사들을 이 배에서 한다. 그리고 최근에 이 배의 이사들을 만나 배가 다시 정상 항해하기 위해 필요한 보수 공사에 소요되는 비용이 7백만 불에서 천만 불 정도라는 것을 알게 되었다. 우리 재단에서 미력이나마 모금활동을 해 복구 사업에 기여하겠다고 약속했다.

이 배가 우리 7,010명을 구출한 것처럼 지금은 우리 피난민들이 힘을 합쳐 이 영웅적인 배를 정상으로 복구할 수 있게 일 인당 1,000불씩만 기부할 수 있다면 얼마나 좋을까! 혹은 뜻있는 독지가가 불현듯 나타나서 이 간절한 소원을 이룰 수 있기를 기대하며, S.S. Lane Victory호에 하나님의 가호가 항상 충만하기를 기도한다.

4부

힘들었던 어린시절과
가정교육의 힘

독립심이 강한 아이로 자라면서

나는 3형제 중 둘째로 태어나 형과 동생에 비해 친척이나 이웃 또는 교인들 그리고 부모님의 지인들로부터 형과 동생처럼 큰 관심을 받지 못하고 자랐다. 아마 우리의 관습에 따라 형은 장남이라고 동생은 막내라고 주변의 관심을 끌며 덕담과 칭찬 또는 선물을 받으며 자랐다.

나는 둘째라 그런지 아니면 내 성격이나 생김새가 무뚝뚝하기 때문인지 나에게는 대부분의 사람들이 무덤덤하게 대하는 것 같았다. 그러나 그런 주변의 무관심이 나를 외롭게 하거나 괴롭히지는 않았다.

내가 태어난 1937년 8월 10일. 아버님께서 내 이름을 지으신다고 나의 관상을 살펴보시고, 영웅 웅, 수컷 웅(雄) 자를 넣어서 웅규(雄奎)라고 이름 지어 주셨다. 이름 때문인지 하여튼 어릴 때부터 별나게 개성이 강하고 독립적이었다. 또한 남을 부러워하거나 의식하지 않고 홀로 내 마음이 가는 대로 지내면서 외로움을 느끼지 않고 자란 편이다.

그리고 내가 하고 싶은 것이 있으면 스스로 방법을 찾아 해결하고, 남의 도움을 별로 바라거나 부탁하거나 기대하는 일 없이 힘든 환경을 탓하지 않고 스스로 극복하려고 노력하며 살아왔다.

아버님이 겪어야 했던 많은 수난과 고통으로 인한 집안 살림의 어려움과는 별로 상관없이 나의 유년 시절은 다사다난했다.

3형제 중 어린 나이에 유독 대형 사고를 쳐서 나 스스로에게는 고통을 그리고 부모님에게는 많은 걱정과 근심을 끼치곤 했다. 그렇다고 언제나 걱정거리만 만드는 문제아는 아니었다.

한 예로 일곱 살 때라고 기억하는데 집이 언덕 위 높은 곳에 있어서 10

도 경사의 언덕길을 약 25미터 정도 올라가야 한다. 눈이 온 겨울날 벽난로에 필요한 장작을 싣고 온 인부가 길이 미끄럽고 위험하여 달구지로 올라갈 수 없다고 언덕 아래에 장작을 모두 하역하고는 가 버렸다.

나는 혼자 걱정하다가 아무도 시키지 않았는데도 또한 형과 아우는 아무 관심도 보이지 않고 있는데 혼자 스스로 책임감을 느껴 그 많은 장작을 불평 없이 장시간에 걸쳐 모두 집으로 옮겨 놓았던 일이 있었다. 이것이 나의 성격의 한 면을 잘 보여 주는 사례이다.

해야만 할 일을 아무도 안 하면 그때 스스로 나서서 하는 이런 자세로 평생 내 삶을 이어왔다. 나는 종종 집단적 해결을 필요로 하는 어려운 상황이 눈앞에 전개되면 보고 있다가 아무도 해결을 위해 나서지 않으면 상황의 악화를 막기 위해 내 스스로 관심과 책임을 느껴 열심히 수습하여 해결을 보는 경우가 많았다.

반면 다소 겁이 없는 성격 때문에 본의 아닌 큰 사고를 내는 경우도 있었다. 내가 여섯 살 때였다. 아버님이 일제에 의해 투옥되고 어머님은 아버님 옥바라지로 분주하게 외출이 많으셨다.

집 바로 앞에는 약 20도 정도로 경사진 그리고 길이가 20미터 이상 되는 언덕이 있고 그 아래는 날카로운 돌들이 깔려 있는 개울이 흐르고 있었다. 겨울에 집에서 버리는 물들을 언덕에 매일 버리다 보니 자연스럽게 얼음이 얼어 멋진 빙판 언덕이 되었다.

동네 개구쟁이들이 이 자연 빙판을 못 알아볼 리가 없다. 매일 아침 개구쟁이 10여 명은 썰매를 갖고 나타나 배를 대고 또는 앉은 자세로 썰매를 타며 내려가다가 개천에 이르면 급히 좌나 우회전하여 정지한 후 다시 올라와 썰매를 타며 재미나게 놀았다.

어린 나는 재미있게 썰매를 타는 형뻘 되는 개구쟁이들을 쳐다보며 나도 해 보고 싶은 충동을 느꼈다. 그들 중 한 명에게 나도 해 보겠다고 하니 알아서 타란 듯이 아무 말도 없이 썰매를 주었다.

나는 썰매를 타고 언덕을 미끄러져 내려가다가 개천 앞에 와서는 급히 회전을 해야 하는 것을 몰랐다. 어린 나이에 위험하다는 것도 몰랐다. 신이 난 나는 썰매에 앉아 신나게 미끄러져 내려가다가 그냥 개천에 박혀 버렸다. 나의 이마는 뾰족한 돌과 정면충돌하고는 피를 흘리며 의식을 잃고 말았다.

개구쟁이 여럿이 나를 업고 집에 왔으나 어머님이 외출 중이라 속수무책으로 어떤 응급조치도 할 수 없이 어머님이 귀가하기만 기다려야 했다.

얼마 후 귀가한 어머니는 너무 놀라고 당황하여 민간요법으로 피 흐르는 상처에 된장을 듬뿍 덮어 응급조치하였다. 제대로 응급치료를 받지 못해 그때의 흉터가 아직도 이마에 훈장처럼 남아 있다.

채석장에 떨어져 살아난 기적

또 다른 사고는 나의 생사가 결정 날 뻔한 아주 위험한 것이었다. 때는 해방이 된 1945년 내가 8살 되던 화창한 가을날이었다. 집에서 멀지 않은 곳에 큰 채석장이 있었다. 채취한 돌들을 크기별로 분류하여 크고 작은 피라미드 모양으로 쌓은 돌무덤들이 채석장을 가득 채웠다.

다이너마이트로 돌산을 폭파하는 채석 작업 때문에 돌산 허리가 활 모양으로 안쪽에 깊이 파여 버렸다. 채석장에서 돌산의 정상까지의 높이가 약 40미터 이상이다. 돌산 마루에는 운동장 크기의 평지가 있어 놀이터로나 또 연 놀이 하기에 아주 좋은 곳이다.

이 놀이터 한쪽 끝자락에 채석장을 바로 내려다볼 수 있는 그늘진 작은 공간이 있다. 이 공간의 앞자락 경계는 약 65도 경사로 길이가 10미터 정도 되는 가파른 언덕이 있고 이 언덕의 끝부분에서 아래 방향으로 안쪽이 심하게 깎여 채석장을 수직으로 내려 보게 되어 있다.

여기서 떨어지면 바로 채석장의 첩첩으로 쌓인 돌무덤 위에 떨어져 죽고 마는 아주 위험한 곳이다.

그날은 가을날치고는 아주 더운 날이었다. 나는 산마루 놀이터에서 놀다가 더위를 피해 일찍이 이 작은 그늘진 공간에 와 있었다. 그런데 시간이 지나면서 계속 아이들이 더위를 피해 몰려들어 와 공간은 빽빽하게 아이들로 가득 찼다.

나는 집에 가야 할 시간이 되어 이 공간 밖으로 나가려고 애써 몸을 비틀고 꼬며 틈을 만들어 간신히 빽빽한 공간을 빠져나갔다. 경사진 언덕 자락까지 나올 수 있었으나 내가 나온 곳은 언덕이 막힌 곳이었다. 그래서 열린 평지로 나가기 위해서는 경사의 언저리를 약 7미터 정도 조심스럽게 걸어서 나가야만 했다.

발에는 땀이 나서 고무신 안이 미끄럽게 느껴졌다. 간신히 몸의 균형을 유지하며 조심스럽게 경사의 언저리를 따라 발 디딜 곳을 더듬어 확보하며 한 발짝 한 발짝 움직이는데 고무신 안이 미끄러워서 그만 몸의 균형을 잃고 경사로 미끄러지고 말았다. 불과 1초도 안 되는 순간이었으나 미끄러져 내려가면서 살아 보려고 경사에 드문드문 나 있는 마른 풀들을 닥치는 대로 필사적으로 잡으려고 했다. 그러나 나의 발이 경사의 밑자락을 벗어나 허공으로 떨어지면서 의식을 잃고 추락하고 말았다.

추락 후 며칠이 지났는지도 모른 채 나는 의식을 잃고 누워 있었는데 어느 날 기도 소리와 찬송 소리를 희미하게 들으며 의식이 조금씩 돌아오는 것을 느낄 수 있었다. 7일 정도가 지나서 의식이 돌아왔다. 그리고 나에게 무슨 일이 있었는지 알게 되었다.

산마루에서 채석장 돌무덤으로 떨어지면 사지가 박살 나서 죽게 마련인데 내가 죽지 않고 살아 있었던 것이 불가사의한 일이었다.

그리고 또 8.15 해방 직후 사회 혼란과 어려움을 겪을 때, 의료기관으로부터 어떤 치료나 처방의 혜택을 받을 수 없는 형편없는 상황이었다. 그래서 의식을 완전히 잃고 간신히 호흡만 유지하고 있는 나를 살려 달라고 가까운 교인들과 가족이 오로지 하나님께 기도하고 찬송하며 기적만을 기다리고 있던 중 7일 정도 지나서 내가 깨어났다.

추락 사고의 전말을 알고 보니 기적 이외의 어떤 말로도 표현할 수 없는 놀라운 일이었다. 내가 미끄러지기 시작하자 주위에 있던 아이들이 발을 동동 굴리며 사람 살리라고 아우성을 치고 난리였다고 한다. 그러나 몸은 벌써 밑으로 떨어졌고 그 산마루 위에서 사람들이 오르내리는 산길을 따라 채석장으로 내려오려면 15분쯤 걸린다.

그런데 마침 천만다행으로 채석장 주변에서 풀을 베고 있던 노인이 어디서 쿵 하는 소리를 듣고 주변을 살피다 나를 발견했다고 한다.

참으로 더욱 놀라운 것은 크고 작은 돌무덤들로 가득 덮인 채석장 끝자락 한 곳에 1미터 직경 크기의 흙바닥이 있었다. 기적적으로 그곳에 내가 떨어져 앉아 있는 자세로 약간의 피만 흘리며 죽은 듯이 있었다고 한다.

내가 회복된 후에 직접 그곳으로 가서 확인해 봤더니 그 흙바닥이 내가 떨어진 산언덕에서 수직의 위치가 아니고 약간 채석장 벽 안쪽으로 사선으로 위치하고 있었다. 그곳이 바로 원산 앞바다를 마주하고 있어서 아마 그 순간 바닷바람이 강하게 불어 바람에 밀려 내가 그 빈 작은 흙바닥에 떨어지게 되었다고 생각할 수밖에 없었다. 어찌 되었든 나는 신기하게 그 작은 흙바닥에 떨어져 죽음을 면했다.

세상에 이런 기적도 있다니 한없이 하나님께 감사하고 또 감사하다.

침의 효능과 사팔눈

약 일주일 후 비록 의식은 돌아왔으나 몸이 모두 망가져서 그 당시 의사들의 견해는 생명은 부지 하나 아마 꼽추가 될 것 같다고 했다. 또 눈이 사시가 되고, 뇌에 이상 징후가 있을 수 있다고 했다.

그러나 해방 직후 의료시설이 전무한 상황에서 달리 치료방법이 없어 결국은 동네에서 소문난 침놓는 노인에게 내 몸은 맡겨졌다. 약 3개월간 매일 침을 내 몸 전신에 맞으면서 서서히 회복되어 갔다. 그런데 약 2개월 후에 의학적으로는 설명할 수 있을지 몰라도 나로서는 전혀 이해가 안 되는 일이 내 눈에 나타났다.

하루는 사파리가 되고 자고 난 다음 날은 정상 눈이 되는 기이한 현상이 약 2개월 동안 기계처럼 반복되었다. 그러던 중 어느 날 잠을 깨고 보니 사파리가 되어야 하는 날인데 이틀을 계속 정상 눈이 되어 있었다. 어린 마음에 이제 눈이 정상으로 돌아온 줄 알고 너무 좋아서 동생과 몸 장난을 좀 심하게 하고 놀았다.

사실은 간밤에 나는 신비한 꿈을 꾸었다. 자는데 꿈에 예수님이 나타나 내 머리에 손을 놓고 축복해 주시는 꿈이었다. 깨어 보니 사파리가 되어야 할 날인데 눈이 정상이 되어 있었다. 그래서 너무 좋고 기뻐하면서도 한순간 마음속으로 하나님이 과연 계신가 하고 의심스러운 마음으로 그날을 보냈다. 다음 날 깨어보니 사파리가 다시 되어 버렸고 그 후 계속 사파리가 되어 사시로 살게 되었다.

다행히도 침을 맞은 효과인지 눈 이외 나의 몸 전체가 서서히 정상으로 돌아오고 있었다. 그러나 사시 때문에 나는 유년기와 사춘기에 열등감으로 인해 대인기피증이 생겨 사람들과의 접촉을 피하며 홀로 지내는 날이 많아졌다.

어머니와 냉면 곱빼기

박금녀(1899년 9월 18일-1988년 11월 23일) 권사, 나의 사랑하는 어머니는 함경남도 성진에서 출생했다. 여유 있는 기독교 가정에서 태어나서 일찍이 정신여학교에서 신학문을 수학했다. 그리고 일본 오사카 여자신학교를 졸업하고 일본 관서교회 전도사로 봉사하다 귀국하였다. 귀국 후 정신여학교에서 교편을 잡은 후 원산 마르다윌슨 여자신학교에서 교수 및 사감으로 재직하며 여전도회운동을 적극 전개했다.

1932년 마르다윌슨 여자신학교 루이스 맥컬리 교장의 중매로 원산 석우동 교회에서 조희렴 목사와 결혼식을 올렸다.

결혼하면서 교직을 그만두고 가정에서 조 목사를 내조하고 가사에 전념하셨다. 어머님은 유대인식 육아법에 남다른 관심과 호감을 가지셨다. 어머님은 독실한 신앙인으로 아버님이 투옥되실 때마다 옥바라지로 고생하면서 우리 3형제의 교육과 종교 생활에 심혈을 기울이셨다.

어머님은 좀 엄격하시고 과묵한 편이다. 아마 교사로 사감으로 재직하면서 몸에 밴 위엄 때문인지, 가정 교육에서도 학교 선생님 같은 느낌이 강하셨고 자식들에 대한 사랑과 교육열은 대단하셨다.

해방 후 공산주의 김일성 치하에서 우리들은 대단히 궁핍하게 살았다. 남부교회 교인들 대다수가 서민과 장마당에서 가난하게 장사를 하는 소상인들이라 교회 재정이 좋지 못해 아버님이 힘들게 교회를 지탱하며 목회를 하시는 것을 나이 어린 나도 알고 있었다.

가난하게 살면서도 귀한 손님이 방문하면 유명한 원산면옥에서 냉면을 배달시켜 대접했다. 나는 냉면을 어릴 적부터 무척 좋아했다. 그러나 해방 후 가정 형편이 여의치 못해 냉면을 먹을 수가 없었다. 또 손님에게 대접할 냉면을 주문해도 나와 형, 동생에게는 항상 그림의 떡이었다.

1949년 국민학교를 졸업했는데 추락 사고에서 받은 뇌의 손상에도 불구하고 나는 최우수 성적으로 졸업했다. 어머니도 너무 좋아하시며 일등으로 졸업한 선물로 뭐든 원하는 것을 말해 보라고 하셨다. 나는 주저하거나 더 생각할 필요가 없었다. 바로 망설임 없이 "냉면 곱빼기"라고 소리쳤다.

어머니는 곧 주문을 하였고, 나는 기다리는 것이 마치 냉면이 먼 달나라에서 오는 것처럼 느껴졌다. 또 한편으로 마음속이 불안하고 초조하기 시작했다. 형과 동생이 알고 나누어 먹자고 하면 어떻게 해야 할지 걱정이 태산 같았다.

다행히 냉면 곱빼기를 혼자 다 비울 때까지 형과 동생은 나타나지 않았다. 그 후 나는 그때를 떠올릴 때마다 아무리 냉면을 좋아했어도 그렇지 내가 좀 유치했다고 자성했다.

삶의 바탕이 된 부모님의 정신교육

　모태신앙을 가진 우리 3형제는 어릴 때부터 부모님으로부터 영육을 살찌게 하는 많은 성경 말씀을 들으며 규칙적인 신앙 생활 속에서 성장했다.

　부모님은 육신의 안위나 물질적 풍요보다는 정신적 가치가 더 중요하고 삶을 의미 있게 그리고 행복하게 만든다고 가르치시며 그렇게 노력하라고 항상 말씀하셨다. 그리고 하나님의 말씀으로 가득 차면 삶 자체가 만족스럽고 행복하다고 하셨다.

　그리고 돈, 권력, 명예 같은 것에 집착하지 말며 살라고 하셨다. 신앙을 떠나 물질적 탐욕만을 부리면 죄를 낳게 되고, 죽음에 이르게 된다고 가르쳐 주셨다.

　부모님이 우리에게 들려준 말 중 가장 마음에 남는 말은 "육신이나 물질이 좀 부족한 것은 수치가 아니나 마음이 가난한 것은 인간됨에 문제가 있다."라며 "마음이 가난하지 않기 위해 항상 의미 있는 일을 찾아 최선을 다하라."라고 말씀하셨다.

　이런 종교적 가정 교육은 내가 성인이 되었을 때 그 무엇보다도 나의 일상에서 그리고 사회생활에서 길잡이가 되고 힘이 되었다. 어떤 도전과 곤경 속에서도 불굴의 정신으로 견디고 극복하면서 내가 추구하는 가치관에 충실하도록 큰 도움을 주었다. 그 결과 무엇이든 대가를 바라지 않고 최선을 다하는 자세가 몸에 배어 일상이 되었다.

---------- • 5부 • ----------

가난과 자유분방했던 시절

부산에서의 고달픈 피난 생활

1950년 12월 8일 원산 피난민이 타고 온 배는 부산항에 무사히 도착했다. 그날은 유난히도 추운 날이었다. 피난민 일행은 당국에 의해 다대포 바닷가에 있는 한 초등학교 교실로 안내되었다. 유리창이 모조리 깨져서 바닷바람은 무서울 정도로 차고 매서웠다.

우리 가족은 방한을 할 어떤 물건도 방법도 없어서 입은 옷만으로 서로 부둥켜안고 밤을 견뎌야 했다. 주위를 보니 장정이 있는 가족은 어디서 볏짚 가마니를 얻어 와서 그것을 이불로 삼아 덮고 추위를 견디는 것을 보면서 몹시 부러웠다.

아침에 깨어 보니 모두 죽지 않고 살았고 이렇게도 살 수 있구나 생각했다. 어릴 때 원산에서 엄동설한에도 일부러 내의 없이 견디던 기억이 나서 추위를 무조건 참고 이기기로 마음먹었다. 이제 먹고사는 것도 각자도생으로 알아서 해결해야 했다.

전쟁을 치르는 정부는 우리 피난민을 보살필 여력이 없는 상황이었다. 가족이 머리를 맞대고 궁리를 해 보았으나 별 방법이 없었다. 내가 떡을 팔아 보겠다고 자진해 나섰다.

나는 떡집을 찾아가서 떡 한 판을 사서 길가에 놓고 팔아 보려고 했다. 그런데 도저히 머리를 들고 '떡 사세요' 하고 외칠 수가 없었다. 갑자기 부끄러운 생각, 특히 사파리로 인한 대인기피증에 얼굴을 들지 못하고 마냥 고개를 숙이고 앉아 있기만 했다. 얼마가 지났는지 모르겠으나 하나도 팔지 못했다.

어머니가 오셔서 떡 판을 들고 가자고 하여 임시 수용소인 학교로 돌아와 2-3일 동안 떡으로 온 식구가 끼니를 대신했다.

이 경험으로 나는 부끄러움이 밥을 주는 것도 아니고 살기 위해서 때로는 당당해야 한다는 것을 깨달았다.

그런데 매일 저녁이면 함께 피난 온 교회 어르신들이 떠들면서 어디론가 갔다가 아침에 돌아왔다. 하루는 그 어르신들 중 한 분에게 어디로 가시냐고 물었더니 부두 노동을 하고 일당을 받는다고 했다. 13살인 나도 함께 가서 노동하겠다고 하니 어려서 안 된다고 하며 가 버렸다.

나는 따라가 매달리면서 나도 돈 벌어야 한다고 사정을 했다. 내가 어리고 키도 작아서 아예 부두 초소에서 미군 검열관이 받아 주지 않는다는 것이다. 그래도 고집스럽게 매달리며 어르신들께 초소에서 거절당하더라도 한 번만 해 보자고 사정했다. 마지못해 어르신이 허락하였다.

추운 겨울철이라 나는 방한모 속에 신문지로 공같이 만든 것을 넣고 뒤집어쓴 후 입소할 때 두 어르신들 사이에 끼어 발꿈치를 높이 들고 걸었다. 그러니 내 키가 어르신들만큼 커 보였고 밤이라 어두워서 얼굴 식별이 어려워 나는 마침내 초소를 무난히 통과했다.

그리고 이 일은 중노동에 가까운 작업이었으나 어르신들의 도움으로 비교적 쉬운 일들을 골라 할 수 있었다. 이렇게 해서 내 생전 처음 일당을 받아 어머님께 드렸다. 나는 이렇게 돈을 번 것이 자랑스럽고 돈의 소중함을 새삼 깨달았다. 그러나 어머님에게 돈을 벌어다 드리는 나의 즐거움도 오래가지 못했다.

약 2주가 지날 무렵 인민군이 부산까지 위협하게 되면서 여기까지 와서 공산당에게 또 당할 수는 없다는 생각에 당국이 마련한 LST(전차, 보병 상륙함)를 타고 제주도로 또다시 피난을 갔다.

살아남기 위해 제주도로 피난

1951년 1월 중순경 제주도의 모실포항에 도착한 우리 가족은 걸어서 서귀포에서 가까운 신효리에 배정되었다. 약 32km가 되는 도보로 8-9시간 정도 걸어야 되는 먼 거리를 일행들에 밀려 걷다 보니 내 발에 물집이 생기고 터져 쓰리고 몹시 아팠던 기억이 지금도 생생하다. 여러 날 아파 누워서 고생했다.

다행히 우리 가족은 지역 유지이며 귤 농장을 운영하는 분의 소실 댁에 짐을 풀었다. 그 집은 작고 낡은 초가집인데 주인아주머니는 성숙한 딸과 함께 둘만이 살고 있었다.

제주도 사람들은 모두 농사 일이나 바다에서 해녀로 일하며 가난하게 살아도 참 순하고 인정이 많은 사람들이었다. 우리에게는 방 하나를 내어 주고 아무 대가 없이 자기들이 먹는 세끼 밥을 우리에게 나누어 주었다.

항상 밥상은 매우 초라했다. 보리 철에는 꽁보리밥, 조를 수확한 후에는 깡 조밥에 배추를 넣고 끓인 소금국이 거의 전부였던 것으로 기억한다. 배가 고파도 불평 없이 뛰어놀며 재미있게 살았다.

배가 고파 가끔 산에 가서 동네 사람들을 피해 친구들과 뱀을 잡아 날것으로 먹기도 했다. 제주도는 구렁이를 미신으로 섬기고 있었다. 어린 마음에 뱀을 잡아먹는 것이 동네 분들에게 용서받지 못하는 잘못으로 알고 숨어서 주변을 조심스레 살피며 뱀을 먹었던 일도 있었다.

또 강가에서 놀다 보면 가끔 무당이 높은 돌 바위 위에서 굿을 하고는 닭을 강으로 던진다. 숨어 있다가 물속으로 뛰어들어 닭을 찾아 내면 그날은 포식하며 잔치를 하는 기분이었다.

밤이면 공비들이 출몰하여 동네를 약탈한다고 하여 순번을 정해 대창을 들고 돌담 벽에 붙어 밤을 새우기도 했다. 그러나 우리 동네는 우리가 그곳에 있었던 1년 반 동안은 한 번도 공비가 나타나지 않았다.

고사리 철에는 가끔 고사리 따러 여럿이 모여 산으로 갔다. 공비가 숨어 있다가 공격할지도 모른다고 하여 어린 마음에 몹시 무서웠다. 이런 단순한 시골 생활로 시간 가는 줄 모르고 지내면서 공부와는 담을 쌓고 1년을 넘게 지냈다.

그러나 어머니는 우리들의 교육 문제로 몹시 노심초사하셨다. 이 이상 더 방치할 수 없다고 판단한 어머니는 무조건 제주읍으로 가셨다. 수소문하여 오현중고등학교 교정에 피난 중고교가 있다는 것을 알았다. 이곳에서는 타지에서 피난 온 학생들을 위해 임시 천막교실을 만들어 가르치고 있었다.

어머니는 학교로 찾아가 우리 3형제의 일 년 반이란 긴 공백에도 불구하고 나이에 맞는 학년에 편입해 공부를 할 수 있도록 입학 허가를 받고 돌아오셨다. 우리 삼 형제는 즉시 어머니를 따라 제주읍으로 이사하고 학교에 등교하였다.

1952년 봄에 나는 피난 중학교 3학년에 편입하여 열심히 공부했다. 몇 안 되는 학생들이기는 했으나 졸업할 때 최고 성적으로 졸업반에서 일등을 했다.

유능한 안과 의사를 만난 행운

서울 수복으로 대부분의 피난민들이 서울로 갈 때 우리는 일단 부산으로 가서 학업을 계속할 길을 찾았다.

마침 순교자 유가족 자녀들에게 무상으로 교육 기회를 제공하는 대광고등학교에 입학하기로 했다. 아무 소득이 없고 아무것도 가진 것이 없는 우리에게는 대광고등학교는 산타클로스의 크리스마스 선물 이상의 것이었다.

학업을 계속할 수 있게 되어 다행이었으나 16세가 된 예민한 사춘기의 나에게 사파리란 장애가 큰 짐이 되었다. 매사에 소극적인 자세와 대인기피증으로 인해 나는 깊은 고민 속에서 외롭게 사는 신세가 되었다.

이심전심으로 어머니는 내가 겪는 괴로움과 대인기피증에 대해 나보다 더 힘들게 속상해하며 지내셨다.

어머니가 수소문한 끝에 부산 이화여대 부속병원 안과에서 근무하는 양 박사를 소개받았다. 양 박사는 미국의 유수한 의대에서 안과를 전공하고 최근 귀국한 젊은 의사로 내 눈 수술을 하겠다고 했다.

수술의 성공 가능성이나 위험성은 나에게 문제가 되지 않았다. 내 눈을 수술로 고쳐 주겠다는 의사선생님이 마냥 고맙기만 했다. 나는 물에 빠진 사람이 지푸라기라도 잡는 심정으로 주저 없이 수술에 매달렸다.

의사 선생은 내가 채석장에서 추락할 때 큰 충격으로 안구의 신경 일부가 늘어나 생긴 결과라고 하면서 늘어난 신경을 수술로 정상화하면 된다고 나를 안심시켰다. 그러나 수술은 전신마취 후 안구를 칼로 열고 늘어난 신경을 하나하나 찾아 잘라 내고 재조정하는 수술로 약 4시간이 소요되는 힘든 수술이었다. 수술을 마치고 얼마 있다가 양 박사님도 서울로 상경해 후속 치료가 막막해졌다.

마침 이복 자형 최황 박사가 그 당시 부산에 체류하면서 내 이야기를 듣고 다른 전문 안과의를 소개해 주었다. 그 의사의 세심한 배려와 치료로 약 2개월간 물리치료를 받고는 완치되어 오늘에 이르고 있다.

자신감과 적극성을 다시 찾은 나는 자유분방하면서 합리적이고 실용적인 접근으로 내 삶을 개척하며 열심히 살기로 했다.

서울에 온 어머님과 남부교회

1953년 7월 27일, 6.25 전쟁은 정전협정이 체결되어 휴전이 되자 어머님은 우리 삼 형제를 데리고 서울에 올라와서 정착하셨다. 그리고 함께 피난 나온 남부교회 교인들과 뜻을 모아 조희렴 목사의 순교 정신을 추모하고 그의 뜻을 이어 모두 함께 신앙 생활을 했다. 힘들고 피곤한 피난 생활에서 상부상조하고 위로하며 살기를 원해 서울에서 남부교회를 창립하기 위해 할 수 있는 온갖 힘을 다하셨다.

어머님은 생을 다하는 그날까지 남부교회에서 원로 권사로 봉사하며 하나님이 바라는 신앙 생활을 하기 위해 최선을 다하며 사셨다. 또한 위기를 기회로 삼고 모든 난관을 지혜롭게 극복하며 살 수 있도록 강인한 정신력과 하나님의 말씀에 순응하도록 우리를 가르쳐 주셨다. 나는 어머님의 은혜와 사랑, 가르침을 평생 가슴속 깊이 새기며 살고 있다.

순혜원 생활과 김일성에 대한 나의 증오

순혜원에서 어머님과 함께 저자의 형제들: 웅규, 어머니, 현규, 명규

　그 후 나는 가족과 함께 상경하여 장충동에 있는 순혜원에서 서울 생활을 시작했다. 순혜원은 창고로 사용하던 건물이었는데 순교자 유가족을 위해 개조하여 30여 세대가 각자 주방이 붙은 방 한 칸씩을 배정받아 사는 곳이었다.

　이곳에서 아무 직업도 없이 삼 형제를 모두 학교에 보내며 힘들게 우리를 뒷바라지하시는 어머니의 사랑과 희생의 덕으로 나는 대학 졸업할 때까지 6년여를 순혜원에서 살았다.

　내색이나 불평 한마디 하시지 않는 과묵한 어머니가 가난한 생활고로 인해 홀로 얼마나 힘들고 괴로워하시는지를 나는 잘 알고 있었기에 마음이 항상 무겁고 착잡했다.

　아버님이 살아 계시면 어머니는 물론 우리 형제가 겪지 않아도 될 가난이고 고통이었다. 나는 피난 나와 고생하면서 언제부터인가 우리 가족이 겪는 궁핍한 생활고는 순전히 김일성과 공산주의 때문이라고 생각했다.

김일성과 공산주의가 밉다. 아니 너무 증오스럽다.

나는 반김일성 그리고 반공산주의자가 되어 이들의 실체와 역사를 공부하였다. 나에게 공산주의는 칼 마르크스와 프리드리히 엥겔스의 인간 사회 개조를 위한 망상적 실험의 결과물이라고 밖에 보지 않는다.

이들은 전체주의란 미명하에 부르주아 계급을 파멸시키고 프롤레타리아 계급을 새로운 지배 계급으로 만들면서 실제로는 절대다수의 노동자 농민을 우민화하였다. 그리고 무조건 복종만을 강요하며 살아남기 위해서는 자유가 없는 세상에 만족하라며 평등 없는 평등사회를 인위적으로 만들었던 것이 공산주의 사회였다.

이런 결과 소수인 공산 지배계층은 권력을 사유화하고 모든 특혜를 향유하는 위선으로 장식한 세상에 살았다. 반면 노동자 농민 계층을 세뇌시켜 공포정치로 관리, 통치하는 독재 계급사회를 만들었다. 그리고 통치자들은 부패와 비리를 일삼으며, 국민들에게는 무조건 복종만을 강요하며 독재 정치와 인권 탄압을 통치의 수단으로 삼았다.

정외과 입학과 대학의 편법

대광고등학교를 졸업하면서 일찍이 연희대학교 정치외교학과에 진학하기로 결정했다. 기독교 대학이며 한때 아버님이 이사로 계셨던 대학이고 사립이며 서구적 학풍으로 인해 전혀 다른 대학들을 생각해 보지 않았다.

입학 공부에 정진하려던 무렵 연희대가 무시험 전형으로 입학을 결정한다는 것이다. 과거 고교 선배들의 입학 성적과 연희대에서의 학업 성적을 분석 평가해서 모든 고등학교의 등급을 정하고 입학생의 고교 내신 성적을 비교 평가하여 입학을 결정하는 것이었다.

마침 나의 내신 성적은 정외과 입학에 충분하다고 선생님이 알려 주셨다. 그래서 나는 뜻하지 않게 입학시험 공부에서 완전히 해방이 되는 행운을 얻었다. 타 대학에 입학하기 위해 준비를 하는 친구들은 밤새워 코피 흘리며 공부하는데 놀기 좋아하는 나는 연희대 지망생들과 영화 보고 놀기에 여념이 없을 지경이었다.

경쟁이 심하다는 정외과를 무시험으로 입학하게 된 행운을 고맙게 생각하며 입학하면 대학 공부를 제대로 열심히 해야겠다고 결심하였다.

그러나 한편 걱정스러운 문제는 우리 집안 형편이 재정적으로 넉넉지 못하여 대학 등록금 마련이 힘든 처지였다.

현규 형이 세브란스 의대 의예과에 재학 중인데 내가 또 연희대에 입학하게 되어 우리 둘의 등록금을 마련하는 일이 큰 걱정으로 다가왔다. 어머니와 우리 형제는 등록금 마련을 위해 백방으로 뛰어다녔으나 월남하여 친인척이나 지인이 없는 우리 입장에서 도움의 손길을 찾는다는 것은 낙타가 바늘구멍을 통과하는 것만큼 어려웠다.

마침 자형인 최황 박사가 잠시 귀국했다는 소식을 듣고 달려가 만났다. 그런데 우리의 딱한 사정을 듣고서도 한 사람분의 등록금만 주었다.

너무 감사하나 난감하기는 마찬가지였다. 이런 와중에 형이 나를 위해 휴학을 해 버렸다.

형은 아주 머리가 좋고 뛰어난 수재이다. 2년 전 세브란스 의과대학 입학시험에서 연희대학과 세브란스 의대를 합해서 수석으로 입학하였으나 대학 재정이 어려워서였는지 한 푼의 장학금이나 재정적 보상이 없었다.

형의 양보로 나는 겨우 등록하고 공부를 좀 제대로 하려고 마음을 다졌다. 그런데 이상한 현상이 학교에 나타났다. 학기가 시작되고 약 한 달이 지났다. 50명 정원의 우리 정외과에서 110여 명이 함께 공부하고 있는 것이었다. 너무 의외였으며 충격이었다.

정확한 내용은 잘 모르나 대강당을 건립하기 위해 대학 당국이 재정 확보 차원에서 거의 모든 인기 학과에 정원 외 신입생을 추가로 기여 입학을 시켰다는 소문이 돌았다. 시대 상황을 반영한 대학의 편법이나 재정의 어려움을 겪고 있는 대학 입장에서는 불가피한 특단의 조치였는지도 모른다.

1956년 국민소득이 미불 60불이었다. 대한민국은 세계에서 가난한 나라 중에서도 아주 가난한 나라였다. 또 6.25 전쟁으로 인해 많은 건물이나 시설들이 파손되어 복구의 손길을 필요로 하는 때였다. 대학도 시급히 필요한 건물을 마련하려면 무엇보다 돈이 우선 준비되어야만 했다.

이를 해결하기 위해 대학은 편법으로 기여 입학이라는 방식을 통해 필요한 자금을 마련하기로 계획한 것 같다. 이를 위해 우리의 정규 입학도 무시험으로 만들어 편입학 절차를 처음부터 간소화해 일관되게 처리한 것이 아니었나 생각된다. 어찌 되었던 무시험 입학 전형은 우리 때만 적용

된 후 사라지고 말았다.

대학은 계획대로 대강당을 건설해 요긴하게 활용하고 있으며 앞으로도 100년 이상 대학교육에 기여할 것이라 믿는다.

그러나 도덕적으로 예민한 일부 신입생들에게 편법 추가 입학은 충격이었다. 우리가 기대했던 면학 분위기는 일시에 허물어지는 것 같았다. 변명일 수도 있으나 우리는 공부할 의욕을 잃기 시작했다. 그리고 노는 데 열중하며 대학생으로서의 본분을 소홀히 하게 되었다.

우리 몇 친구는 우수한 두뇌 소유자들이었으나 대학 공부나 서클 또는 학문적 동아리 활동들은 기피하며 우리 나름의 멋진 대학 생활에 몰두하며 노는 데 많은 시간을 보냈다.

우리 정외과 학생들의 성공적 대학 생활이란 외무고시에 합격하여 외교관이 되는 것인데 110여 명의 동기 중 외무고시에 합격한 동기는 한 친구뿐이었다.

비록 외무고시 합격자는 단 한 명(김승호 전 모로코 대사)뿐이었으나 반면 나를 포함해 4명의 국회의원(조부영 국회부의장, 김동욱 국회재경위원장, 유재건 국회국방위원장)을 배출하는 기록을 남긴 동기이기도하다. 우리나라에서 한 학과의 동기 4명이 같은 기간에 의정 활동을 한 기록이 또 있는지 궁금하다.

논산훈련소에서 겪은 일들

1950년대는 국가도 가난했고 개인도 가난한 시기였다. 이런 상황 속에서 우리 집은 너무 힘들었다. 형은 휴학을 하고 내외통신에서 번역 일을 했으나 보수가 적었다. 보수가 좋은 회사들에 입사 기회가 있을 때마다 시험을 보면 아주 우수한 성적으로 합격했다. 그러나 2차 면접에서 언제나 낙마했다.

이유는 대학 졸업장이 없기 때문이었다. 나는 형의 좌절을 보면서 나를 위해 그리고 어머니를 위해 어떤 악조건하에서도 반드시 졸업은 하고 말겠다고 다짐했다. 시대 상황이 대학 졸업장이 없으면 2등 국민으로 낙오하는 사회 분위기였다.

신앙심이 깊은 나의 형 조현규(曺賢奎, 1935-2003년)는 결국 수석으로 입학한 세브란스 의과대학 대신 신학대학을 택하여 목사가 되었고, 서울 노원구에서 개척교회로 갈보리교회에서 목회를 시작했다.

나는 연세대에 다니면서 어머니의 여학교 시절 절친이었던 신애균(홍남철수 때 피난민 구출을 위해 맹활약한 현봉학 박사의 모친) 여사가 숙식이 제공되는 가정교사 자리를 마련해 주었다. 그때부터 나는 대학 생활은 등록금 걱정 없이 계속할 수 있게 되었다. 그러나 4년 만에 대학을 꼭 졸업하여 어머니를 편하게 모셔야겠다는 강박 관념에 계속 시달렸다.

사실 그 당시는 졸업은 해도 인문사회 분야의 졸업생들에게는 오라는 직장이 별로 없었으며 있다면 대부분 혈연, 지연 등에 의한 소개로 취직이 이루어지는 때였다. 그래서 나 같은 처지의 피난민은 망망대해에서 나뭇조각에 매달려 정처 없이 표류하는 처지와 같았다.

그러나 내 머릿속에는 무조건 졸업부터 하겠다는 결심으로 가득 차 구직은 졸업 후에 알아보기로 하고 무슨 이유든 졸업은 미루지 않겠다고 결심했다. 1956년에 입학하였으니 졸업은 무조건 4년 후 1960년이라고 못 박아 버렸다.

3학년 2학기가 시작되어 학교에 다니는데 징집명령 통지서가 우편으로 왔다. 분명한 것은 징집에 응하면 1960년 졸업은 물 건너 간다는 것이다.

나는 어떻게 처신할 것인지 고민하기 시작했다. 그런데 두 가지 변수가 내 생각에 영향을 미치고 있었다. 하나는 동기 중에 2명이 입대하고는 약 이 주 후 군복을 입고 등교해 학업을 계속하고 있는 것이었다.

한 명은 형이 장군이고 또 한 명은 아버지가 장관이었다. 요즈음 말로 형 찬스, 아빠 찬스로 특혜를 누리고 있었다. 나는 문득 군에 입대하고도 학업을 계속할 수도 있다는 것을 알게 되었다.

또 하나는 몇 교수님들이 입대하는 학생을 위해 중간시험 성적으로 학기 성적을 주겠으니 입대하려면 중간시험을 보고 가라는 것이었다. 비싼 등록금을 생각한 특별한 배려라고 생각되었다.

나는 생각 끝에 일단 중간시험 후에 자진 입대하는 것으로 정리하고는 다음 일은 그때 가서 고민하기로 했다.

그렇게 하면 3학년 2학기는 수료하고 졸업반 봄 학기까지 약 4-5개월 시간이 있어 이 기간에 논산훈련소와 그 후 병과 훈련을 받기에 충분하다고 생각했다.

그 당시는 빽이, 요샛말로 찬스가 통용되는, 그것이 일면 자연스럽게 느껴지는 호랑이 담배 피우던 시절이었다. 그러나 피난민 출신인 나는 빽이나 돈이나 힘이 되어 줄 그 누구도 주변에 눈을 비비고 찾아도 없었다. 그래서 아주 힘든 군 생활을 각오하며 훈련 후 최전방 부대에 배속된 군 복무를 참고 견디기로 마음을 단단히 먹었다.

나는 입대할 때 6척의 키로 몹시 몸이 큰 편이였다. 그런데 논산훈련소에 가니 일렬 종대로 서서 걸으면서 머리를 깎고 군복으로 갈아입고 군화를 바꾸어 신어야 했다. 이 진행은 무슨 이유든 정지가 용납되지 않아 보였다. 그런데 내가 예외를 만들고 말았다.

나라가 가난한 줄은 알았어도 이렇게 슬프게 가난한 줄은 미처 몰랐다. 우리에게 보급된 군모, 군복, 군화는 지금 상황에서는 쓰레기로 처분되었어야 할 더럽고 낡은 째진 곳도 있는 것들이었다. 낡았어도 세탁만이라도 했더라면 좀 그렇게 서글프지는 않았을 것 같았다.

눈 감고 코 막고 입고 신으면 되겠으나 키 큰 나에게 보급된 군복과 군화는 너무 작아서 입을 수도 신을 수도 없었으며 군화 크기는 100 정도로 내 발에는 어림도 없었다.

나는 속내의만 입은 채로 진행할 수 없어 정지하고는 내게 맞는 옷과 신발을 달라고 서서 버텼다.

인솔 장병들도 내 몰골을 보고 딱하게 생각했는지 내가 버티고 서서 진행을 정지시키니 나를 옆으로 끌어내 내 요구를 들어 주려고 했다. 한참만에야 찾은 내게 맞을 만한 것들을 주었으나 그것들도 내 몸에는 제대로 맞지 않아 몹시 불편을 느꼈다.

2개월간의 훈련 기간 중 크고 작은 많은 일들이 있었는데 그중에 엉뚱하고 황당한 두 사건이 있었다.

하나는, 우리 신병들은 거의가 서울에서 함께 입영한 훈련병들로 나는 1소대에 배치되어 동료 훈련병들의 요청에 의해 소대 향도를 맡았다.

그런데 우리 소대에 연세대 상과에 재학하면서 입대할 때 상과 동기 몇 사람들과 함께 입대하여 대장 노릇을 하고 있는 한양 똥개라는 별명을 가진 좀 별난 친구가 있었다. 그는 우리 중대 향도를 자처하며 허세를 부리고 다니는데 실은 내 소대에 소속되어 생활하고 있었다.

어느 비 오는 날 밤에 논산훈련소에 비상이 걸렸다. 곧 헌병들이 우리 소대를 포위하고 소대 안으로 들어와 관련자 전원은 앞으로 나오라고 호통을 치며 살기등등하였다. 나는 내가 소대 향도인데 무슨 일인지, 자초지종 내용을 말해 주면 협조하겠다고 했다.

사태의 전말은 소령 복장의 비옷을 입고 하사관 두 명을 대동한 지휘관이 타 중대 막사를 점검하고 있었다고 한다. 그런데 막사에 있던 한 장교가 수상쩍어 자세히 살펴보니 소령 복장을 한 자가 훈련병 군화를 신고 있었다는 것이다.

그는 즉시 비상을 걸었다. 그 자들이 달아나 우리 소대로 들어갔다는 첩보를 받고 왔으니 즉시 이실직고하라고 했다.

나는 즉각 한양 똥개의 짓이라고 생각하고 그를 흘겨 보니 그는 태연하게 앉아 있었다. 그는 중대 향도 행세를 하며 수시로 중대장실을 출입하면서 그 옆에 좁은 공간을 중대 향도실로 이용했다. 그러면서 그날 중대장이 퇴근한 후 중대장의 군모와 비옷을 잠시 슬쩍하여 엉뚱한 행각을 하다가 훈련병 군화로 인해 발각이 나고 말았다.

나는 심증은 가나 '나는 모르는 일이라며 배 째라'는 식으로 앉아 있는 한양 똥개를 보며 물증이 없는 나도 어찌할 수가 없었다. 또한 나는 이자들에게 닥칠 후폭풍을 생각하며 전혀 모르는 일이라고 잡아뗐다.

별의별 위협을 하며 범인 색출을 위해 우리 소대를 압박하던 헌병들은 우리의 완강한 자세에 마음을 접고 철수했다. 대신 우리 중대장에게 보고하고 중벌을 요구하였다. 중대장은 결국 우리 소대 훈련병 전원을 완전 무장한 상태로 운동장에 집결시킨 후 운동장을 10바퀴 돌게 했다. 모두가 땀범벅이 되어 녹초가 된 몸으로 막사에 돌아와서는 기진맥진하여 깊은 잠에 곯아떨어지고 말았다.

한양 똥개의 엉뚱한 짓거리는 그 후에도 정도의 차이는 있었으나 멈출 줄 몰랐다.

김 하사의 황당한 요구

그리고 또 아직도 나의 기억에 생생하게 남아 있고 지금도 생각하면 황당하고 어처구니없는 해프닝이 있었다. 훈련의 마지막 두 번째 달에 봉급을 수령하였다.

훈련병들은 아주 적은 금액이지만 우리 모두는 액수보다는 국가로부터 봉급을 받았다는 사실에 모두가 기뻐하고 있었다. 사실 그 금액으로는 그당시 목도장 하나 파고 우동 한 그릇 사 먹으면 바닥이 나는 적은 액수였다.

우리 소대에 김 하사라는 주임 사병이 있었다. 그런데 김 하사가 나와 이야기를 좀 하자며 조용한 곳으로 가자고 하여 따라갔다.

그는 나에게 자신이 입대한 지 5년 차라면서 이번에 처음으로 휴가를 받아 부모를 뵙기 위해 고향 집에 다녀올 계획인데 나보고 좀 도와 달란다. 무슨 말이냐고 하니 부모님에게 드릴 선물을 준비하고 싶은데 돈이 좀 부족하다. 그러니 이번에 우리 소대원들이 받은 봉급에서 십시일반 각자 절반씩을 각출하여 자기에게 주면 고맙겠다며 나에게 부탁하는 것이었다.

나는 평소 많은 소대원들로부터 김 하사가 여러 명목으로 돈을 빌려 가고는 빌린 돈을 갚지 않고 있다는 이야기를 듣고 몹시 부당하다고 생각하고 있었다.

우리 소대원들은 거의 모두가 서울에서 입소한 여유 있는 가정의 자식들이었다. 김 하사는 돈에 여유가 있어 보이는 소대원들을 개별적으로 접촉하여 돈을 빌리는 형식으로 훈련 기간 2개월 동안 상당한 금액을 편취하고 있었다는 것을 나는 알고 있었다.

그것만도 용서하기가 어려운데 이제는 우리가 받은 봉급까지 탐내 휴가를 핑계로 금품을 요구하다니 나는 억장이 무너지는 느낌이었다.

사실 김 하사가 소대원들로부터 상당한 액수의 금품을 편취하지 않았다면 그의 부탁을 신중히 검토해 도움을 줄 수도 있겠다고 생각했다. 그는 지난 2개월의 훈련 기간 우리와 동고동락하며 우리 소대원들을 지휘, 관리하면서 많은 수고를 하였다. 그래서 이런 수고에 대한 보답과 예우로 또한 상호 간에 쌓인 정을 생각해서 그의 부탁에 응할 수도 있었다.

그러나 상사라는 지위를 이용해 소대원들에게 부당한 수법으로 금품을 편취한 그의 기생충 같은 비겁한 행위는 용서받기 힘든 비양심적 행위라 간주되었다.

이자는 매번 입소하는 훈련병들을 상대로 '불법적 착복 행위'를 상습적으로 한다고 나는 판단했다. 이번 기회에 이런 나쁜 버릇을 고쳐야겠다고 생각했다.

김 하사는 시골 출신으로 체격도 왜소하고 나와 같은 거구의 대학생과는 체력이나 지략 면에서 차이를 보이고 있었다.

그래서 나는 그간 그가 소대원들에게서 개별적으로 상당 금액을 갈취한 행위를 문제 삼기로 하고 대뜸 그의 멱살을 잡고 헌병대로 가자고 끌어당겼다. 그는 당황하여 왜 이러느냐고 저항하며 큰소리를 쳤다.

나는 김 하사가 소대원들로부터 그간 갈취한 금액을 소상히 파악해 다 알고 있다며 김 하사를 헌병대에 넘겨 조사받게 하겠다고 했다.

그제야 그는 겁에 질려 갑자기 태도를 바꾸어 용서해 달라고 사정하며 앞으로 내가 하라는 대로 하겠으니 헌병대에 보고를 말아 달라고 사정하였다. 나의 방법이 주효하여 김 하사는 사과하고 그 후 우리가 훈련을 마치는 날까지 소대 운영을 언제나 나와 상의해서 결정하곤 했다.

한 예로 아침 기상을 김 하사가 명령하면 나는 "10분 더" 하고 소리치고 그러면 소대원들은 10분을 더 누워 지낼 수 있었다. 엄격히 말하면 군대 내에서 나의 이런 행동은 하극상으로 문제가 될 수 있다. 불의를 보고 참지 못하는 나의 급한 성격이 이런 결과를 만든 것이다.

　지금 돌이켜 보니 나의 젊은 시절의 혈기가 좀 과했던 것 같이 느껴진다. 그러나 김 하사는 이런 부정행위를 우리 이전에도 그리고 우리가 떠난 후에도 훈련병 상대로 계속하여 재미를 톡톡히 보았을 것으로 생각한다.

　그 당시의 훈련소 생활은 지금 젊은이들은 상상하기 힘든 세상으로 비록 배고프고 고달파도 서로 믿고 의지하는 인정이 넘치는 그런 논산훈련소였다.

　나는 집안 형편이 여의치 못해 가족 누구도 면회를 올 수가 없었다. 그러나 주말이면 소대원들은 내 처지를 알고 면회소로 함께 가자고 하여 내가 원하면 언제나 면회소로 나가서 면회 온 소대원들의 가족과 어울려 맛있는 음식과 술을 마시며 즐거운 주말을 보낼 수 있었다.

6부

짙은 어두움이 걷히고
희망이 보였다

미제 모 양말에 얽힌 촌극

나는 2개월간의 고되고 다사다난했던 논산훈련소 생활을 마치고 다음 발령을 기다리고 있었다.

서울에서 함께 온 많은 친구들은 혈연이나 지연의 빽으로 육본이다, 합참이다, 부관학교다 등등 인기 있는 병과 학교로 간다고 자랑하며 신나했다. 빽도 돈도 힘도 없는 나는 체념한 상태에서 아무 생각 없이 무조건 기다리는데 주로 시골에서 입대한 훈련병 300여 명과 함께 김해의 공병 학교로 발령이 났다.

숙명처럼 받아들이면서 미지의 세계에 대해 상상을 하며 그곳에서는 삽과 곡괭이가 주 무기라고 하니 중노동을 연상하였다.

1959년 1월 초순 300여 명의 훈련병들과 함께 김해로 가는 기차에 몸을 실었다. 중간 지점에서 휴식을 취한다며 하차하라고 명령하여 내렸다.

인솔 장교가 우리의 노고에 대한 보답으로 국가에서 각자에게 미제 모 양말 2켤레씩을 준다는 것이다. 더럽고 낡은 군복을 입고 훈련받은 우리는 이 믿지 못할 희소식에 놀라며 일부는 굶주린 짐승들처럼 모 양말을 향해 돌진하려는 기세였다. 훈련병들의 술렁임에 인솔 장교는 순간 당황하며 난처해했다.

그래서 내가 장교에게 가서 잘 해결할 테니 걱정 말고 담배 피우며 휴식 취하고 계시라고 말했다. 그는 무슨 소리를 하는지 알 수 없다는 표정이었다. 그러나 동행하던 훈련병들은 훈련소에서 나와 호흡을 함께 한 친구들이라 나를 보며 나의 다음 움직임에 촉각을 세우고 있었다.

이 상황을 감지한 장교는 반신반의하며 일단 나를 믿어 보기로 한 모양이었다.

나는 모 양말 보따리에 올라앉아 큰 소리로 10명씩 조를 만든 후 맨 앞에 있는 훈련병이 나에게 와서 모 양말을 받아 가라고 외쳤다. 내 지시에 모두가 협조해 주어서 혼란 없이 각자가 2켤레씩 양말을 소유하게 되었다. 그런데 3켤레가 남아 내가 일단 보관하기로 했다.

그리고 모두가 만족해하며 질서정연하게 인솔 장교를 따라 무사히 김해에 도착했다.

각자 소대별로 분류된 소대로 가서 자리를 잡았다. 나는 이번에도 소대원들의 요청으로 1소대 향도를 맡았다. 긴 시간을 기차 타고 오면서 모두가 심히 허기를 느꼈다. 저녁 식사가 준비되자 훈련병들은 맛있게 먹으려고 웃고 떠들며 식탁 앞에 마주 앉았다.

그때 식당 입구에 한 장교가 두 명의 하사관을 데리고 들어왔다. 그리고 장교는 점잖게 말하기를 우리가 받은 모 양말은 공병 학교에서 훈련을 마치고 부대로 배속될 때 신어야 하는 양말인데 그때까지 학교에서 잘 보관하고 있을 테니 반납하라고 했다.

훈련병들은 속았다고 생각했는지 냉소적이었고 전혀 반납할 생각이 없다는 입장이었다. 순간 하사관 하나가 '쥐잡기'라고 소리 지르며 우리 앞에 놓인 밥상을 넘어 밑으로 기어 들어가라고 하며 마구 몽둥이로 닥치는 대로 때리기 시작했다.

두세 번 반복하니 훈련병들은 지친 나머지 하나둘씩 양말을 포기하기 시작하여 모두가 반납하고 말았다.

나는 소대 향도로 계속 장병들과 함께 서 있다 보니 양말을 반납하지 않아도 별문제가 없어 보였다. 그러나 나도 보관하고 있던 3켤레를 내놓

앉다.

　나는 이 서글프고 한심한 사건은 나라가 가난하여 장병들에 대한 처우
가 턱 없이 불충분해 생기는 비극이라 생각했다. 그래서 훈련병들에게 준
보급품마저 갈취하는 작태에 유구무언일 따름이었다.

동상에 얽힌 공병 학교 생활

다음 날 군의관들이 훈련병들의 동상 여부를 검진하였는데 나의 발에 생긴 동상 때문에 나는 환자로 진단이 나왔다.

그래서 환자들만 수용하는 막사에 수용되어 고대했던 삽과 곡괭이를 메고 공병가를 부르며 훈련장으로 가는 기회를 놓치고 말았다.

나는 막사에서 종일 무료하게 보내야 하는 신세가 되었다. 며칠 후 무료함을 달래기 위해 의무실의 하사관들과 술 한잔하기로 마음먹고 주머니를 털어 국산 양주 한 병을 사 들고 의무실에 갔다. 3명의 하사관은 시골 출신들로 서울에서 온 대학생이라고 잘 대해 주었다.

양주 한 병은 오래가지 못했고 모두 아쉬워하는 것 같았다. 주머니에 술 살 돈이 없어 할 수 없이 오기로 술 취한 척하며 병에 조금 남은 양주를 물에 타서 돌리니 그들도 따라 마셨다.

다음 날 아침 하사관들은 환자 막사를 점검하기 위해 막사에 들려 돌아보면서 규율이 없다며 향도를 나로 바꿔 놓았다. 공병 학교는 8주간의 훈련이므로 막사의 향도는 항상 최고참인 7주짜리가 향도를 했다.

그런데 한 하사관이 느닷없이 '군은 계급이 아니고 명령'이라며 한 주짜리인 나를 막사의 향도로 만든 촌극이 있었다.

나는 향도 겸 의무실의 보조로 식사 때마다 장교 식당에 가서 군의관들의 식사를 받아와 제공하고 남는 음식은 내 몫이었다. 그리고 하사관들을 도와 신병이 입교하면 DDT를 몸에 살포하는 일이나 주사 놓는 일 등을 도우며 8주간의 훈련 기간을 보냈다.

8주 동안 훈련 없이 장교 식당 음식만 먹으며 지내다 보니 훈련 대신 휴식하러 온 기분이었다.

모든 훈련병들은 예외 없이 훈련 중 햇볕에 얼굴이 검게 타서 나오는 너무 대조가 되었다. 나는 흰 양 돼지처럼 되어 있어 나 자신이 참으로 민망했다.

8주 후 모두가 새 부대로 배속 받아 떠나는데 여기서도 빽 없는 나는 강원도 철원에서 10리 정도 떨어진 휴전선 가까운 심심 산골에 위치한 1301 야전 공병단에 배속되었다.

나의 군 생활을 바꾼 뜻밖의 휴가증

휴가를 나와 만난 고교 시절 절친 김동혁과 함께한 저자

"스스로 돕는 자 하늘이 돕는다."라는 말이 나에게 현실로 다가왔다. 나의 군대 생활은 의병제대로 군을 떠나게 되는 시간까지 생각지도 못했던

자연발생적 도움의 손길이 나타나 돈도 빽도 없는 나에게 전혀 예상하지 못했던 그 이상의 힘이 되어 주었다.

내가 배속된 부대는 밤에는 가끔 호랑이 울음소리가 들려오는 심심 산골 외딴 지역 이어서 탈영이 심하다며 신병이 오면 첫 두 달간은 외출이나 휴가가 전혀 허락되지 않았다.

한 주가 지난 어느 날 한 장교가 날 반갑게 손짓하며 다가왔다. 보니 알 수 없는 사람인데 나를 보고 반가워해서 나도 아는 척 반가워했다.

그는 연희대 생물학과에 재학하다가 간부후보생으로 임관하여 여기서 복무하는 김 중위이다. 대학 캠퍼스에서 나를 보았다고 했다. 얼마나 외롭고 답답한 곳이면 얼굴만 본 적이 있는 대학 동문을 이렇게 반길 수 있을까.

다음 날 김 중위는 나에게 외출증을 만들어 주며 집에 다녀오라고 했다. 두 달을 기다려야 얻을 수 있는 외출증을 김 중위의 배려로 한 주 만에 얻게 되니 무슨 조화인지 어리둥절했다. 휴가증을 받아서 서울로 가기로 한 날, 하필이면 폭우로 강이 범람하여 도로가 침수되었다.

그러나 나는 외출이 하고 싶어서 무조건 철원 가는 시외버스 종점으로 향했다. 마침 우리 부대에서 임시 부교를 설치하여 다행히도 버스 운행이 가능했다.

버스를 타고 버스 차장에게 요금을 주려고 하니 소속이 어디냐고 물었다. 1301야전 공병단 소속이라고 말했더니 반가워하며 임시 부교를 설치한 부대 소속이라 무임승차 자격이 있다며 도리어 나에게 감사하다고 인사를 했다.

뜻밖에 김 중위의 배려로 휴가를 받아 일 주 만에 다시 어머니와 형제들을 볼 수 있게 되어 너무 좋았다. 집에 와서 쉬면서 하루는 르네상스 음악 감상실에 간다고 명동으로 나갔다.

길에서 우연히 정치외교학과 동기인 친구를 반갑게 만났다. 그 친구는 나에게 김운용 소령이 나를 학교에서 볼 수 없다며 안부를 물었다고 말했다.

김운용 소령의 따뜻한 마음

김운용(1931-2017년) 소령은 후일에 IOC 부위원장, 대한체육회 회장, 대한태권도협회 회장, 그리고 16대 국회 전국구의원이다. 국위선양과 한국체육진흥에 혼신의 힘을 경주해 애국하며 국익증진과 국위선양을 위해 최선을 다했던 존경스러운 분이다.

이분은 연희대 정외과에 입학하여 재학 중 6.25 동란으로 인해 군에 입대하여 송요찬 1군 사령관 부관으로 있었다. 그런데 대학 졸업을 위해 정외과 3학년에 복학해서 나와 한두 번 인사를 나눈 적이 있었다.

나를 기억하고 안부를 물었다니 참 고맙고 기분이 좋았다. 그때는 그가 용산 육군본부에서 육군참모총장인 송요찬 장군 보좌관으로 근무하고 있었다.

나는 친구에게 의례적 인사로 나의 부대명을 쪽지에 적어 주며 김 소령에게도 안부를 전해 달라고 하고는 헤어졌다. 김 소령의 따뜻한 마음과 나를 기억하고 있는 것에 감사하며 나는 부대에 복귀했다.

며칠 후 연대장이 나를 호출하였다. 달려가 보니 그는 몹시 불쾌한 표정을 나에게 보이면서 대뜸 "육본에 아는 사람 누가 있어." 하고 물으며 역정을 내었다. 이어서 혹시 네 친구 사병이 육본에서 장교 행세하며 장난 전화를 한 것이 아니냐며 물었다.

엉뚱한 일들이 비일비재하던 때라 연대장이 의심하는 것이 당연해 보였다. 나는 육본에서의 의외의 전화에 놀라 잠시 생각하니 김운용 소령이 떠올랐다.

나나 우리 집안에는 알고 지내는 군인은 정말 한 사람도 없었기 때문이다. 나는 잠시 머뭇거리다가 명동에서 만난 동창이 알려준 김운용 소령이 생각나 연대장에게 참모총장실에 계신 김운용 소령을 알고 있다고 말했다. 기대도 못 했던 김 소령의 전화를 생각하며 그분의 인정과 배려에 깊은 감명을 느꼈다.

연대장도 어쩔 수 없었던지 불쾌한 표정으로 나를 보며 2주간의 휴가를 허락해 주었다.

꿈에도 생각지 못했던 휴가를 한 주 만에 다시 받아 집에 가게 되니 나는 어리둥절했다. 집에 와 있으니 3일 후 김 소령으로부터 한남동에 있는 1201공병단으로 발령이 났다고 연락이 왔다. 나는 이런 일련의 일들이 어떤 좋은 징조인 것처럼 느꼈다.

다시는 밤에 호랑이 울음소리가 들리는 심심 산골의 부대에 복귀하지 않게 되어 좋았다. 한편 부대에서 사귄 김 중위와 동료들을 생각하니 마음 한구석에 미련이 남았다.

신비한 도움의 손길

1958년 늦가을에 징집 대신 자진 입대를 선택한 이래 나에게 일어났던 모든 일들은 내가 의도하지도 계획하지도 부탁한 적도 없는 일들이었다.

보이지 않는 힘이 나를 어디론가 인도하고 있다고 생각될 만큼 모든 일은 자연발생적으로 우연히 일어났다. 공병 학교에서 겪었던 일들, 1301야전 공병대에서 만난 김 중위, 명동에서 우연히 만난 동기, 김운용 소령의 배려 그리고 한남동의 공병부대 발령까지 이 모든 것들이 나로 하여금 봄학기에 등록하여 공부하고 1960년 봄에 스스로 다짐했던 졸업을 하라는 계시 같았다.

빽도 없고 돈도 없고 힘도 없고 혈연, 지연, 학연 등 부탁하면 도움을 줄 사람 하나 없는 것이 내 처지였다. 그런데 군대 생활 동안에 있었던 일련의 일들은 지금 생각하니 연세대학이란 학연으로 인한 참으로 기이하고 오직 하나님의 인도하심이 있었기에 가능한 일들이라 생각된다.

정신없이 보낸 군대 생활로 잠시 잊고 있던 졸업 문제가 내 앞에 현실로 다가왔다. 나는 학업과 군대 생활을 과연 병행할 수 있을지 깊은 고민에 빠지게 됐다. 그러던 중 등록할 때가 왔다. 나는 주저 없이 밀어붙이기로 하고 4학년 봄 학기 등록을 해 버렸다.

내가 대학 3학년 때 있었던 일이다. 3학년 봄 학기인데 연세대학교는 처음으로 전교학생에게 종합 신체검사를 실시했다. 며칠 후 우연히 교정에서 교의와 마주쳤다.

의사선생님은 잠시 주저하더니 나보고 "자네 X-ray를 보면 폐병이 의심되니 한번 학교 병원으로 와."라고 했다. 나는 속으로 내가 얼마나 건장한

데 내가 폐병이면 전교생이 다 폐병이라고 속으로 웃으며 의사선생님의 말씀을 그냥 무시했다.

그런데 이게 웬 변고인가 나는 각혈을 조금씩 시작했다. 군 병원에서 폐병을 확인하고 입원하여 치료받기 시작했다. 입원 중 담당 군의관에게 사정을 말하니 학교에 가서 강의를 받도록 묵인해 주었다. 입대 10개월 만에 의병제대하여 학업을 계속하게 되어 1960년 2월에 예정대로 졸업을 했다.

폐병으로 인해 군을 제대하게 되어 군 복무에 부족했던 아쉬움을 나는 살아가면서 국가를 위해 봉사하고 충성하며 갚을 것을 스스로에게 다짐했다.

세상 모든 일에는 하나님의 뜻이 있고 우리의 삶을 이끄시는 하나님의 은혜에 깊이 감사하며 기도드렸다.

나의 진로를 바꾼 4.19 학생혁명

내가 간절히 바라던 대로 졸업장을 손에 쥐고 정들었던 교정을 떠나게
되었다. 그러나 내 머릿속은 빨리 직업을 갖고 어머님을 조금이라도 편하
게 모셔야 한다는 강박 관념으로 고뇌하고 있었다.

폐병 환자라는 것도 호구지책의 절박함과 조급함을 멈추게 하지 못했
다. 나는 내가 조금씩 각혈하고 폐병에 걸려 있다는 사실을 가족이나 그
누구에게도 알리지 않고 행동하며 일자리 찾기에 급급했다. 사실 나 자신
은 폐병을 별로 의식하지 않으며 평소처럼 행동했다.

4.19 학생혁명으로 어수선한 혼란기에 일자리를 얻는다는 일은 점점 더
힘들어졌다. 그때 연세대에서 4.19 학생혁명을 주도했던 한 복학생으로부
터 연락이 왔다. 그는 나에게 1960년 가을에 제네바에서 열리는 세계 청
년대회에 함께 참석하여 4.19 학생혁명을 홍보하고 세계 각국의 청년들과
자유 민주주의를 위한 국제적 유대와 협력을 강화하자고 제의를 해 왔다.

좋은 기회라고 생각하며 그 제안을 받아들여 준비에 열중하게 되었다.
5명이 팀이 되어 필요한 자료들을 챙기면서 여비 마련을 위해 모두가 노
력하였으나 부족한 여비 때문에 한국 측 대표로 신선균, 박노식 2명만 참
석하게 되었다.

나는 그 당시도 장충동에 있는 순혜원에서 살았다. 순혜원이 중구에 있
어서 집에 가려면 을지로 5가의 버스정류장에서 내려 걸어서 집으로 가야
했다.

그 길 옆에는 중구에서 국회의원에 출마한 정일형(1904-1982년) 박사
선거사무실이 있었다.

하루는 늦은 오후에 정 박사가 밖에서 지나가는 유권자들에게 악수하며 선거 운동을 하고 계셔서 나는 그분에게 정중히 인사를 올렸다. 그분은 미국 유학 시절에 만난 내 아버님을 잘 알고 계셨다. 내가 조희렴 목사의 아들인 것을 잘 알고 있는 정 박사는 나의 손을 따뜻이 붙잡고는 사무실로 가자고 하여 사무실에 들어간 나는 주위를 살피다 놀랐다.

사무실 안에는 4.19 혁명 때 학생들에 의해 어용 교수로 몰려 학교를 떠난 교무처장을 역임한 조효원 박사와 법정대 학장인 신동욱 교수가 서로 멀리 마주 보는 위치에 앉아 계셨다.

두 분에게 인사를 드리고 서 있는데 적극적인 성격의 조 박사가 나를 정일형 박사에게 소개하려고 했다. 정 박사는 조 박사에게 조 군은 자기가 잘 알고 지내는 사이라며 소개가 필요 없다는 듯이 웃으시며 화제를 돌려 선거를 전망하는 말씀을 하셨다.

잠시 후 나는 조 박사에게 다가가 드릴 말씀이 있다고 했다. 호기심을 보이며 무슨 이야기냐고 다그쳐 물었다. 그래서 나는 우리 정외과 동기 중 우수한 친구 5-6명을 데려와 조 박사님의 인솔하에 정 박사의 유세를 집단으로 돕자고 제의했다. 조 박사는 아주 좋은 생각이라며 즉석에서 동의하며 빨리 추진하라고 재촉하였다.

처음 경험하게 된 선거 운동

한국유엔협회 총재와 외무부 장관을 역임하신 정일형 박사를 예방한 저자 부부

1960년 7월 나는 가까운 동기 6명을 설득하여 유세 반을 만들어 전라도에서 출마한 정일형 박사 계보의 후보들을 돕기로 하고 현지로 가서 본격적인 선거 운동을 하게 되었다.

정일형 박사는 물론 이태영 여사를 비롯해 캠프에서 수고하던 많은 분들이 우리의 유세 지원을 매우 만족해하셨다. 총선 결과 정일형 박사의 당선은 물론이고 민주당 신파의 압도적 승리로 장면(1899-1966년) 내각이 출범하면서 정 박사는 외무부 장관으로 임명되었다.

우리 유세 반 친구 6명은 정 박사를 찾아가 당선 및 장관 취임을 축하하고 우리는 정 박사님 덕에 아주 소중하고 값진 정치 경험을 할 수 있게 되어 감사하다고 말씀드렸다.

그리고 정 박사에게 우리 때문에 부담을 느끼시지 않아도 된다고 하직 인사를 하며 대신 조효원 박사님이 국가와 새 정부를 위해 일할 수 있는 기회를 꼭 만들어 주면 고맙겠다고 부탁하고 나왔다.

도왔던 선거가 승리했으니 논공행상하는 것은 당연한 일이지만 우리는 좋은 경험으로 충분하다고 생각하고 정 박사에게 어떤 부담도 끼치지 않기로 하고 떠나면서 우리 자신이 순수하고 자랑스러웠다.

UN협회와 생애 첫 해외여행

1961년 1월 호주에서 열린 유엔협회 관련 국제대회에 한국 대표로 함께 참석한 박 회장, 저자, 조효원 박사

그해 9월 중순경에 조효원 박사가 나에게 전화하여 다음 날 한국 UN협회 사무실로 출근하라고 했다. 어찌 된 영문도 모른 채 협회 사무실로 갔다. 정일형 박사가 협회 총재로 취임하면서 조 박사에게 우선 사무총장을 맡아서 협회를 정비하고 새로운 진용으로 협회 일을 책임져 달라고 했다.

나는 그날로 총 간사로 임명받았다. 그리고 조직을 정비하고 사업 계획을 만들고 필요한 활동자금을 마련해야 한다고 지시를 받았다. 나는 함께 일할 직원을 확보하는 것이 시급해서 선거 유세를 함께 했던 친구들에게 함께 일하자고 제의했다. 몇 사람은 유학 준비로 분주했고 또 남은 사람들은 취업 준비로 시간을 보내고 있었다. 나의 제의를 받고 일단 UN협회의 목적과 매력적 사업에 마음이 끌려 모두 함께 일하기로 했다.

이들은 사업계획을 수립하기 위해 늦은 밤까지 일했고 나는 자금 마련을 위해 정일형 총재가 소개한 재벌들을 방문하여 자금을 확보할 수 있었다. 이제 UN협회는 조효원 박사의 지휘 감독하에 조직적으로, 행정적으로, 사업적으로 모두 정상화되어 분주히 움직였다.

11월 초 조 박사가 전 직원을 소집하여 말하기를 1961년 1월에 호주 애들레이드에서 서태평양 UN협회 정기총회가 개최되어 3명의 한국 대표단이 참석한다고 했다. 대표단은 자신이 단장으로 그리고 UN협회 강원도 지회장과 우리 직원 중 한 명으로 결정되었다고 했다. 그러면서 우리 직원 모두가 신중히 협의해 10일 안에 한 사람을 결정해 추천하라고 지시했다.

우리는 모두 연대 정외과 동기이며 가까운 친구이고 동지들이다. 한 동기가 자기는 곧 미국으로 유학을 갈 계획으로 준비 중인데 유학 가기 전에 호주를 다녀오면 자기 스펙 쌓기에 크게 도움이 될 것 같아 가능하면 자기를 추천해 달라며 부탁하고 다녔다. 그러나 모든 직원들의 생각은 다른 것 같았다. 모두 말은 하지 않아도 다수의 직원들은 내가 가는 것이 순리라고 생각하고 있는 것 같았다.

왜냐하면 우리 모두가 지금까지 함께 일할 수 있게 된 전 과정을 보면 이 모든 것이 나의 생각과 계획 그리고 노력의 결과라고 인정하고 있었기 때문이다. 이런 상황에서 그 누구도 우리가 직원이기 전에 친구며 동지라는 사실로 인해 서로의 우정을 해치기 싫어 입을 다물고 있는 처지였다. 그러다 보니 10일이 지났는데도 아직 아무런 결정도 못 한 상태였다.

조효원 박사는 이러한 상황을 알고는 전 직원 앞에서 나를 지목하며 출국 준비를 빨리 하라며 재촉했다. 이렇게 우리는 친구 사이의 민감한 문제를 후유증 없이 해결할 수 있었다. 이 문제는 일단락되었으나 나는 그 친구에게 미안했다.

그리고 난생처음으로 해외 출장을 가게 되어 어리둥절했다. 한편 출장 준비를 위해 몹시 분주한 시간을 보냈다.

강원도 지회장인 박 회장은 연희대 상과를 졸업하고 사업에 크게 성공한 지역 유지로 나와 함께 먼저 출국하기로 했다. 우리 둘 다 해외여행은 처음이라 약간 흥분되고 긴장하면서도 가급적 많은 곳을 방문하여 이국적 풍물을 보고 즐기자며 의기투합하였다. 우리는 여정을 도쿄, 홍콩을 거쳐 목적지에 가기로 했다.

그리고 호주 UN협회에서 참석자들을 위해 총회 후 Sydney, Melbourne, Canberra 그리고 Perth를 방문하도록 일정을 잡아 주었다. 귀로에는 조효원 박사도 합류하여 우리 세 사람은 자카르타, 싱가포르, 방콕, 홍콩, 도쿄를 거쳐 귀국하기로 여정을 잡았다.

그런데 첫 경유지인 도쿄에서는 우리의 멋진 도쿄 관광 계획이 무산되어 박 회장의 실망이 너무 커 보였다. 도쿄공항에 도착하자 나를 마중 나와서 기다리던 20여 년 만에 만나 보는 이복 누님과 자형 최황 박사가 도쿄에서는 모든 시간을 자기들과 함께 보내야 한다며 누님 집으로 나를 데리고 가 버렸다. 박 회장과는 본의 아닌 이별로 따로 행동하게 되었다.

다음 날 공항에서 다시 보게 된 박 회장은 나 때문에 도쿄 관광을 망쳤다고 매우 섭섭해하셨다.

이것 말고는 우리의 남은 여행은 성공적이었다. 우리는 이번 애들레이드 국제회의에 참석하게 된 기회에 방문국들의 문화와 역사 그리고 지역의 특성들을 보고 배우기로 했다. 또한 우리의 관심을 국내외로 크게 돌려 미묘하고 복잡한 국제 관계를 깊이 있게 분석하고 이해할 수 있는 계기를 갖게 되어 대단히 만족스러웠다.

홍콩에서 우연히 만난 운명의 여인

난생 첫 해외여행에서 나는 나와 평생을 함께 동고동락할 우아하고 지혜롭고 아름다운 반려자를 만나는 행운을 얻었다.

홍콩에서의 우연한 점심 식사가 내 인생에 그 길을 열어 주었다. 홍콩에 도착하면서 박 회장은 젊었을 때 헤어진 죽마고우가 홍콩에서 사업가로 성공해서 사는데 죽기 전에 만나 볼 수 있게 되어 너무 기쁘다고 했다. 동생뻘 된다는 이 회장이란 사업가에게 줄 귀한 선물도 서울에서 가져왔다.

1961년 1월 홍콩에서 점심 식사에
초대되어 우연히 만난 김수희 씨

그런데 연락해 보니 외국 출장으로 홍콩에 계시지 않아 박 회장은 몹시 아쉬워했다. 저녁 비행기로 우리가 호주로 가는 날 아침 박 회장은 선물이라도 사무실에 전하고 오겠다며 혼자 나가셨다. 얼마 지나지 않아 호텔에 있는 나에게 전화하여 박 회장이 약간 흥분한 목소리로 나보고 빨리 이 회장 사무실로 오라고 했다. 이 회장이 어제 출장에서 돌아와 출근했는데 우리를 점심 식사에 초대했다고 말했다.

급히 옷을 입고 사무실로 찾아가 문을 열고 들어가니 아름다운 20대 젊은 여인이 나를 보고 말없이 목례를 했다. 중국 사람인 줄 알고 나도 가볍게 목례로 답을 하고는 여인의 단아한 자태에 눈길을 뗄 수가 없었다.

박 회장이 이 회장과 별실에서 나와서 나에게 이 회장을 소개하여 인사를 나누었다. 그리고 이 회장은 박 회장과 나에게 그 여인을 김수희 씨라고 소개했다. 미스 김은 말레이 페낭에서 열린 세계무역박람회에 한국에서 유일하게 출품한 삼광 인삼주 회사를 대표하여 왔다고 했다. 한국 측에서는 유일하게 무역박람회를 참관하고, 동남아 여러 곳을 순방하고 홍콩을 거쳐 귀국하는데 마침 점심을 같이 하게 됐다고 했다.

　그리고 다 함께 식당으로 갔다. 식사하는 내내 나는 미스 김을 자꾸 훔쳐보면서 속으로 참 아름답다고 생각했다. 식사를 끝내고 보니 공항으로 출발하기까지 5-6시간의 여유가 있었다. 미스 김과 그냥 헤어지고 싶지 않아서 전동차 Tram으로 올라가는 홍콩 픽을 가리키며 올라가 보았냐고 물었다.

　아직 그럴 기회가 없었다고 하기에 나는 시간이 허락하면 함께 올라가보고 싶다고 했다. 미스 김은 동의하였다. 우리는 함께 Tram을 타고 홍콩 픽에 올라가서 사진을 찍으며 많은 이야기를 나누고 함께 즐거운 시간을 보냈다.

　이제는 헤어져야 하는데 너무 아쉬웠다. 계속 관계를 유지하고 싶어서 궁리하다 생각해 보니 점심 식사 때 박 회장이 미스 김에게 서울 집 주소를 물어 수첩에 적었던 것이 생각났다.

　그래서 일단 미스 김하고는 쿨하게 작별하기로 하고 손을 내밀어 손가락으로 그녀의 손바닥을 강하게 누르며 나의 마음을 전하는 뜻으로 작별의 악수를 했다. 비록 짧은 시간의 만남이었으나 미스 김은 미모와 지성을 겸비한 우아하고 겸손한 천성이 착한 여인이라는 깊은 인상을 받고 작별했다.

호주에 가서 아름답고 유서 깊은 지역을 여행하면서 경치와 느낀 소감을 미스 김과 공유하고 싶었다. 그래서 그림엽서를 보내려고 마음먹고 박 회장에게 미스 김 주소를 알 수 있겠냐고 물었더니 나에게 선뜻 알려 주었다.

나는 가는 곳마다 좋은 경치 또는 명소의 엽서를 미스 김에게 보냈다. 언제부터인가 미스 김이 내 마음속에 들어와 있는 것을 알게 되었다.

귀국길에 홍콩에 다시 들렀을 때 나는 미스 김에게 선물을 하려고 주머니를 털어 녹색 스웨이드(세무)가죽 구두와 핸드백 세트를 구입했다.

그리고 도쿄에 와서 서울 도착 시간을 확인하고는 비행장에서 만나는 장면을 상상하며 미스 김에게 나의 김포공항에 도착하는 날과 시간을 알리는 엽서를 보냈다. 김포공항에 도착하여 나는 약간 떨리는 가슴을 달래며 입국 수속을 마치고 공항 출구 대기실로 급히 나와 사방을 둘러보았는데 미스 김은 그 어디에도 없었다. 혹시나 교통 체증 때문에 늦을 수도 있을 것 같아 한참을 기다렸다. 허사였다.

나는 그때가 돼서야 비로소 나 혼자 짝사랑하며 속을 태웠다고 생각하며 없었던 일로 하고 빨리 잊기로 마음먹었다.

그래서 즉시 선물을 남대문 양키시장에 가서 처분하고 저녁에 친구를 불러 그 돈으로 술을 마시며 나 스스로가 주책이라고 생각하였다.

사실 나는 여독과 과로가 문제였는지 일본에서 다시 각혈을 심하게 했다. 그러나 내색을 하지 않으며 귀국 후 평상시와 같이 행동했다. 3일간 집에서 휴식을 취한 후 사무실에 좀 늦게 출근하였다.

동료 직원들의 첫인사가 아침에 나를 찾는 여자 전화가 왔다며 누구냐고 물었다. 나에게 전화할 여자는 없다. 순간 혹시 홍콩에서 만났던 미스 김이 아닌가 하는 생각이 불현듯 스치는 것이다.

별의별 생각을 하다가 내가 일본에서 보낸 마지막 엽서가 며칠 늦게 배달되었다면 하는 생각이 났다. 나의 성급함, 경솔함에 좀 후회했다.

오후에 미스 김의 전화가 왔는데 어제 엽서를 받고 귀국을 알았다고 했다. 나는 만나자고 하고 정한 장소로 나갔다. 마치 오랜 친구를 만나는 사람들처럼 우리는 반갑게 다시 만났다. 그러나 선물에 대한 이야기는 하지 않았다. 먼 훗날 결혼하고 나서야 그 이야기를 하며 서로 한바탕 웃었다.

그 후 수희와 나는 시간만 있으면 만나서 시간 가는 줄 모르게 즐거운 시간을 함께하며 사귀었다. 차차 알고 보니 나에게 과분할 정도로 고매한 인격적 품위가 있는 여인이라고 생각되었다.

경남 진주, 부유한 지주의 칠 남매 중 막내로 1934년 3월 16일에 출생했다. 이화여자대학교 국어국문학과에 입학하여 국문학을 전공했다. 일제 강점기에 일본 유학을 한 오빠와 언니의 영향을 받아 어릴 때부터 일본어 세계 동화책으로 시작하여 세계 문학과 사상 서적 등 다양한 종류의 책들을 일본어로 읽으면서 성장했다. 그런데 엄청난 기억력이 나를 더 놀라게 했다.

수희는 항상 남을 배려하고 가진 것들을 나누기를 좋아하며 나서는 일이 없었다. 다정다감하며 용의주도하고 천성이 착하고 매사에 일관되게 최선을 다하는 아름다운 여인이다.

그렇게 사귀며 서로를 더 잘 알려고 노력하고 있을 때 하루는 데이트를 하고 택시로 귀가 중이었다. 그런데 차 안에서 내가 참지 못하고 각혈을 해 버렸다.

수희는 침착하나 놀라며 무조건 서울대학병원으로 가자고 재촉했다. 나는 다음 날 아침 병원에 가서 입원하겠다고 약속하고 수희를 집까지 데려다주었다. 달리 더 이상 주위 분들을 속일 수 없어서 나는 가족들과 직장에 알리고 서울대학병원에 입원하여 치료를 받기 시작했다.

서울대학병원의 횡포

 입원하여 치료를 받으면서 보니 한국에 결핵 환자가 얼마나 많은지는 모르나 결핵 병동은 만원이었다. 서울대학병원은 국립이라 병원비가 좀 저렴하여 더욱더 입원 환자가 많은 것 같았다.

 결핵 환자는 치료와 함께 잘 먹고 영양 보충을 잘해야 회복이 빠르다고 알고는 환자 모두가 사식을 하고 있었다. 가족들이 와서 식사 준비를 하느라 공동 주방은 항상 붐비고 분주히 돌아갔다.

 그런데 병원비 청구서를 받아 보니 우리 환자들이 전혀 먹지 않았던 병원이 제공하는 하루 세 끼 식사비가 포함되어 있었다. 우리 모두가 사식을 하니 병원 측은 병원 식사를 아예 우리에게는 제공하지 않았는데도 우리에게 식사비를 청구했다. 나는 부당하다고 생각하고 병원에 이를 시정해 줄 것을 요구했다.

 그때는 5.16 군사혁명 직후 사회적 악폐를 개혁할 때라 개혁 차원에서도 이 문제는 반드시 재고될 것으로 믿었다.

 사실 환자들 대부분이 재정적으로 여유 있어 보이지 않았다. 환자들이 모두 식사비를 이중으로 부담해야 한다는 것은 공정하지 않고 병 치료에도 부정적으로 작용한다고 생각했다.

 그래서 나는 병원장을 찾아갔다. 병원장은 나에게 치료나 잘 받으라며 나의 의견을 일축해 버렸다. 나는 언론사에 연락하여 이 사실을 기사화해 달라고 부탁했다. 기자가 와서 취재한 후 짧고 간략하나마 기사가 신문에 실렸다.

 나는 또 서울대학병원이 문교부 산하 기관이라 동료 환자인 해병대 전 소령과 함께 이 문제 해결을 위해서 문교부 고등교육국장을 찾아갔다. 국장은 신문에 이미 기사화되어 자기 체면이 손상당했다면서 도와줄 수 없다고 감정적으로 나왔다.

동행한 전 소령과 나는 국장의 감정적인 태도에 크게 실망하고 돌아 나오는데 복도 한쪽에서 전 소령을 부르는 소리가 들려서 보니 군복을 입은 해병대 소령이 서 있었다.

전 소령과 친한 해병대 장교로 문교부 장관인 해병대 문 대령의 보좌관으로 문교부 장관실에서 근무하고 있다고 했다.

우리는 가뭄에 단비를 만난 기분으로 우리 사정을 자세히 설명하고 도움을 청했다.

알아보고 곧 알려 주겠다는 보좌관의 말을 듣고 우리는 문제 해결의 희망을 갖고 대학병원으로 돌아왔다. 이 주쯤 지나도 연락이 없어서 문교부에 다시 가서 그 보좌관을 만났다. 그런데 뜻밖에 황당한 말을 했다.

보좌관에 의하면 철저히 조사해 보니 병원이 문교부에 상납하는 뇌물이 전 직원들에게 골고루 제공되어 누구에게도 책임을 물을 수 없었다고 했다.

나라가 가난하여 공무원들에게 주는 봉급이 적어서 뇌물을 눈감아 주는 정부를 탓할 수도 없고 우리는 실망과 허탈감으로 병원에 돌아왔다.

이런 상황 속에서 병원도 우리에게 공격적인 조치로 사식을 차단하기 위해 주방의 수도와 전기를 끊고 병원 음식을 먹으라고 강요하고 있었다. 우리는 이에 저항해 병원 음식을 거부하는 집단 데모를 시작했다. 모두가 한마음으로 동참해 주었다. 상황이 이렇게 되니 병원에서 진료를 중단해 버렸다.

그렇게 2-3일이 지나니 환자들이 동요하기 시작했다.

이 기회를 포착한 병원 측은 환자들에게 귀가하고 있으면 주동자들이 결국은 자진 퇴원할 것이고 그때 다시 입원하여 치료를 받으라고 설득하고 있었다. 이 설득이 주효해 모두가 일단 퇴원하게 되었다. 나는 전 소령과 함께 환자들을 위해 병원 측에 굴복하고 퇴원하기로 하였다.

생존을 위해 비리와 부패가 일상화되어 버린 공무원 사회가 너무 안타깝고 실망스러웠다. 가난을 극복할 무슨 방법이 없을까 고민하는 일이 내 머리를 심히 압박했다. 한편 가난을 극복하면 일상화된 비리와 부패가 과연 사라질 것인지도 의문으로 남았다.

5.16 쿠데타와 나의 실직

5.16 군사쿠데타는 나에게 큰 충격이었다. 쿠데타와 함께 UN협회를 접수한 고려대학교 유진오 총장 팀은 우리 모두를 일거에 강제 퇴직시켰다.

나는 정성을 다해 일하던 자랑스러운 직장에서 쫓겨난 것에 화나기보다는 군사쿠데타가 나를 더 괴롭혔다. 나는 정치학도로서 헌법은 국가의 최고 가치이며 민주 정권은 반헌법적 절차나 방법으로 정지되거나 탈취되어서는 안 된다고 배웠고 이를 굳게 믿고 있었다.

특히 민주주의와 국리민복을 위해 법치주의가 보장되어야 하는데 군사쿠데타는 헌법 정신과 법치주의를 정면으로 파괴한 폭력 사건이며 반역적 행위이다. 나는 군사쿠데타 세력을 불신하며 그들이 사회 혼란과 북한의 위협을 쿠데타의 이유로 정당화하려는 입장은 정권 약탈을 정당화하려는 변명이라고 생각했다.

그 당시의 사회 혼란은 이승만 장기 집권에서 벗어나 자유를 쟁취한 과정에서 잠시 표출된 국민의 자연발생적인 과도기적 다소 도를 넘은 과격한 행동이었고 시간이 지나면 곧 정상화될 수 있는 현상이라고 생각하고 있었다.

그러나 쿠데타 세력은 이 기회를 십분 이용해 성공하였다.

나는 이 군부 세력이 5년 정도 집권할 것으로 생각했고 이 기회에 자기계발을 위해 미국 유학을 결심했다.

그러나 현실적으로 나의 입장에서 유학은 그림의 떡이었다. 나는 폐병 환자이기 때문에 유학 비자를 받을 수 없었으며 또한 무엇보다도 유학할 학비를 마련할 방도가 전혀 없었다. 그러나 일단 군사 정부를 피해 한국을 잠시 떠나 있어야겠다는 집념은 날이 갈수록 강해졌다.

병원을 퇴원한 후 나와 전 소령은 치료가 절박하나 대안이 없어 공기 좋은 산속의 움막집을 빌려 생활했다. 약을 꾸준히 복용하며 공기 좋은 산속에서 지내니 다시 건강이 좋아지는 것처럼 느껴졌다.

또 도움을 가져다준 명동거리

하루는 사람 사는 세상이 그리워 명동으로 나갔다. 우연히 함께 피난 나온 원산 남부교회에서 잘 알고 지나던 형뻘 되는 분을 오랜만에 만났다. 천우사와 UN협회는 길 건너 서로 위치하고 있어서 그 형은 내가 그때도 UN협회에서 근무하고 있는 줄 알고 있었다.

그러나 나의 건강 상태를 전혀 모르는 형은 어떻게 잘 지내느냐고 물었다. 나는 실직으로 지금 쉬고 있다고 말했다. 형이 대뜸 천우사 항공부에 자리가 하나 생겨 사람을 찾던 중이라며 나보고 생각이 있느냐고 물었다.

사실 나는 건강보다 먹고사는 것이 더욱 다급해 직장이 절실한 입장이었다. 형의 의외의 제의를 받고 나는 마음속으로 무슨 이런 횡재가 다 있나 하며 놀랐으나 겉으로는 태연하게 고맙다고 답했다. 다음 월요일에 출근하라고 하며 이력서를 가지고 오라고 했다.

나는 군대 시절에 명동에서 우연히 동창을 만나서 김운용 소령의 도움을 받게 되었던 기억을 되살려 보았다. 대학 시절에는 명동에서 가정교사로 취직하고 살면서 연을 맺었고, 또 명동에서 만난 우연한 도움의 손길로 내가 직장을 갖게 되어 희망찬 미래로 나아갈 수 있게 되었다. 이곳은 나에게 마치 요술 방망이의 행운과 길조의 명소가 된 것 같은 느낌이다.

천우사가 가져다준 새로운 기회

천우사는 그 당시 한국의 대표적인 보세 무역회사로 조선호텔 맞은편에 본사 건물이 있었다. 이 건물 안에는 본사 외에 무역부, 항공부, 해운부 및 피혁, 도자기, 합판 제조공장의 서울 사무실 등이 있었다. 항공부는 Scandinavia Airline(SAS)과 Swiss Airline의 한국 총대리점으로 한국과 유럽의 모든 주요 도시를 연결하는 항공표를 취급했다.

나는 출근과 동시에 내가 맡은 이 직업이 항공권을 많이 팔아야 하는 직업임을 간파하고 본격적인 영업 활동을 위한 준비와 작전을 세웠다. 입사할 당시 항공부는 겨우 적자를 면할 정도로 부진했다.

나는 자신이 폐병 환자란 사실조차 잊을 정도로 열심히 일했다. 입사 3개월 정도 지나서부터 나의 실적이 나타나며 항공부에 활력이 생겼다.

그 당시 서독 광부와 간호사들의 파독이 본격화되는 시점으로 이들의 수송을 독점하기 위한 항공사 또는 여행사 간의 경쟁이 치열하여 점입가경이었다. 나는 이 경쟁에서 타의 추종을 불허하는 실력을 발휘하여 첫 파독 간호사 일진을 우리 Swiss Air를 이용해 독일로 보내는 데 성공했다. 큰 실적을 올리고 업계에서 우리 항공부를 가볍게 볼 수 없도록 성장시켰다.

극심한 경쟁에서 승리하자 천우사 회장이 나를 불러 칭찬과 격려를 해주었고 또 전무는 포상으로 나에게 유럽으로 출장을 가라고 했다.

천우사 제품 중 야구 글러브와 꽃병을 유럽 시장에 소개할 예정인데 내가 적임자로 회사에서 추천했다고 했다. 이 기회가 그동안 그림의 떡이었던 미국 유학의 길을 열어 주는 기회라 생각하고 나는 회사에 조건을 걸었다. 유럽 시장 개척을 성사시키면 나는 미국 유학을 하기 위해 회사를 떠날 생각이라고 하니 회사도 동의하였다.

만병통치라던 약의 정체

앞뒤 돌볼 겨를 없이 일하면서 나는 우연히 '신비의 약'을 만나 폐병을 잊고 일에만 열중할 수 있었다. 그 당시 이 흰 알약은 만병통치약이라고 처방 없이 약방에서 구입할 수 있는 영국 약으로 소문이 나 있어 나도 복용하고 있었다.

효과가 당장 나타나는 것 같았다. 우선 식욕이 왕성해지며 포식을 해도 모두 소화가 잘 되고 몸에 살이 통통하게 찌며 활력이 넘치는 기분이었다. 이 약을 복용하면서 나는 폐병이 완치되고 있다고 믿었다.

이 약을 장기 복용하면 생명이 위태로워지는 위험한 약이라는 것을 후에 알게 되었다. 지금 생각해 보면 이 약에 대해서 알아보지도 않고 의사의 처방도 없는 약을 계속 복용하며 건강이 회복된다고 믿고 있었던 나 자신이 참으로 무모하고 한심했다고 느껴진다.

IMF 때보다 더 어려웠던 외환사정

그 당시 외환사정이 IMF(1997년 12월 3일-2001년 8월 23일) 때보다 더 심각하여 모든 해외 출국자와 상용 해외출장도 무조건 200불만 정부가 환전해 주었다.

출장 업무 종료 후 퇴사하는 조건으로 회사는 나에게 유럽의 모든 주요 도시를 포함해 뉴욕까지 가는 항공권과 정부가 환전해 주는 200불만 책임지기로 하고 다른 비용은 내가 알아서 하는 조건으로 합의하였다.

반도호텔(지금의 을지로 롯데호텔)에 사무실을 두고 사업을 하는 미국 친구에게 나의 사정을 이야기했다. 외환사정을 잘 아는 그는 미국 은행 자기 계좌에 돈이 충분히 있어 개인 수표를 나에게 줄 테니 환율로 계산해 원화를 달라고 했다.

나는 그동안 일하며 저축했던 돈을 찾아 그에게 주고 수표를 받았다. 사실 이제 도미에 필요한 모든 문제가 해결되었다고 생각했다.

상용이라 미국 유학을 위한 입국에 필수인 흉부 X-ray가 필요 없게 되었다. 현금 200불 이외 내가 필요한 외화는 미국 친구가 준 그의 수표 한 장으로 해결되었다.

유럽에 우리 천우사 제품을 안착시키면, 그 후 나는 자유인이 되어 내 삶을 내 계획대로 내 뜻대로 밀고 나가면 된다. 나는 벌써 도미하여 학위를 위해 열심히 공부하는 내 모습에 스스로 도취해 버렸다.

7부

유럽과 미국에서 겪은
불운과 모험

예기치 못한 불운과 부도수표

1963년 6월 말경 희망과 기대에 부푼 마음으로 도쿄행 비행기에 탑승하였다. 도쿄에서는 누님 집에 머물면서 누님과 자형 최황 박사의 극진한 대접을 받고 도쿄를 관광하며 재미있게 지냈다. 돈 쓸 일이 없어서 미불 200불은 주머니에 그대로 남았다. 그래서 유럽으로 가는 길에 내가 좋아하는 도시 홍콩 특히 수희와 첫 만남의 추억이 있는 홍콩에서 이틀을 보내기로 했다.

홍콩에서의 이틀은 눈 깜짝하는 사이에 지났는데 200불도 거의 바닥이 나고 말았다. 이제 가진 것은 수표 한 장, 수표를 빨리 현금으로 바꾸기 위해 우선 런던으로 가기로 했다.

홍콩에 체류하는 동안 그 영국산 '만병통치약'이 다 떨어져 나는 급히 약국을 찾았다. 빈 약병을 보여 주며 약을 달라고 하니 약사가 의사 처방이 있느냐고 물었다. 나는 서울에서 처방 없이 사서 수개월째 복용했다고 하니 약사는 놀라며 의사 처방 없이 이 약을 복용하면 부작용으로 생명마저 위험할 수 있다며 나를 한심하게 쳐다보았다.

이 약은 코티솔의 일종으로 처방 없이는 절대로 복용해서는 안 된다고 하며 나를 무모하고 형편없는 사람으로 생각하는 것 같았다. 나는 이런 경고를 듣게 된 것에 놀라며 내가 홍콩을 경유하기로 한 선택이 얼마나 잘한 것인지 하나님의 인도하심에 감사하였다. 한편 나에게 닥칠 후유증이 몹시 걱정되어 겁이 덜컥 났다.

그리고 내 나라가 아직도 후진성을 면치 못하여 생명을 너무 경시하고 있다는 것에 실망스럽고 서글펐다.

현금이 급한 나는 약으로 인한 태산 같은 걱정에 시달리며 런던행 비행기에 몸을 실었다.

런던에 도착한 나는 아침 식사와 잠잘 방 하나를 제공하는 민박집에 짐을 풀었다. 다음 날 아침 일찍이 은행 개점 시간 전에 은행을 찾아갔다. 은행 문이 열리자 첫 고객으로 창구에 가서 수표를 보이며 다 현금으로 바꾸고 싶다고 하였다.

은행원은 나와 수표를 번갈아 보면서 석연치 않은 표정으로 말했다. 모두 현찰로 하려면 약 4주가 걸리는데 수수료를 내면 와이어로 3주면 될 수 있다고 했다. 나는 시장조사도 하고 생소한 문화도 친숙해져야 하므로 4주를 기다리겠다고 했다. 그는 나를 빤히 처다보면서 혹시 현금이 필요하냐고 물었다. 그리고 필요하면 수표액의 1/3 한도 내에서 현금을 줄 수 있다고 말했다.

이 순간의 감사한 마음은 말로 다 표현할 수가 없었다. 뜻밖에 제안에 나는 내 귀를 의심하며 항상 곤경 속에서 나를 보살펴 주시는 하나님의 은총에 다시 감사 기도를 올렸다.

그때 런던에는 한국에서 코롬보 프로그램으로 젊은 교수와 중앙부처 공무원 6명이 연수차 나와 있었다. 나는 그들을 만나게 되어 저녁이면 맥줏집에 모여 잡담하며 하루의 고달픔을 달래곤 했다. 나라 사정이 어려워 모두는 연수에서 받는 봉급 대부분을 저축하며 최소한의 생활비로 근검절약하며 버티고 있는 것 같았다.

가장 기억에 남았던 것 중 하나는 서양 음식에 질린 우리가 안남미 쌀로 밥을 지어 양파를 고추장에 찍어 맛있게 먹었던 일이었다. 신혼인 한 공무원이 부인이 싸 준 고추장을 가져와서 우리 모두가 맛있게 먹었다. 그 당시 중국 식당에 가서 식사를 하면 설익은 안남미 밥 한 공기가 나오는데 밥 먹기가 힘들 정도였다. 이 맛없는 밥 대신 우리가 손수 밥을 지어 고추장과 양파로 개운하게 먹었던 맛이 반세기가 지난 지금도 나의 기억 속에 남아 있다.

그때 나는 약의 후유증으로 길을 가다가 갑자기 다리에 힘이 빠져 주저앉아 버리는 증상이 시작됐다. 그러면 그 자리에 꼼짝 못 한 채 주저앉아서 다리에 힘이 돌아와 일어설 수 있을 때까지 한참 기다리는 수밖에 없었다.

누구에게 말도 못 하고 병원에 갈 형편도 못되어 하나님께 기도하며 하나님의 섭리만 기다릴 수밖에 없었다. 시간이 지나면서 서서히 회복되었다.

만약에 서울에서 가져온 약이 남아 있어서 홍콩에서 약국을 찾지 않고 계속 복용하였다면 내 꼴이 어떻게 망가졌을까 상상하니 너무 끔찍하여 소름이 돋았다.

평소 성급한 천성으로 인해 크고 작은 사고를 내며 살았으나 매번 나를 지켜 주시고 나에게 곤경을 극복할 기회와 힘을 주신 하나님의 사랑과 인도하심에 무한히 감사할 뿐이다.

드디어 현금을 찾는 날이 왔다. 나는 약간 들뜬 기분으로 모두에게 연락하여 크게 한턱 쏠 테니 은행에서 만나자고 하였다. 가 보니 거의 다 모여 있었다. 그동안 외국에서 외로워 서로 위로하며 정을 나누고 지냈기에 오늘은 거나하게 술을 마시기로 했다.

나는 그들을 돌아보며 은행 창구로 가서 내가 온 이유를 말하고 돈을 찾으려 왔다고 말했다. 은행원은 서류를 찾아보고는 의심스러운 눈으로 나를 쳐다보며 그 수표가 부도수표 'insufficient fund'라고 청천벽력 같은 말을 했다.

즉 부도가 났다는 말이다. 나는 너무 기막혀서 머리가 어지러웠다. 뒤를 돌아보니 친구들은 모두 사라지고 없었다.

나는 정신을 가다듬고 주머니에서 여권을 꺼내 놓으며 4주 전에 갖다 쓴 돈을 가져올 때까지 보관해 주면 고맙겠다고 말했다. 은행원은 나의 여권을 면밀히 살펴보고 나서 그렇게 동의하였다. 참으로 감사하다고 말하고는 도망치듯 은행을 나왔다.

대낮인데도 하늘이 먹구름으로 가린 듯이 어둡고 깜깜하게 느껴졌다. 내 머리는 텅 빈 것처럼 현기증이 나서 금방 쓰러질 것 같았다.

내 주머니에는 일 파운드도 안 되는 돈이 남아 있었다. 점심 때라 허기가 져서 일 파운드 내에서 먹을 수 있는 음식점을 찾다가 주변에 중국 식당이 보여서 가 보니 지하 식당이었다. 지하로 내려가 보니 생각보다 고급이라 발길을 돌려 나왔다.

햇볕이 유난히도 강열한 날이었다. 머릿속은 많은 생각들로 꽉 차 혼미하여 층계를 따라 올라오면서 바로 앞에 유리 벽이 있는 것을 몰랐다. 그만 정면으로 충돌하여 머리가 휙 돌아버리고 말았다. 순식간에 목이 붓고 머리를 돌리기조차 힘들게 되었다.

이로 인해 나는 3-4일간 꼼짝도 못하고 물만 조금씩 마시며 지냈다. 내 처지가 너무도 기막히고 억장이 무너져 눈물이 나서 울고 또 울었다. 3일이 지나니 목에 부기가 내리고 음식도 조금씩 먹을 수 있게 되었다.

런던에서 만난 고마운 친구들

마냥 넋을 놓고 이대로 있을 수만은 없다. 이 상황에서 우선 돈을 만들어 은행에 빌린 돈부터 갚고 뉴욕 천우사 지점으로 가서 서울의 미국 친구와 단판 짓는 것이 급선무이다.

그런데 돈을 마련하는 것이 문제였다. 생각하니 친구들이 돈을 저축하고 있어 이들에게 우선 부탁해 보기로 했다.

차용증을 줄 테니 돈 좀 빌리자고 했더니 모두가 난처해하며 몇 명은 과거에 돈 빌려주었다가 떼였던 이야기, 사기당한 이야기까지 하며 거절하였다. 속수무책으로 별도리 없이 실의에 빠져 시간을 보내고 있었다.

그런데 며칠 후 친구들이 돈을 만들어 가지고 왔다. 대한민국 여권이 돈 몇 푼에 영국은행에 잡혀 있는 것에 자존심이 상해서 자기들이 십시일반 돈을 만들어 왔으니 차용증을 써 달라고 했다. 너무 고마웠고 내 나라, 내 동포애에 든든하고 힘이 났다. 은행에 빚을 갚고 나니 42불이 남았다.

항공권은 유럽의 주요 도시들을 둘러 뉴욕까지 갈 수 있는 표인데 이와 같은 상황에서 유럽 여행을 더는 할 수 없었다.

그러나 표가 너무 아까워 42불로 파리와 제네바 두 군데만은 꼭 가 보기로 했다.

미화 42불로 간 파리와 제네바

수표가 부도나는 바람에 나는 유럽 출장의 목표를 포기할 수밖에 없었다. 천우사에게는 미안하나 꼼짝달싹 못하는 이런 재정적 상황에서 그 어떤 업무도 내가 감당할 수 없게 되었다. 우선 부도난 수표 건부터 해결하기 위해서 천우사 지사가 있는 뉴욕으로 가기로 했다.

이런 경우 내가 소지하고 있는 유럽의 주요 도시들에 갈 수 있는 모든 항공권이 사장된다. 그래서 비록 주머니에는 $42밖에 없지만 무슨 일이 있어도 무조건 평소 동경했던 파리와 제네바 두 곳은 반드시 이 기회에 둘러보고 뉴욕에 가야겠다고 마음을 정했다.

나는 돈은 없지만 젊음과 도전 정신으로 무전여행과 다름없는 모험심으로 파리와 제네바에 가기로 했다.

1963년 8월 초순 어느 날 아침에 나는 런던을 떠나 파리의 드골공항에 도착했다. 그리고 공항버스로 시내 공항 터미널에 가서 라커에 짐을 보관하고 거리로 나섰다.

나의 파리 도착을 환영하는 것은 다름 아닌 내 앞에 우뚝 솟은 웅장하고 정교한 에펠타워였다. 파리를 보려면 에펠타워에 올라가서 보자. 나는 무조건 에펠타워로 우선 가야겠다고 마음을 정했다.

그런데 주위에서는 베르사유궁전 관광을 위한 호객 행위가 극성을 부리고 있었다. 파리에서 아무리 형편이 어려워도 이 두 곳만은 꼭 가 봐야겠다는 생각에 알아보니 오후 2시에 베르사유궁전 관광버스가 출발한다고 했다.

매표를 하라고 해서 시간을 계산해 보니 눈앞에 가깝게 있어 보이는 에펠탑을 둘러보고 돌아오기에 충분할 것 같아서 관광 표를 매입하고는 에펠탑을 향해 걸음을 재촉했다.

그런데 계속 걷고 또 걸어서 30분은 족히 걸어갔는데도 에펠탑은 내가 출발할 때 보았던 그 위치와 그 거리에 변함없이 그대로 우뚝 서 있었다. 그제야 파리가 얼마나 큰 도시인지 실감했다. 실제로는 에펠탑이 아직도 멀리 있어 언제 그곳에 도착할지 계산이 되지 않았다.

나의 거리에 대한 도보의 시간 계산은 육안으로 짐작한 서울의 거리에 근거했었는데 서울의 몇 배가 큰 파리에서 나의 거리와 시간에 대한 계산은 완전히 엇나가고 말았다.

돈이 없어서 택시를 이용할 수도 없는 나는 급한 나머지 땀을 흘리며 뛰기 시작했다. 약 30분을 뛰어서 에펠탑에 도착했는데, 높이 330미터를 자랑하며 우뚝 솟은 웅장한 에펠탑의 위용을 보고 그 앞에서 내가 서울 촌놈이란 것을 깨달았다.

매표를 하려고 매표 창구에 가서 알아보니 1층, 2층, 3층 꼭대기의 입장권이 각각 다르다. 전망대는 2층과 3층 꼭대기 두 곳에 위치해 있기 때문에 올라가는 방법에도 여러 가지가 있었다.

이왕 왔으니 3층 꼭대기 전망대까지 올라가서 파리의 아름다운 전경을 일목요연하게 내려다보고 가야지 그래서 나에게 부담이 좀 되지만 3층 꼭대기층 표를 구매했다.

그런데 또 문제가 생겼다. 지상에서 1층까지는 여러 개의 엘리베이터가 작동하였다. 그런데 탑이 올라가면서 허리가 가늘게 좁아져 1층에서 2층 전망대로 올라가는 엘리베이터 수가 줄었다. 그리고 꼭대기층에 가려면 다시 2층에서 환승하여 올라가는데 엘리베이터 1개가 작동했다. 2층에서

3층 꼭대기 전망대에 올라가는 관광객들이 엘리베이터를 기다려 장사진을 이루고 있었다.

탑이 올라갈수록 좁아져서 엘리베이터 수가 비례해 적어지는 것을 알지 못한 나는 참으로 난감했다. 순서대로 기다리다가 꼭대기 전망대까지 올라가려면 족히 1-2시간 정도가 소요되어 도저히 베르사유궁전 관광 출발 시간인 2시까지 공항 터미널로 돌아갈 수 있을 것 같지가 않았다.

나는 없는 돈으로 이미 구매한 베르사유궁전 관광을 포기할 수도 없고 그렇다고 꼭대기 전망대 관광을 포기할 수도 없는 진퇴양난의 처지가 되었다. 초조한 마음으로 주위를 살펴보니 엘리베이터 입구와 출구를 철조망 벽으로 분리하여 들어가는 사람과 나오는 사람들을 완전히 갈라 놓아서 들어가야 하는 관광객들은 길게 줄 서서 마냥 시간을 보내며 기다려야 했다.

나는 무슨 방도가 없을까 생각하며 주위를 돌아다니다가 마침 엘리베이터가 내려와 관광객들이 출구로 쏟아져 나오는 곳에 우연히 서 있게 되었다. 모두 다 나오자 성급한 나머지 나도 모르게 얼떨결에 그만 그 엘리베이터에 들어가 타게 되었다.

그래서 기다림 없이 3층 꼭대기까지 올라가게 되었는데 올라가면서 나는 좀 겸연쩍었다. 다급한 상황에서 부지불식간에 벌어진 일이지만 미안한 생각에 면목이 없었다.

프랑스 파리의 상징 에펠탑은 1889년에 프랑스 혁명 100주년 기념물로 높이 330미터(안테나/첨탑포함)의 파리에서 가장 높은 건물이다. 혁명 100주년을 맞이하여 파리 만국박람회가 열린 마르스 광장 출입 관문에 위치해 있다.

1930년 이전까지는 세계에서 가장 높은 구조물이었다.

귀스타브 에펠의 작품으로 이를 디자인한 그의 이름을 따서 명명했다.

꼭대기 전망대에 올라갔을 때 아! 정말 높기는 높구나 절로 탄성이 나왔다. 세계의 문화 예술 패션의 중심지, 낭만의 도시 파리의 전경이 한눈에 내려다보였다.

내가 보고 싶은 샹젤리제 거리의 아름다운 건물들과 개선문, 세느 강변을 따라 늘어선 고풍스럽고 낭만적인 거리, 8월의 녹색 푸른 가로수들은 기대한 것과는 다른 300미터 높은 탑 꼭대기에서 축소된 파리 풍경으로 내려다보았다. 탑을 중심으로 광활하게 펼쳐진 파리 시가지를 넋 잃고 내려다보다가 베르사유 관광 때문에 나는 서둘러 곧바로 내려왔다.

베르사유궁전과 파리의 1박

택시를 타고 공항 터미널로 급히 돌아왔는데 그때가 2시 15분경이었다. 베르사유궁전 관광버스는 이미 떠난 걸로 알고 망연자실하여 우두커니 서 있었다. 그런데 멀리서 부르는 소리가 들려 돌아보니 관광안내원이 나를 알아보고 소리치며 관광버스에 타라고 손짓을 하고 있었다. 관광버스는 나를 기다리며 그때까지 출발을 미루고 있었다.

나는 이미 승차한 관광객들에게 미안하다고 인사하고 자리에 앉고는 그제야 안도의 숨을 쉬며 피곤에 지쳐서 눈을 감았다. 관광안내원이 나를 기다려 주었기에 가 보고 싶었던 베르사유궁전을 흥미롭게 관광할 수 있었다. 너무 흡족하고 또 안내원에게 고마웠다.

그때는 8월인데 파리는 9시가 지나야 어두워지는 것 같았다. 너무 급박하고 무리하게 에펠탑과 베르사유궁전을 구경하며 지친 몸을 휴식하기 위해 나는 저녁 식사와 잠잘 곳을 찾아야 했다.

사실 하루 종일 아무것도 먹지 않아 너무 배가 고팠다. 그런데 주머니 사정이 형편없다 보니 먹는 것도 자는 것도 최소한의 비용으로 해결해야 하는데 파리에 생소한 나는 무슨 방도가 없을까 생각하고 있었다.

문득 파리의 번화가를 벗어나 빈민 지역으로 가면 되겠다는 생각이 났다. 그런데 어디가 빈민 지역인지 알 수가 없으니 답답했다.

그래서 사거리에 서서 사방을 살핀 후 그중 제일 초라하고 오래되어 보이는 거리를 골라 찾아가 보기로 했다. 한참 걷다가 또 사거리에서 다시 초라한 거리를 찾아 걸었더니 드디어 빈민 지역 같은 곳에 도달했다. 참 기이한 일이다. 주변을 살피니 오래된 작고 초라한 식당이 눈에 띄었다.

그곳에 들어가 보니 손님이 몇 사람 있는데 모두가 막노동을 하거나 아니면 사회보장 지원금을 받고 사는 나이 많은 퇴직자들로 보였다. 식당도 바닥은 그냥 흙이며 테이블과 의자는 대패질도 제대로 하지 않은 나무 판들로 만든 엉성한 것들이었다.

내가 들어가니 모두가 이상한 듯 머리를 갸우뚱하며 나를 쳐다보았다. 나는 배가 고파서 우선 테이블에 가서 앉았다.

무엇을 먹을까 생각하며 손님들이 먹는 음식들을 하나하나 눈여겨보고 있는데 주방에서 한 영감이 이끼가 낀 것 같은 누런 병에 든 백포도주와 잔을 내 테이블에 놓고 다시 주방으로 들어가 버렸다.

주위를 다시 둘러보니 덩치 큰 흑인 노동자가 큰 닭다리 같은 것을 맛있게 먹는 것이 보여 허기진 나머지 "콤사 콤사" 하며 손가락으로 그가 먹는 것을 가리켰다. 손님들이 자기들끼리 수군거리다 주방을 향해 소리 질러 내 음식을 주문하는 것 같았다.

나는 목도 마르고 하여 포도주를 잔에 따라 마시며 기다리는데 큰 거위 다리 같은 구운 고기와 두 가지 채소 그리고 빵 한 쪽이 내 앞에 놓였다. 배고픈 나머지 급히 칼로 고기 몇 점을 크게 썰어 먹으며 채소를 먹는데 돌이 씹혔다. 이 음식이 의심스럽게 느껴져 더 이상 먹지 못하고 그냥 빵만 먹고 나왔다.

저녁 8시가 지난 시간인데도 아직 어둡지 않고 대낮같이 훤한데 피곤이 몰려와서 잠자리를 찾는 것이 급해졌다. 그 지역을 배회하며 마땅히 쉴만한 곳을 찾다가 어느 거리에 들어서니 구조가 같은 낡은 2층 건물들이 길을 따라 나란히 있는데 모두가 'HOTEL'이란 간판을 달고 있었다.

너무 반가워서 급히 한 집에 들어가 보니 텅 빈집처럼 조용하고 인기척도 전혀 없었다. 그래서 큰 헛기침을 하며 또 소리 내어 불러 봐도 아무 반응이 없었다. 그런데 좀 지나니 2층 난간에 한 여자가 나타나서 나를 보고 손짓으로 나가라고 했다.

나는 순간 이곳에서 내가 동양인이라고 인종 차별을 한다고 생각하며 나와서 다른 집으로 들어가 보았다. 같은 일이 반복되었다. 그래서 좀 걷다가 또 다른 집에 갔으나 역시 거절당하여 나올 수밖에 없었다.

실망한 나머지 길에서 좀 쉬다가 해가 질 무렵에 같은 지역에 있는 호텔이란 간판이 붙은 또 다른 집에 들어가 보니 방마다 불이 켜져 있고 젊은 여자들이 모두 분주히 화장하기에 여념이 없어 보였다.

나는 그 광경을 보고 이곳이 모두 사창가라는 것을 알고는 급히 뛰어나왔다. 영업 시간도 되기 전에 일찍이 그곳에 온 나를 쫓아낸 이유를 그때야 알았다.

나는 그 지역을 얼른 벗어나 옆 지역으로 옮겨 가서 찾아보니 6층짜리 오래되고 몹시 낡은 여인숙으로 보이는 건물이 있어 들어갔다. 제일 저렴한 방을 달라고 하여 미화 8불 정도의 숙박료를 내고 계단으로 걸어서 올라가야 하는 6층의 작은 냄새 나는 방이었다. 고되고 지쳐서 그대로 잠에 곯아떨어지고 말았다.

아침에 잠을 깨어 보니 그 방에 한시도 있기가 불편하여 일어나는 즉시 그곳을 나왔다. 길을 걸어가는데 마침 공원이 있었다. 공원 안에 들어가 의자에 앉아서 시간을 보내며 하루의 일정을 짰다.

가진 돈이 부족하니 아침 겸 점심으로 11시경에 식사를 하고, 시내 구경을 한 후 늦은 오후 비행기로 제네바로 가기로 했다.

시내 구경을 하며 다니다 보니 배가 너무 고파서 식당을 찾아 주변을 살

폈으나 문을 연 식당이 하나도 보이지 않았다. 허기진 몸으로 시간을 보내고 있다가 11시 30분경에 문을 연 식당이 있어 들어가니 12시가 되어야 음식 주문을 받는다며 12시까지 기다리라고 했다.

지금은 어떤지 모르겠으나 1960년대 초 내가 파리에서 1박 2일로 여행할 당시에는 모든 식당이 12시가 되어야 손님을 받았다.

12시가 되니 일하는 아가씨가 포도주와 메뉴를 가지고 와서 테이블에 놓았다. 나는 너무 배가 고파서 즉석에서 스테이크를 주문하여 내 형편에 맞지 않게 과용하고 말았다.

파리는 서울 촌놈에게 문화적으로 엄청난 감동을 주었고, 동시에 볼 것도 배울 것도 많았고 또한 짧은 동안이나 추억에 오래 남는 많은 에피소드를 만든 특이하고 매우 인상적인 곳이었다.

제네바 관광과 휴식

제네바에 도착하여 그곳의 1박 2일은 파리와는 대조적으로 즐겁고 편한 여행이었다.

서울의 한 섬유회사에서 근무하며 염색 관련 연수를 위해 제네바에 장기 출장 나와 있는 친구가 있었다. 나는 그를 만나서 짧은 시간이었으나 그의 호의로 제네바의 대표적인 관광 명소를 둘러보았다. 저녁에는 스위스 요리를 맛있게 먹고 또 우리는 술 한잔하기 위해 조촐한 술집에 들어가 술을 마시며 이야기를 나누었다. 그곳은 집시 음악과 함께 예쁘게 생긴 집시 댄서가 춤추며 손님들에게 술을 파는 곳이었다.

댄스를 마친 집시 댄서가 우리가 앉아 있는 테이블에 와 앉으며 어느 나라에서 왔느냐며 마치 동양 사람을 처음 본다는 표정으로 우리를 관심 있게 보았다. Korea에서 왔다고 하니 자기가 한 시간 후면 일을 마치는데 한국에 대해 알고 싶다며 그때까지 기다려달라고 했다.

우리는 평소 집시들에 대한 부정적인 말을 많이 들었던지라 그 자리를 빨리 뜨자고 하고는 그녀가 다시 춤추는 시간에 술집을 조용히 나왔다.

그리고 나는 호텔로 가서 편히 자고 다음 날 아침에 뉴욕으로 가는 비행기를 탔다. 제네바에서의 시간은 광풍 같았던 유럽에서의 악몽들을 잊고 오랜만에 가져 보는 편안한 휴식이었다. 지금까지도 다시 만날 수 없었던 그 친구가 새삼 그립고 보고 싶다.

남은 돈은 고작 미화 2불

내가 뉴욕에 도착한 때는 1963년 8월 중순경, 무척 덥고 습기 찬 날이었다. 50전을 내고 공항버스를 타고 시내 터미널로 갔다.

친구가 소개해 준 대학 선배에게 전화하여 나의 사정을 자초지종 설명하고 내가 택시를 타고 지금 선배 집에 가니 택시비를 갖고 기다려주면 고맙겠다고 했다.

선배는 친절히 이야기를 듣고 이미 다 알고 있으니 걱정 말고 오라고 했다. 브로드웨이 126가에 있는 선배의 집 앞에 도착했을 때 선배는 나와서 기다리고 있었다.

나는 택시비 1불에 잔돈 25전 팁을 주고 내렸다. 가지고 있던 돈 2불로 해결하니 25전이 남았다.

안내된 방에 짐을 풀고 하염없이 창밖을 내다보면서 미국 생활을 25전이 아닌 무일푼으로 시작해 보겠다는 각오를 하며 25전을 창밖으로 던져버렸다.

천우사 뉴욕 지점에 가서 서울의 미국 친구에게 연락하니 미안하다며 지금은 돈이 충분하니 은행에 가면 다 잘될 것이라고 했다. 며칠 후 현금을 찾아서 우선 런던에서 빌린 돈들을 갚았다. 빚을 다 갚고 나니 대학 등록에 필요한 돈 정도가 남아 있었다.

계획에 없었던 워싱턴 생활

마침 워싱턴 D.C.에 유학 와서 사는 친구가 나에게 함께 지내자고 하여 일단 워싱턴으로 가기로 했다. 이제는 어디에 가든 무슨 일이든 가리지 않고 해야만 할 처지였다. 기술이나 전문성도 없고 영어도 신통치 않은 내가 할 수 있는 일은 식당에서 하는 일뿐이었다.

그런데 건강에 대한 자신도 없었다. 그 당시 미국은 폐병 환자는 무조건 모두 강제 수용하여 치료해 주고 있었다. 그런데 내 폐병 상태가 어떤지 알 수가 없었다. 병원에 가서 X-ray를 찍어 양성 반응이면 무조건 수용소로 가야 한다.

또한 상용 비자로 입국했기 때문에 계속 미국에 체류하기 위해서는 매 6개월마다 대학에 등록하여 6개월짜리 학생 비자 I-20 Form을 받아야 한다. 갈수록 태산이다.

아무것도 없는 나로서는 잃을 것도 없으니 하나씩 정면 돌파하기로 했다.

우선 비자 건을 해결하기 위해 워싱턴에 위치한 명문 사립대학 American University 대학원 회계학과에 등록하여 6개월 체류 허가는 받았다. 미리 유학 온 정외과 동기가 정치학으로는 살기 힘드니 회계학을 하라며 권유해 회계학으로 전공을 바꾸기로 했다.

그러나 낮에 고된 일을 하다 보니 허약한 몸으로 밤에 강의를 듣는 것이 무리였다. 그렇다고 F학점을 받을 수는 없어 휴강 처리하고 나니 결국은 6개월짜리 학생비자를 받기 위한 학점 없는 삶을 사는 형국이 되었다.

죽으라고 일해서 돈을 벌어 6개월마다 등록금으로 대학에 갖다 바쳤다.

그리고 매 학기마다 건강이 허락지 않아 휴강 처리하며 2년을 지나고 보니 등록비로 돈만 날리고 학점은 한 점도 따지 못했다.

폐병 완치와 힘든 노동

미국 온 지 1년 정도 되었을 때 나는 계속 폐병 여부가 마음에 걸려 친구 소개로 한국계 의사를 찾아가 만났다. 나의 딱한 사정을 말하고 사적으로 X-ray를 찍어 현 상태만 확인해 주면 고맙겠다고 사정하였다. 그는 어렵다며 미안하다고 했다.

그런데 며칠 후 그가 전화를 해서 내 사정이 딱하게 느껴져 도와주고 싶다고 말했다. 나는 즉시 그에게 달려가서 X-ray를 찍었다. 그리고 결과가 궁금하여 기다리는 내내 걱정하며 안절부절 불안했다. 혹시나 양성으로 병세가 악화됐으면 어떻게 해야 할지 참 막막했다. 이틀 후 전화로 의사 선생이 크게 웃으며 완치되었으니 안심해도 된다고 말하였다.

그 순간 나는 다시 태어난 기분으로 너무 좋아서 활기가 솟아났다. 어떻게 완치가 됐나 싶어 생각해 보았다. 공기 좋은 환경에서 돈이 없어서 값싼 닭고기만 주식으로 먹고 지냈는데 병이 완치되었다. 기적만 같았다. 그리고 하나님께 감사 기도를 드렸다. 의사 선생에게 전화하여 다시 고맙다는 인사를 하였다.

이 무렵 United Parcel Service(UPS)가 워싱턴 지역으로 진출해 사원 모집 광고를 냈다. 소포나 서류 같은 물품을 전국에 배송하는 우체국과 경쟁하는 회사로 급료가 타 경쟁사들보다 두 배 정도 많아 지원자들이 엄청 몰렸다.

이 지역에 유학 온 한국 학생들도 많이 지원했다. 시험은 전국의 주 이름과 도시 이름을 많이 제대로 기억해야 합격한다. 한 달간 매주 시험을 치르는데 매번 상당수가 탈락해 퇴사했다. 그런데 한국 유학생들은 한 사람의 낙오도 없이 네 번의 시험에 모두 통과하였다.

　업무는 비교적 고된 작업으로 소포들을 대형 화물차에서 하역하고 도시별로 분류한 후 다시 화물차에 싣는 작업이다. UPS에서 일하며 나는 등록금 걱정은 덜게 되었다.

유학생회 회장이 된 나

1960년대 초 워싱턴 지역에 한인단체나 조직으로는 교회가 둘이 있었을 뿐 유일한 교민 조직으로는 한인 유학생회뿐이었다. 매년 유학생회 회장 선거 때가 되면 조용하던 교민사회 유학생들 간에 긴장감과 전운이 감돌았다. 정치적 야심이 있는 유학생이 입후보할 경우 특히 그랬다.

워싱턴은 미국의 수도인 동시에 세계 정치의 중심지이다. 한국의 유력 거물 정치인들의 방문이 빈번한 곳이다. 이들이 방문하면 대사관에서는 환영 만찬이나 리셉션 등 행사를 한다. 이때 교민 대표로 학생회 회장이 초청된다.

그래서 학생회 회장이 되면 워싱턴을 방문하는 대통령도, 국무총리도, 장관도 그리고 국회의원도 거의 다 만나 보게 되고 눈도장 찍을 수 있는 절호의 기회를 가지게 된다. 야심 많은 젊은이들에게는 이런 기회를 자신의 미래와 연관시켜 생각하는 것은 당연해 보였다. 그래서 선거 때만 되면 야심 있는 유학생들이 몹시 바쁘게 움직였다.

어느 날 나는 UPS에서 일하고 늦은 밤에 지친 몸으로 귀가했다. 메모가 있어 보니 오세응(1933-2019년, 7선 의원·국회부의장 역임) 정외과 선배가 야식을 하자며 자기 집으로 오라고 한다. 피곤해 자고 싶었으나 만나 본 지도 오래된 것 같아 그냥 가 보았다. 가까운 대학 동기도 있고 또 유학 와서 만나 가까워진 친구도 여럿 있었다. 국수를 먹으며 모두 좋은 분위기였다.

나도 국수를 먹고 있는데 누군가 나보고 이번 유학생회 회장 선거에 출마하라고 말했다. 아닌 밤중에 홍두깨도 아니고 나는 농담으로 받아넘겼다. 그런데 여기저기에서 출마해야 한다고 한마디씩 하고 나섰다.

나는 실감이 나지 않아 웃으면서 그만들 하라고 했다. 이곳에 온 지 겨우 2년이 지났고 대학원에 등록은 했으나 아직 학점 하나 받아 보지 못했으며 불법 체류를 고민해야 하는 내 처지를 몰라도 너무 모르는 것 같았다. 그런데 분위기가 점점 심각해지며 농이 아니라는 것을 알게 되었다.

나는 정색을 하며 대단히 고마우나 마음만 받을 테니 다른 사람을 후보로 정하면 같이 돕자고 말하고 나와 버렸다.

알고 보니 박사학위 논문을 쓰고 있는 야심이 가득한 친구가 후보로 출마했다. 그런데 몇 친구들이 의기투합하여 이런 후보보다는 원만하고 성실하며 개인적인 야망보다는 책임을 중시하는 후보를 물색해야 한다며 난상토론을 하다가 내가 적임자로 낙점되었던 것이다.

나의 고사에도 불구하고 이들의 요구는 집요하게 계속되었다. 선거일을 한 주 남긴 시점에 나는 이들의 집요한 요구를 결국 승낙하고 출마하기로 하였다. 나에 대한 이들의 믿음과 우정 그리고 학생회에 대한 기대를 고맙게 생각하며 동시에 왜 그리고 무엇을 위해 내가 회장에 출마해야 하는지를 심각하게 숙고하였다.

답은 분명하고 간단했다. 회원들 간의 친목 도모, 상부상조 그리고 면학 분위기 조성 및 유학생 지원을 위한 사업과 유학생회의 위상을 높일 수 있는 사업을 추진해야겠다고 결론지었다.

내가 출마를 결정하자 상대 후보가 사퇴하여 무투표 당선되었다. 그리고 총회에서 정관이 개정되어 회장 임기 1년이 2년으로 정해졌다.

나는 이 자리는 순전히 봉사를 위해 자기희생을 해야 한다는 인식으로 최선을 다해 봉사했다. 1년이 지났을 때 나의 포부를 실현하기 위해 나는 회장직을 사임하였다.

　유학을 온 내가 3년이란 긴 세월을 학점 한 점 따지 못하고 막일을 하며 겨우 먹고살면서 그리고 학생회를 위해 헌신하며 보낸 세월을 돌아보았다. 내가 미국에 온 목적에 대해 고민하며 때가 더 늦기 전에 공부를 해야 겠다고 마음먹고 회원들에게는 미안하나 회장직을 사임하기로 했다. 그리고 부회장에게 회장직을 위임하고 Eastern New Mexico University 대학원의 석사과정을 위해 워싱턴을 떠났다.

피할 수 없었던 불법 체류

일을 하고 몸이 허약해 수강을 제대로 못하고 매번 휴강 처리하니 2년 동안 고생만 하고 애써 번 돈은 대학 등록비로 다 허비하였다. 나는 더 이상 이렇게 한심하게는 살 수 없다고 생각했다. 이렇게 젊음을 허송하려고 많은 난관을 극복하며 미국으로 온 것은 더욱이 아니었다.

나는 무슨 특단의 방도가 있어야 하겠다고 생각했다. 계산해 보니 American University에 지불하는 두 학기 등록금이면 지방의 주립 대학교에 가서 석사학위를 받고도 남을 것 같았다. 나는 몇 날 며칠을 고민하며 잠을 설쳤다. 돈을 저축하기 위해서 나에게 주어진 선택은 하나뿐이기 때문이었다.

A.U.에 두 학기 등록을 하지 않고 그 등록금을 모으면 공부할 돈을 마련할 수 있는데 이럴 경우 학생 비자가 없어 미국 체류가 불가능하다. 그러나 돈을 마련하기 위해 미국에 체류하려면 일 년간 미국에 불법 체류를 해야만 가능하다. 그런데 불법 체류는 싫다.

그러나 나에게는 다른 선택이 없었다. 인도주의와 온정주의가 대세인 세계 최고의 부자 나라인 미국에서도 공부를 해야겠다는 나의 간절한 학구열에 아무런 도움이 없는 것이 현실이었다. 나는 오랜 고민 끝에 1년간 등록하지 않고 일만 하고 돈을 저축하기로 했다.

그 당시는 불법 체류 단속이 엄격하지 않았다. 마약, 살인, 강도, 조직폭력, 금융 사기와 같은 범죄에 연관되지 않으면 불법 체류를 걱정하지 않아도 되는 시기였다.

미국에 온 이후 줄곧 노동을 하며 저녁에는 한국 친구들과 맥주 마시며 떠드는 것이 일상이 되어 버려 나는 솔직히 영어를 말하며 배울 시간이 전혀 없었다. 또한 유학생회 회장직을 수행하느라 더욱 한국말만 많이 해야 했다. 그러니 미국에서 영어보다 한국말이 더 느는 느낌이었다.

석사학위와 미 이민국

　한국 학생이 없는 곳에 가면 영어가 좀 향상될 것 같아 한국 학생이 없는 주립대학을 일부러 찾았다.

　Eastern New Mexico University가 한국 학생이 없어 보여 가기로 하고 입학 신청을 했다. 국제 관계로 석사과정에 입학하고 대학에 가 보니 정말 한국 학생이 하나도 없었다. 공부만 열심히 할 수 있어서 첫 한 학기 전 과목 A학점을 받았다. 성적을 보고 이제 목표했던 박사학위 취득에도 자신감을 얻었다. 동시에 합법적인 체류 신분으로 떳떳하게 공부에 정진해야겠다는 생각이 들었다.

　이민국에 내가 지난 일 년 동안 불법 체류를 할 수밖에 없었던 상황을 상세히 설명하고 성적 증명서를 동봉한 후 학생 비자를 보내주면 고맙겠다는 서신을 보냈다. 약 이 주가 지났을 때 회신이 왔는데 앨버커키(Albuquerque)의 이민국 사무실로 와야 한다고 했다. 대학이 있는 포르탈레스(Portales)에서 앨버커키까지는 자동차로 3시간 거리이다.

　그래서 나는 공부해야 하기 때문에 갈 시간이 없으며 또한 버스 요금도 없어 더욱이 갈 수 없으니 꼭 나를 만나 봐야 한다면 귀하께서 학교로 와주면 고맙겠다고 답신을 보냈다.

　그렇게 "와라." "갈 수 없다."라는 서신들이 오고 가면서 이 사실이 교내에 알려지기 시작했다. 교수들이 나를 불러 내 사정을 듣고서는 상원 의원에게 청원하여 도움을 받도록 해 볼 테니 걱정 말고 공부에 정진하라며 위로해 주었다.

　이러는 가운데 대학의 외국인 학생 지도교수(Foreign Student Advisor)

가 나를 찾는다고 해서 사무실을 찾아갔다. 그는 나의 사정을 다 들은 후 자기가 우선 이민국에 서신을 보낼 테니 걱정 말고 공부에 전념하라며 격려해 주었다. 그 후 이민국에서는 나에게 별도의 조치나 연락이 없었다.

약 한 달 후 이민국에서 보내온 우편을 열어 보니 I-20 Form, 즉 학생 비자가 있었다. 이제 모든 것이 일단락되어 나는 합법적으로 학업에 다시 매진할 수 있게 되었다.

나를 믿고 도와준 그리고 위로와 격려를 보내준 교수님들, FSA 그리고 동료 학생들의 성원과 도움에 감사하며 학업에 열중할 수 있었고 나는 1년 만에 석사학위를 받았다. 학위를 받게 될 무렵 나는 또 하나의 특별한 선물을 받았다. 드디어 수희가 내 아내가 되어 서울에서 왔다.

워싱턴 디시에 정착하고 나서 나와 집사람은 미국 영주권을 신청하고 면접 날이 되어 이민국으로 갔다. 담당 공무원이 한참 나의 파일을 들여다 보더니 아무 말 없이 있다가 불쑥 일어나 내 양손을 잡으며 '귀하와 함께 미국에 살게되어 영광'이라고 말하며 우리 내외의 영주권을 진심으로 축하해주었다. 순간 나는 무슨 말인지? 의아하게 생각하며 머뭇거리다 세상에 이런 순수하고 낮은 자세로 국민을 위해 일하는 공직자도 있구나 생각하며 마음속 깊이 감동을 받았다. 이분은 나의 '불법체류'와 학구열 그리고 시련을 견디고 석사학위를 받은 나의 의지와 노력을 높이 평가하고 있는 것 같았다. 이분의 겸손하고 진솔한 대민봉사자세는 지금도 나로 하여금 공직자의 자세와 역할에 대해 많은 것을 생각하게한다.

8부

워싱턴 D.C.와 미주리주

태평양을 사이에 두고 한 혼인신고

서울을 떠나 유럽을 거쳐 미국에 와서 살면서 잊을만하면 찾아오는 여러 시련과 힘겹게 싸우면서도 나는 수희와 서신 교제를 지속해 왔다. 석사 과정에 있으면서 나는 막연히 수희가 미국에 오면 좋겠다며 많은 생각을 했다.

그 당시 수희도 도미할 생각에 도미 준비를 하면서 미국 비자 받기가 힘들다며 여러 가지로 애쓰고 있었다.

나는 나대로 궁리를 하면서 열심히 알아보았으나 모두 허사였다. 사실 미국 정부의 가족 중시 정책을 아는 나는 부부 관계면 비자가 거의 자동적이라는 것을 알고 있었다. 나는 지금까지 사랑 고백 한번 못했고 청혼도 못한 입장이었지만 용기를 내어 대뜸 서울에서 나와 혼인신고를 하면 어떻겠냐고 조심스럽게 글을 써 보냈다.

수희의 마음을 정확히 모르는 내 입장에서 결혼 이야기를 불쑥하는 것은 대단한 결례이나 달리 방도가 없어 모험을 하기로 했다. 천성이 성급하고 직선적인 나에게는 일단 일을 벌여 놓고 보자는 심사였으나 글을 보내고는 어떤 답이 올지를 몰라서 바늘방석에 앉은 것 같았다.

얼마 지나서 편지가 왔는데 1967년 5월 30일에 혼인신고를 하여 우리가 부부가 되었다고 했다.

꿈인지 생시인지 편지를 읽고 또 읽었다. 수희와 내가 태평양을 사이에 두고 멀리 떨어져 있는데 법적으로 내 아내가 되고 이제 우리는 일심동체의 부부가 되었다.

불현듯 보고 싶고 그리운 마음이 가슴에 사무쳐 왔다. 그리고 세상에 이런 결혼도 있다는 사실에 스스로 놀라고 있었다.

학위가 끝나서 포르탈레스를 떠날 준비를 하고 있을 때 사모하고 그리던 수희가 앨버커키공항에 도착했다. 마중 나온 나를 향해 걸어오는 수희를 보는 순간 나는 황홀하였다.

수희다, 너무 반갑고 기뻐서 가슴이 벅차도록 행복했다. 수희는 왔는데 주머니는 무일푼이다. 워싱턴에서 잠시 동업했던 친구에게 SOS를 보냈더니 고맙게도 곧 돈을 보내왔다.

이 돈으로 수희와 함께 어디든 가서 신혼살림을 시작해야 한다. 그래도 내가 3년을 살았고 친하게 지내던 사람들이 살고 있는 낯익고 마음에 드는 곳, 내가 돌아갈 수 있는 제2의 고향 같은 곳이 워싱턴이다.

석사학위 소유의 택시 기사

나는 그곳에서 비상용으로 준비한 택시 운전면허증이 있어 언제나 일하면 현찰을 만들 수 있었다. 워싱턴에서 택시를 운전하는 일은 우리 유학생들에게는 편리하고 유익한 돈벌이 수단이었다. 워싱턴에서는 그곳의 운전면허증만 있으면 누구나 사업용 차량 운전 시험을 볼 수 있고, 합격하면 택시 운전면허증을 발급해 준다.

이 면허증 소지자는 언제나 자기가 일하고 싶은 날에 택시 회사에 가서 하루 사용료만 지불하면 택시를 24시간 빌릴 수 있다. 그러면 24시간 동안에 8시간이든 16시간이든 자기가 편리한 시간에 택시를 운전하고 반납할 때 기름만 넣고 돌려주면 된다. 그러니 1960년대에도 하루 열심히 일하면 100불 이상의 수입도 올릴 수 있는 아르바이트로 많은 유학생들이 선호한 일자리였다.

수희와 나는 나의 소형차 폭스바겐 비틀(Volkswagen Beetle)을 타고 뉴멕시코 포르탈레스에서 워싱턴까지 2,000여 마일 거리를 밤낮으로 운전하였다. 45여 시간 만에 워싱턴 근교에 도착은 하였으나 갈 곳이 없어서 막막하였다.

우선 모텔에 들어갔다. 장거리를 운전하고 온 피로도 풀고 쉬면서 내일 일은 내일 생각하기로 하고는 지쳐서 숙면에 빠지고 말았다. 수희는 나의 무모하고 황당무계한 행동에 놀랄만한데 말없이 내가 하는 대로 따라와 주었다. 미안하면서 너무 고마웠다.

일 년 전 내가 워싱턴을 떠나기 전에 살았던 아파트 6층에 마침 입주할 수 있는 원룸아파트가 있어서 월세로 들어가 살게 되었다. 천만다행히도

주거의 걱정은 면했다. 생활비는 일단 택시를 운전하면서 그런대로 해결
이 되었다. 우리의 신혼 생활은 서서히 안착되어 갔다.

황재경 목사님의 주례로

알래스카에서 여름 휴가를 즐기는 저자의 가족: Augie, Jennifer, Teddy, 수희, 저자, Josie

그 당시 워싱턴에는 아버님의 유학 시절에 친분이 있었던 몇 분이 살고 계셨다. 화부(워싱턴) 한인교회에서 목회를 하시는 황재경 목사님을 비롯하여 몇 분을 만나서 잘 지낼 수 있었다. 그분들은 이국 만 리 외로운 땅에서 지내는 나에게 고맙고 따뜻한 울이 돼 주셨다.

1967년 12월 10일 화부 한인교회에서 황재경 목사님의 주례로 친구들과 지인들의 축복을 받으며 우리는 결혼식을 올렸다.

수희는 낯선 땅에서 우리의 초라한 생활에도 언제나 밝고 따뜻한 마음으로 현명하게 당면한 현실에 잘 적응해 나갔다.

나는 택시를 운전하면서 또 다른 사업 구상에 몰두하였다.

그 당시 우리나라가 산업화를 위해 새로운 기술과 자본을 필요로 하는 점에 착안해 기술과 자본을 한국에 연결하는 컨설팅 사업을 시작했다. 그러면서도 박사학위 취득을 위해서 여러 대학들을 비교 검토하고 물색하며 필요한 학자금 마련을 위해 노력했다. 그러던 중 집안에 경사가 찾아왔다. 수희가 임신을 했다.

교회 때문에 소원해진 친구들

친구의 아버님이 워싱턴에 오셨다. 그분은 1960년 7월 29일 총선 때 제주도에서 참의원에 당선되셨던 분으로 신앙심이 깊은 교회 장로였다. 그당시 워싱턴에 교회가 둘이 있었는데 하나는 감리교 교회이고 또 하나는 안식교 교회였다.

그분은 적은 교민의 수에 비해 교회가 둘 있는 것은 하나님이 원치 않으신다며 하나로 통합할 것을 강력히 주장했다. 근 일 년 동안 통합을 위해 애쓰다 실패하자 교회가 셋이면 통합이 가능하다는 논리로 장로교 교회를 설립하셨다.

장로교 교인인 나는 적극적으로 교회 설립을 도왔고 그 교회에 나가게 되었다. 그리고 석사학위를 위해 교회를 떠났다가 일 년 후에 워싱턴에 돌아와서 주일예배를 보러 교회에 갔다. 새로 부임한 안상엽 목사님이 목회를 하고 계셨다.

그날이 한 해를 마감하는 마지막 주일이라 예배 후 일 년을 결산하는 총회가 있었다. 목사 가운을 입은 목사님은 회의를 시작하려고 강단에 서서 말씀을 시작하셨다.

그때 내 바로 앞에 앉아 있던 한때 나를 도와 유학생회 총무로 수고했던 친구가 일어나서 목사님에게 삿대질을 하며 심한 말을 하였다.

교회는 신성한 하나님의 성전으로만 알고 있는 나는 놀라고 충격을 받았다. 교회에서 예배 후 모든 교인이 참석한 공식 회합에서 목사님을 공개적으로 성토하는 상황을 나는 그냥 두고 볼 수만은 없었다. 나는 무조건 그 친구의 양복 뒷자락을 붙잡고 힘껏 끌어 앉히며 그를 제압했다.

일단 모임은 순서대로 진행되었다. 그러나 이 문제는 언제 다시 폭발할지 모를 활화산이었다. 나는 우선 목사님을 찾아가 어찌 된 영문인지를 물었다. 목사님의 입장을 다 듣고 나는 목사님을 공격하는 교인들을 만나 그들의 이야기도 다 들었다.

그들의 주장은 목사가 교회를 떠나야 교회가 정상화된다는 것이다. 그들은 자기들이 교회를 설립한 주인이므로 교회의 모든 주도권을 잡고 교회를 운영해야 하는데 목사가 말을 듣지 않는다는 것이다. 이들은 모두 나와 가까운 친구들이나 나는 이들의 입장에 동의할 수가 없었다. 교회는 하나님을 예배하기 위해 있는데 이들은 교회를 자신들의 사회적인 욕구를 충족시키기 위해 필요한 장소로 착각하고 있다고 판단했기 때문이다.

나는 다시 목사님을 찾아가서 목사님에게 어떻게 할 생각이냐고 물었다. 목사님은 몹시 괴로워하며 번뇌하고 계셨다.

이들의 공격이 계속되면 거취 문제를 심각하게 고민해 봐야 하겠다고 했다. 그래서 내 생각을 말했다. 나는 양쪽 이야기를 다 듣고 또 중립인 교인들과도 만나 이야기를 들어 보니 교회를 교회법에 따라 목회하려고 노력하는 목사님의 잘못은 전혀 없다고 생각된다고 말했다.

나는 목사님을 공격하는 분들의 생각이 세속적이며 이런 분들이 교회의 주도권을 잡고 좌지우지하는 것은 하나님의 뜻을 거역하는 일이라 생각했다. 결코 용납되어서는 안 된다고 생각하고 교회를 위해 목사님을 지켜야 하겠다고 결심했다.

나는 안 목사님에게 제안을 했다. 내가 끝까지 목사님을 지킬 테니, 비록 목사님과 나 둘만이 남게 된다 해도 절대 이들에게 굴복하지 않고 견딜 각오를 할 수 있냐고 물었다.

굴복은 하나님을 경외하지 않는 처사다. 그러므로 목사님이 인내하고 견디면 좋겠다고 했다. 목사님도 며칠 고민하고 기도한 후 나의 뜻에 따르겠다고 하셨다.

우리는 그들의 집요한 비난과 공격을 극복하고 결국 교회와 교인들을 지키게 되었다.

목사님을 공격하던 주동자들이 모두 자진해서 교회를 떠났다. 이들은 모두 나와 가까운 친구들이었으나 이 일로 서로가 소원해졌다. 참 안타깝고 인간적으로는 유감스러운 일이나 하나님 앞에서 나는 부끄럽지 않았다고 생각했다. 다시 이런 일이 있어도 나는 똑같이 행동했을 것이다.

3선 개헌 반대 운동에 참여

　나는 한국의 민주화에 관심이 많았다. 박정희가 민선 대통령으로 정권을 유지하나 장기 집권으로 인한 권력의 사유화, 비민주적 통치, 부정부패의 만연 그리고 국민 저항의 확산으로 인해 국가의 민주적 미래가 불투명하다고 생각했다.

　민주주의를 교과서로 배웠던 나는 미국에 와서 살면서 미국의 민주주의를 온몸으로 체험하고 생활하면서 민주주의가 사람을 사람답게 살 수 있게 만드는 정치 제도란 것을 확신하였다.

　국민소득 1만 불대를 목전에 둔 우리나라도 빨리 민주화되어 모두가 자유롭게 잘사는 것이 나의 염원이었다.

　1969년 박정희 대통령의 3선 개헌안은 나를 경악시켰다.

　워싱턴의 유학생들과 애국 교포들에게도 큰 충격이었다. 뜻을 같이하는 동지들과 애국동포들이 모여 조직적으로 범교포 차원의 3선 개헌 반대 운동을 본격적으로 전개하기로 합의하고 운동 본부를 조직했다. 몇 사람은 생업을 뒷전으로 하고 열심히 했다. 나도 실무 차원에서 생업을 포기하고 전력투구했다.

　실무 차원의 주요 활동은 내가 중심이 되어 기획하고 실행하였다. 우리는 수시로 간행물을 만들어 미주 전역의 한인회와 애국 단체에 3선 개헌의 부당성을 알리는 홍보 활동을 했다.

　또한 주미 한국 대사관에서 가까운 듀폰 서클에서 3선 개헌 규탄 군중대회를 열었다. 대회가 끝나고 박정희 대통령에게 보내는 3선 개헌 반대 서한을 주미 한국 대사에게 전달하기 위해서 시위 군중들을 이끌고 대사관까지 걸어가야만 했다.

미국 법에 따르면 어떤 데모나 항의 군중은 미국 주재 외국대사관에서 500미터 안으로는 접근할 수 없다고 명시하고 있다. 듀폰 서클에서 군중 대회를 마친 후 나는 150여 명의 시위 군중을 인솔해 대사관 방향으로 움직였다. 미국 경찰이 우리를 에워싸고 따라왔다.

나는 대사관에서 500미터 지점에 있는 Fairfax Hotel에 접근했을 때 잠시 경찰의 눈치를 살피며 정지했다.

뒤에서는 법 규정을 아는지 모르는지 여러 사람들이 "앞으로, 앞으로" 소리 질렀다. 나는 부지불식간에 뒤에서 나는 큰 소리에 밀려 행군을 다시 시작했다.

그런데 경찰이 저지하지 않고 우리를 따라만 왔다. 우리의 한국 민주화에 대한 결기와 열정을 평가하고 묵인한 것인지 그때 미국 경찰의 예외적인 대처에 지금도 놀랍고 고마움을 잊을 수가 없다. 우리는 대사관 정문 앞까지 가서 대사에게 박정희 대통령에게 보내는 항의 서한을 전달했다.

그리고 우리는 대절한 버스를 타고 모두가 백악관 앞으로 이동하여 3선 개헌 반대 플래카드를 들고 시위를 했다.

내 옆에는 임신으로 배가 부른 수희가 플래카드를 들고 그리고 2개월 후면 태어날 우리의 자랑스러운 아들도 함께 시위를 했다. 우리 아들 서황(瑞煌)이는 태어나기도 전부터 한국 민주화운동에 참여한 기록을 갖게 되었다.

나는 국내 정치 문제로 외국 정부에 호소하거나 지원을 바라는 것에 대해서는 부정적이다. 그러나 민주화, 자유 그리고 인권 문제는 초국가적 이슈로 국제적 연대를 통해 접근하는 것이 인류 문명에 기여하는 효율적인 길이라고 믿고 있다.

백악관 앞 데모와 〈N.Y.Times〉 기사

백악관 앞에서의 데모는 또 다른 이유가 있었다. 우리는 미주 동포의 3선 개헌 반대 입장을 현 정권과 국민에게 알려야 한다는 목적이 있었다. 나는 워싱턴 주재 한국 신문사와 통신사 특파원을 찾아가 미주 교포의 3선 개헌 반대 운동을 기사화해 줄 것을 여러 번 부탁했음에도 불구하고 전혀 언론 보도가 없었다.

그러던 중 어느 날 한국의 주요 신문들의 일면 하단에 우리의 범교포 차원의 3선 개헌 반대 운동을 소수의 불량한 교포들의 반대를 위한 반대 행위로 매도하고 폄하하는 큰 광고가 실렸다. 경악한 우리는 누가 그런 황당한 짓을 했는지를 알았을 때 더욱더 놀랐다.

그 당시 워싱턴 한인회가 처음 조직되어 임원진이 막 구성된 시기였다. 그런데 회장으로 우리가 도와서 선출된 자가 중앙정보부에 포섭되어 자금을 받아 이런 배신적 행위를 하였다. 이자는 이 공로로 후에 유정회 국회의원이 되었다.

이에 대응하여 우리도 기금을 모아 동아일보에 3선 개헌 반대 성명서를 내려고 했으나 동아일보는 우리가 요청한 날짜에 3선 개헌 반대 성명서가 실릴 지면이 없어 미안하다고 하면서 거절했다. 그래서 나는 궁여지책으로 백악관 앞에서 데모를 하기로 동지들과 의논하고 결행하였다.

미국의 주요 신문들이 우리의 데모에 대한 기사를 보도하면 우리의 3선 개헌 반대 운동이 한국에 알려질 거라 믿었다.

결국 우리가 바라던 대로 미국 도하 신문들에 우리의 시위가 보도되었고, 한국의 주요 신문들이 〈New York Times〉의 기사를 인용해 마지못해 짧게나마 기사화했다.

박사학위를 위해 미주리주립대로

사실 한때 나는 나의 진로에 대해 박사학위냐 개인 사업이냐 양자택일을 두고 심각하게 고민한 때가 있었다.

그런데 하루는 아내가 나의 고민을 눈치채고 "중국에 가서 장군 못되면 병신이고, 미국에 가서 박사 못하면 바보."라는 속담이 있다고 말했다.

이 말을 듣고 나는 내가 미국에 온 목적이 박사학위 취득을 위해서 공부하러 왔다는 것을 상기하고 정신이 바짝 들었다. 나는 만사 제치고 학위 취득만 생각하기로 결심하고 아내의 지혜에 감사했다.

1969년 가을학기부터 미주리 컬럼비아(Columbia)에 있는 미주리 주립대학교(University of Missouri)에 가서 공부하기를 결정하고 준비하고 있었다. 그런데 아내의 임신으로 부득이 한 학기를 연기하고 있다가 3선 개헌 반대 운동에 참여하게 되었다.

그러나 우리의 3선 개헌 반대는 수포로 돌아갔다. '3선 개헌 반대 범국민투쟁위원회' 위원장 김재준(1901-1987년, 한신대학교 설립에 공헌한 장로교 목사)으로부터 감사패를 받았다. 나는 미력이나마 내가 애국 활동에 참여한 일에 보람을 느꼈다.

결국은 개헌으로 박 대통령은 그의 장기 집권을 정당화하는 명분을 갖게 되었다.

나와 아내는 이런 좌절감을 극복할 수 있는 미래의 희망이 있었다. 새 생명인 우리 아들 서황이의 1969년 11월 11일 출생과 박사학위에 대한 기대였다.

1970년 1월 학기에 맞추어 일월 초순에 나는 U-haul을 빌려 볼품없는 가구들을 싣고 내 자동차에 연결하여 워싱턴을 떠나 미주리로 출발했다. 2개월 된 아기와 함께 자동차로 움직이니 매사에 조심하고 또 조심하면서 1,000마일 정도의 거리를 3일 걸려 무사히 컬럼비아 미주리에 도착했다.

예정된 대학원생의 주택, 침실 2개가 있는 아파트에 입주하여 짐을 풀고 나니 그때 33살의 나이에 다시 학생이 된 나를 실감하며 새로운 미래에 대한 걱정과 불안감이 이만저만이 아니었다.

대학에는 왔으나 앞날을 생각하면 기가 막혔다. 주머니에는 한 학기 등록금과 2개월 생활비가 전부이기 때문이다. 그다음은 나로서는 뾰족한 대책이 없었다. 내가 무모한 짓을 한 것 같아 불안하고 초조했다.

2개월 된 서황이의 앞날이 무엇보다 걱정되었다. 아무 준비 없이 대학에 온 나 자신이 무책임하고 한심하였다. 그러나 지금까지의 나의 삶이 모든 시련과 역경을 극복한 것처럼 이번에도 하나님의 가호가 있어 극복할 수 있으리라 믿으며 최선을 다해 노력해 보기로 마음을 다짐했다.

1개월 정도 지났을 때 집사람이 대학교 도서관에 취직하여 출근하게 되었다. 너무 감사했다. 이제 나는 큰 걱정 없이 공부만 열심히 하면 된다.

아들은 하루가 다르게 자라며 기어다니고 서고 걸음마 하고 커 갔다. 아들은 엄마 성품을 닮아 한없이 착하고 총명하다. 내가 강의가 있을 때만 베이비시터(babysitter)에게 맡기고 엄마가 퇴근할 때까지는 나와 지내며 많은 시간을 함께 보냈다.

1970년 초 그때는 PC(Personal computer)가 없었던 시대였다. 우리는 그 당시 연구 자료를 대학원 전산센터에서 컴퓨터 카드에 찍어 과제별로 15센티 또는 20센티 높이의 덱으로 쌓아 놓고 연구했다.

달리 보관할 곳이 없어서 좁은 방에 있는 식탁 겸 책상 위 한구석에 나는 카드 덱을 여러 개 쌓아 놓고 공부를 했다. 누구든 건드리면 카드 순서가 뒤범벅이 되어 카드를 다시 만들어야 한다. 이것은 시간과 노력의 낭비며 개인적으로 짜증 나는 일이다.

나는 혹시라도 아들이 건드려 뒤죽박죽 만들까 항상 걱정했다. 아직 말도 못 하고 알아듣지도 못하는 천방지축 어린 아들에게 절대로 건드려서는 안 된다고 신신당부했다.

알아들을 리가 없다. 그러나 서황이는 내가 학위를 마칠 때까지 단 한 번도 카드 덱을 실수든 고의든 건드리지 않았다.

나는 한 학기를 마치니 전 과목 A를 받았다. 물에 빠지면 지푸라기라도 잡는 심정으로 나는 무조건 강의조교(Teaching Assistantship)를 신청했다. 사실 나보다 먼저 와서 박사학위 과정에 있는 한국 유학생이 여러 명 있었으나 TA를 받고 강의조교를 하는 사람은 그때까지 한 사람도 없었다.

그래서 나도 별 기대는 하지 않았는데 강의조교로 다음 학기부터 강의하라고 연락이 왔다. 뜻밖에 통보에 놀라며 하나님께 감사 기도를 올렸다.

강의조교가 되면 등록금 전액 면제에 매달 월급이 나온다. 나는 학위를 마칠 때까지 강의조교를 계속했다. 집사람과 나의 월수입으로 우리는 경제적인 걱정 없이 살 수 있게 되었다. 집사람의 도서관 취직과 나의 조교 등 이런 행운이 우리 가족을 찾아 주어 나는 감사한 마음으로 열심히 공부했다.

그리고 감사한 일이 또 하나 더 있었다. 미주리대학교 아동교육학과는 육아교육을 위한 부속 유아원을 운영했다. 우리 아들 서황이는 두 살이 되면서 아침부터 엄마가 퇴근할 때까지 유아원에서 교사들의 사랑과 가르침을 받고 건강하게 자랐다.

대학교에서 근무하는 직원의 배우자가 같은 대학에 재학 중인 학생이면 이들의 자녀에게는 무상보육을 제공하여 납입금이 없다. 서황이는 엄마 덕에 좋은 보육 환경에서 다양한 프로그램으로 매일 즐겁고 재미있게 유아 시절을 보냈다.

그리고 학기 말이 되면 실습으로 서황이를 맡아서 돌보는 학생이 학점을 받기 위해서 보육원에서의 서황이의 생활과 성장 과정을 관찰하며 쓴 논문의 복사본도 보내 주었다.

학위 취득을 가능케 한 나만의 비결

1975년 박사학위를 받고 지도 교수 David Leuthold와 그리고 집사람과 함께

나는 폐병과 고달픈 삶으로 인해 항시 허약하고 피곤하고 힘들었다. 그러나 내색을 하지 않고 건강한 척하며 열심히 살았다. 워싱턴의 의사 선생이 폐병이 완치되었다고 말하자 나는 무엇보다 잃어버린 근육부터 회복하겠다고 마음먹고 운동을 규칙적으로 하기로 했다.

그래서 정구를 쳐 봤는데 몸이 쇠약하여 감당이 안 되었다. 다른 운동을 찾아봐도 힘들기는 마찬가지였다.

누가 골프를 권해서 아침 일찍 워싱턴의 포토맥(Potomac) 강변에 있는 골프장에 가서 걸으며 골프를 치기 시작했다. 이 운동은 내가 감당할 만했다. 잘 먹고 아침마다 운동하니 서서히 건강이 회복되고 근육이 돌아오는 것을 느낄 수 있었다. 건강을 회복하면서 골프에 재미를 붙이고 좋아하게 되었다.

미주리대학교는 18홀 골프장을 운영하며 등록금 납입 시 소액의 체력단련비를 내면 골프장 이용이 무료다. 나는 강의가 없는 시간에 날씨가 허락하면 무조건 골프장으로 갔다. 서황이가 집에 있으면 서황이를 업고 가서 공을 치며 운동을 했다. 나의 건강은 눈에 띄게 달라졌다.

도서관이나 집에서 책을 펴고 읽다 보면 피곤해서 잠들곤 했는데 운동을 꾸준히 계속하니 집중력이 향상되고 기억력도 몰라보게 달라지는 것을 느꼈다. 시일이 지나면서 몇 사람이 농처럼 공부하러 온 것이 아니고 골프 치려고 온 것 같다고 했다.

 사실 나 자신도 놀랐지만 나는 시간이 허락하는 한 낮에 골프 치고 샤워하고 저녁 먹은 후 6-7시간을 집중적으로 공부하는 습관이 일상화되어 공부가 무척 쉬워졌다. 집중적으로 매일 하니 능률도 높아지는 것을 느낄 수 있었다. 낮에 도서관에서 책을 펴 놓고 잡념이나 졸음으로 시간을 낭비하는 것에 비하면 나의 공부 비결은 누구에게도 말할 수는 없었으나 나에게는 최상의 효율을 내는 방법이었다.

 나는 누가 뭐라 해도 이 방법을 고수하기로 했다. 그리고 좋은 교수의 지도하에 미국 정치를 전공하며 이 공부 비결로 인해 비교적 남보다 빨리 학위를 마칠 수 있었다.

 학위에 필요한 과목 모두를 이수한 후 종합시험에 합격해야 논문을 시작할 수 있다. 나는 내 비결의 도움으로 종합시험 준비를 다 마쳤다.

 박사학위 심사위원회의 교수 다섯 분이 나의 종합시험 볼 날을 정하기 위해서 모였다. 그 5인 중에 나를 개인적으로 아는 한국인 교수가 있었다. 그는 내가 골프만 치고 준비가 부족할 것이라 생각하여서인지, 혹은 나를 위해서인지는 모르나 무조건 내가 시험 볼 날을 늦출 것을 주장했다. 그러나 다른 미국 교수 네 분은 나를 믿고 다수결로 결정한 후 내가 원하는 시일을 알려 달라고 했다. 네 분 교수님의 공정한 판단력과 지원에 감사한다.

 나는 준비가 이미 됐으니 언제나 좋다며 한 주 후에 종합시험을 보기로 했다. 나는 전 과목을 한 번에 모두 합격하였다.

나처럼 나이 든 노학생이 전 과목을 한 번에 모두 합격을 하다니 자랑할 만한 쾌거였다. 나는 조용히 논문 준비에 몰두하며 나의 다음 행보를 구상하였다.

　　지금도 나는 내 방법에 만족하며 나만의 특별한 비결로 무난히 박사학위를 받고 신체의 건강도 좋아지고 이를테면 이것이야말로 소위 일석이조, 일거양득이 아니던가.

좋은 인연을 만들어 준 유학 생활

미주리대학교에서 공부하면서 좋은 분들을 많이 알게 되었으나 나에게는 특히 잊을 수 없는 두 분의 은사가 있다. 한 분은 나의 학위 심사위원회의 위원장 겸 지도 교수였던 David Leuthold 교수이다.

미주리대학교에 가서 처음 치는 시험이었다. 시험장으로 가는 길에서 나는 그 교수를 우연히 만나게 됐다. 다가가서 교수에게 "외국 학생으로 영어가 서툴러 시험시간에 마치지 못할 경우 추가 시간을 주면 고맙겠다."라고 말했다. 그런데 그는 돌아보지도 않고 "No." 하고는 앞만 보고 가 버렸다.

나 스스로 민망하기도 하고 그가 밉기도 했으나 나는 무조건 시간 내에 제출하기로 마음을 독하게 먹었다. 그리고 그분의 처사가 모두에게 공평하기 위한 당연한 일이라고 생각했다.

그는 매사에 공평하고 원칙에 충실한 교수였다. 나는 그 과목에서 A학점을 받았다. 이것이 인연이 되어 나의 전공을 비교 정치에서 미국 정치로 바꾸고 그분이 나의 지도 교수가 되었다. 나의 마지막 1년도 강의조교 TA직을 받게 되었다고 알려 주고 그분은 한 학기를 오리건 주립대학교에 교환 교수로 갔다. 그가 떠난 며칠 후 정치학과의 한국인 교수가 나에게 전화를 하여 나의 TA직이 취소됐다고 말해 주었다.

이상해서 알아봤더니 자기가 지도하는 나보다 먼저 와서 5년 차 박사 과정에 있는 한국 학생에게 나의 TA직을 뺏어서 주려고 한 일이었다.

즉시 오리건주에 가 있는 나의 지도 교수에게 전화를 걸어 이 사실을 알렸다. 그는 나에게 염려하지 말라고 하며 곧 연락할 테니 기다리라고 말했다. 얼마 후 그는 전화로 잘 해결되었다고 알려 주었다. 한국인 교수의 속 보이는 갑질이 참으로 수치스럽고 유감스러웠다.

이분이 내가 종합시험을 칠 때 시험 보는 것을 늦추자고 박사학위 심사 위원회에서 혼자 극구 반대했던 바로 그 사람이다.

내가 잊지 못할 또 한 분의 은사는 동남아 정치를 전공한 Marvin Roger 교수이다. 내가 비교 정치를 전공하며 한국 정치로 박사학위 논문을 생각 하고 있을 때 이분이 한국에 관해 연구하고 학위를 받을 생각이면 한국에 서 하지 굳이 미국까지 와서 한국을 연구할 필요가 있느냐고 이해가 안 된 다는 표정으로 나를 쳐다보았다. 나는 Roger 교수의 말에 내 생각이 한참 짧음을 깨달았다. 그분과 진지하게 이야기를 나누었다. 그리고 미국 정치 를 전공하기로 결정하였다.

사실 Roger 교수가 Leuthold 교수에게 나를 강력히 추천해 주어 내가 중 도에 전공을 바꿀 수 있었다. Roger 교수와의 친분은 학위를 마칠 때까지 그리고 그 후도 오래 계속되었다. 또한 가족끼리도 친하게 가깝게 지냈다.

내가 학위 논문을 준비하며 매 Chapter를 쓸 때마다 심사위원들이 돌아 가며 읽고는 고쳐야 될 부분들을 지적해 준다. 그러면 나는 그 부분들을 개선하기 위해 엄청 연구하고 고생해야 한다.

Roger 교수는 내 학위 심사위원회 위원이 아닌데도 자기도 내 학위 논 문을 꼭 읽어 봐야겠다고 하며 많은 지적을 해 주니 고맙기는 하나 또 논 문을 고쳐야 하는 나는 너무 힘들었다.

그런데 Roger 교수는 자신이 나보다 더 급한 상황에 놓여 있었다. 그분 은 종신 재직권(Tenure)을 따기 위해 권위 있는 학술지에 두 편의 논문이 기한 내에 실려야만 하는 입장이었다. 논문을 위해 그는 조용한 방 하나를 빌려 밤낮없이 집에도 가지 않고 연구에 몰두해야 할 처지에 있었다.

그런데도 내 논문은 자기가 꼭 읽어야만 된다고 했다. Roger 교수의 배려와 도움에 감사하며 힘이 들어도 그분의 지시를 참고하며 논문을 완성했다.

나의 학위 논문은 미국의 대의민주주의 제도가 얼마나 미국 국민의 이념, 가치 및 사회경제적 특성을 반영하고 있는지를 실증적이고 계량적 방법으로 분석한 연구물이다.

논문 제목은 〈미시간주와 미주리주 정부의 대표성(Representativeness of Legislators, Administraters and Judges in Michigan and Missouri)〉이다.

이 두 분 교수의 학문적 지도와 따스한 인간미를 나는 고맙게 생각하면서 이 기억을 내 평생 소중히 간직하고 살고 있다.

김대중 선생의 처남 이성호의 전화

일찍이 미국 유학을 준비하면서 나는 한 번도 워싱턴을 생각해 본 적이 없었다. 그런데 무일푼으로 미국 생활을 시작해야 하는 나에게 워싱턴에서 공부하고 있던 대학 동기 정태동(1937-2020년, 외교관 태국대사관 대사)과 서신으로 서로 연락하며 유럽에서 내가 어려운 처지에 처한 것도 의논하게 되었다. 이 친구가 나의 딱한 사정을 알고는 고맙게도 고생을 함께 하고 지내자며 워싱턴으로 오라고 했다.

친구 따라 강남 간다는 마음으로 무작정 워싱턴으로 갔다. 친구 집에서 잠시 기거하다가 식당에서 일을 하게 되면서 독립했다. 나는 결국 선택의 여지없이 6년이 넘게 그곳에서 살았다. 결과적으로 나에게는 큰 축복이었다.

나는 워싱턴에서 살면서 많은 좋은 분들과 교분을 나누며 의미 있는 삶을 살 수 있었다. 또한 유학생회 회장이 되어 김영삼 총재를 위시하여 서울에서 온 정치가며 저명인사들을 만나는 좋은 기회를 가질 수 있었다.

다른 도시에서 미국 생활을 시작했더라면 아마 나는 지금의 내가 아닌 다른 사람이 되어 지금처럼 만족하고 보람 있는 삶을 살지 못했을 것이다.

워싱턴에서 좋은 교분을 나눈 많은 사람들 중에는 이성호 사장이 있었다. 그는 천성이 선하고 어진 선비 같은 분이다.

그리고 이희호 여사의 남동생이다.

미주리대학교에서 공부하고 있던 어느 날 이 사장이 안부전화를 걸어왔다. 이런저런 이야기를 하던 중에 그가 지나가는 말로 자기 자형인 김대중(1924-2009년, 제15대 대통령) 선생에 대한 이야기도 했다.

나는 그때까지 김대중 선생에 대해서는 별 관심이 없었다. 그는 말하기를 자형이 일본 방문 중에 유신 헌법이 국민투표로 확정(1972년 11월 27일)되자 귀국하지 않고 LA로 왔다고 했다. 교포들의 환영과 호의를 기대했는데 반면에 김 선생에게 미온적이라 많이 실망하고 있다고 말했다. 그당시 LA 교포들은 중앙정보부의 위세를 많이 의식하고 있었기 때문일 수도 있었다.

미주리대학과 김대중

미주리대학에 오신 김대중 선생과 저자

전화를 끊고 나서 나는 김 선생에 대해 관심을 가지고 알아보았다. 1971년 제7대 대통령선거에서 야당 후보로 출마하여 박정희와의 경선에서 90여만 표 차로 석패한 것을 알았다. 한국의 민주화를 열망하는 나는 김대중 선생을 우리 대학에 초청하여 대학생, 대학원생 그리고 교수들을 상대로 그의 민주화운동과 한국의 정치 상황에 대한 강연 또는 세미나 등을 가지면 좋겠다는 생각을 했다. 그러나 초청할 방법이 없어서 고민하던 중에 대학교에 이런 프로그램을 위한 기금이 있다는 것을 알았다.

그때 나는 미주리대학 학부에서 공부하는 유능하고 장래가 촉망되는 당찬 청년 조태권(현 광주요 회장 겸 최고경영자)을 알게 되어 동생처럼 친하게 지내고 있었다. 그는 그 당시 학생회 활동에도 적극적으로 참여하여 지도력을 행사하고 있었다. 나는 그에게 나의 의도를 설명하며 함께 김대중 선생 초청 기획안을 만들어 대학에 제출하고 성사시키면 좋겠다고 했다. 그는 즉석에서 동의하며 기획안을 주면 최선을 다해 보겠다고 했다.

며칠 후 조태권은 학교가 초청 비용 전액을 지불하기로 결정했다고 알려왔다. 별 기대를 하지 않고 시도했던 일이 조태권의 당찬 추진력과 설득력으로 이렇게 만족스럽게 성사되어 나는 놀랐다.

대학은 왕복 항공료와 6일간의 호텔 및 식비 그리고 강연료를 포함하여 일체의 비용을 승인했다.

나는 즉시 이성호 사장에게 전화하여 이 사실을 알리고 김 선생의 방문 일정을 정해 10일 이내로 알려달라고 했다. 이 사장은 너무 좋아하고 고맙다며 실의에 빠져 있는 자형에게 이 소식은 꿈에도 생각지 못했던 기회로 향후 그의 미국에서의 활동에 활력소 역할을 하는 계기가 될 거라며 기뻐했다.

그렇게 김대중 선생은 꿈에도 예상하지 못했던 미주리대학교에서 초청을 받고 와서 나와의 인연이 시작되었다. 그는 5일간 바쁜 일정을 강연, 세미나, 교수들과의 토론 그리고 기자와의 인터뷰 등으로 만족스러운 시간을 보냈다. 이 모든 행사에 아침부터 저녁까지 내가 김 선생을 모시고 다니며 통역을 하였다.

그렇게 지나는 동안에 김 선생은 나에게 무슨 마음에서인지 "미스터 조는 내가 집권해도 야당 할 사람이야." 이런 말을 하셨다. 그런데 이 말이 딱 들어맞았다. 그분이 대통령이 되어 5년 임기를 마칠 때까지 나는 야당 국회의원이었다.

김대중 선생의 대북관에 대한 나의 의문

　그의 초청 방문은 대학에도 그분에게도 만족스러운 결과를 안겨 준 성공적 이벤트였다. 이번 초청 방문은 김대중 선생이 향후 미국에서의 한국 민주화를 위한 자신의 활동에 대한 자신감과 왕성한 의욕을 갖게 된 계기가 되었다.

　미주리대학교에서 김대중 선생을 초청한 것이 소문이 나서 주변 대학의 한국인 교수들이 그를 초청하면서 선생은 분주하기 시작했다.

　그 후 일 년 정도 지났을 무렵인 1974년 7월에 이성호 사장이 나에게 초청장과 워싱턴 왕복 항공권을 보내왔다. 워싱턴 Mayflower Hotel에서 열리는 '한국민주회복통일촉진국민회의(한민통)'의 창립총회에 나를 발기인의 한 사람으로 초청한다며 꼭 참석해 달라고 부탁했다. 나는 감사히 생각하며 참석하였다.

　그러나 이 창립 총회의 진행과정에서 나는 김대중 선생의 대북관에 대해 의문을 갖게 되었다. 철저한 반공주의자이며 김일성을 반대하는 나는 한민통 창립과 김대중 선생의 유화적인 대북관에 다소 석연치 않은 점들을 느끼고 향후 행보에 거리를 두고 지켜보기로 했다.

　왜냐하면 국제정치에서 유화정책은 '적에게 때가 오면 재주껏 나를 잡아 드세요'라고 하는 정책에 불과하다. 역사적으로 볼 때 유화정책은 평화 대신 전쟁을 불러오곤 했다. 영국의 제60대 총리였던 아서 네빌 체임벌린의 나치 히틀러와의 '뮌헨협정'이 대표적인 유화정책이다. 이는 히틀러로 하여금 전쟁 준비를 위해 충분한 시간을 번 후 영국을 위시해 대부분의 유럽 국가들을 무차별 폭격으로 전쟁의 지옥에 몰아넣은 실패한 협정이고 한마디로 비극적 유화정책이었다. 그리고 유화정책은 계속 실패할 것이다.

그런데 김대중 선생은 이런 유화정책으로 북한을 변화시켜보겠다고 호언장담하고 4억 5천만 불을 뇌물로 보내 김정일을 만날 수 있었다. 그러나 그의 대북 유화정책은 변화 대신 결과적으로 북한에 대한민국이 이용당하고 북한의 핵 위협을 증대시키고 북한의 적화 통일 공작을 간접적으로 돕는 정책이 되고 말았다. 나는 처음부터 이런 결과를 예상했고 그의 유화적 대북관에 회의를 느끼고 그의 대북 햇볕정책을 극구 반대하게 됐다.

총회가 끝나고 김대중 선생은 곧 일본에 가서 한민통 조직을 만들고 온다며 우리와 작별했다.

그 후 나는 그가 동경에서 납치되어 생사를 넘나들다 6일 만에 서울 집 앞에 버려진 신문 기사를 읽었다.

대학교수가 된 후의 나의 선택

교수가 된 후 서울에 가 김영삼 총재를 만난 저자

1975년 5월 박사학위를 받고 Mississippi Industrial College에서 9월 학기부터 조교수로 강의를 시작했다. 그리고 일 년 후 나는 Alcorn State University, Mississippi로 옮겼다. 집사람도 나와 같은 대학교 도서관에서 근무하게 되었다. 교수직과 함께 다소 여유가 생긴 나는 한국의 민주화를 위해 미력이나마 무엇이든 해야 하겠다고 생각했다.

내가 워싱턴 한국 유학생회 회장으로 있을 때 워싱턴을 방문한 김영삼 (1927-2015년, 제14대 대통령) 총재를 그의 매제인 김창원 박사의 소개로 만나 본 적이 있었다. 이런 인연으로 나는 한국의 민주화를 위해 헌신하는 김영삼 총재나 미주리대학에서 인연을 맺은 김대중 선생에게 미력이나마 도움이 되는 일을 스스로 찾아 하기로 했다.

미국 조야의 동향과 한국에 대한 이들의 관심이나 활동 그리고 한반도 문제 전문가들의 입장이나 견해를 아는 대로 정리해 알려 드리는 일을 자진해서 했다. 이것은 전적으로 내가 스스로 선택한 일이었다.

이런 일을 위해 나는 일 년에 강의가 없는 부활절 휴일 기간, 여름 방학 기간과 겨울 방학 기간 모두 3번을 서울에 가서 김 총재의 상도동 집과 김 선생의 동교동 집에 불청객으로 방문하였다. 반복적으로 꾸준히 방문을 계속하니 이분들도 나의 방문을 환영하는 것 같았다.

김 총재는 인정이 많고 배려심이 깊은 분으로 청렴한 대학교수의 여비 걱정을 하시며 도움을 주려고 마음을 쓰셨다.

김영삼 총재와 김대중 선생은 여러 면에서 대비되었다. 한 가지 예를 들면 김 총재는 주로 마주 앉아서 차를 따라 주며 나의 이야기를 경청하는 분이고, 반대로 김대중 선생은 자기 생각이나 입장을 상대에게 주로 주입 시키려고 하는 분이었다.

대한제국 마지막 황세손 이구(李玖, 1931-2005년)

영친왕이 손수 건립한 사저로 동경의 한 불란서 식당이 된 건물에서 만난
황세손 이구와 저자

만학으로 고생 끝에 박사학위를 받고 대학교수가 된 나는 1976년 여름 방학 때 고국을 떠나서 13년 만에 처음 집사람과 일곱 살 된 아들 우리 셋이 그동안 보지 못했던 가족들을 만나러 한국에 갔다. 서울에 사시는 늙으

신 어머님과 형의 가족들을 눈물겹도록 반갑게 만났다. 그리고 부산과 진주에 가서 처갓집 가족들도 즐겁게 만나고 진주에서는 장인 장모의 산소에 가서 성묘도 했다.

미국으로 돌아가는 길에 일본을 경유하는 나의 여정을 알게 된 친한 친구가 도쿄에서 이구 씨와의 만남을 주선해 주었다.

이구 씨는 태손이나 세손으로 책봉해야 할 황제인 고종이나 순종 모두 승하한 뒤에 태어나서 공식적으로는 황세손에 봉해진 적은 없었다.

그러나 대한 제국의 마지막 적통 직계손인 역사적인 인물인 이구 씨를 만나 볼 수 있다는 것은 나와 우리 가족에게는 기억에 남을 특별한 일이었다.

동경에 도착해 휴식을 취한 뒤 다음 날 이구 씨에게 전화하니 명쾌한 어조로 반갑다고 하면서 아가사카 프린스호텔 별채에 불란서 식당이 있으니 그날 저녁 6시에 그곳에서 만나서 저녁 식사를 같이 하자고 초청하였다.

낮에는 일본 천황의 궁성과 도쿄 명승지들을 관광하고 저녁에 약속 장소로 갔다. 우리가 도착하니 먼저 와서 기다리던 이구 씨는 반갑게 우리를 맞아 주었다.

호텔 이름에 포함된 프린스란 대한 제국 마지막 황태자 영친왕을 의미한다는 설이 있다. 예약된 2층 방으로 우리는 계단을 올라갔다. 이구 씨가 방문을 열며 먼저 들어가라고 손으로 안내했다. 나는 그분이 나보다 나이도 많고 더욱이 황세손이라 먼저 들어가는 것이 당연하여 먼저 들어가시라고 말했다. 우리는 거의 5-6번 서로 먼저 들라고 하며 예의를 갖추다 나는 그분이 결코 양보하지 않을 것 같아서 더 고집하지 않고는 우리 가족이 먼저 들어갔다.

방에 들어가니 이구 씨가 이 방이 바로 영친왕(의민 황태자)과 이방자 여사의 침실이고 또 자기가 태어난 곳이라고 말했다. 나는 잠시 숙연해지며 그 방의 분위기에 압도되었다. 한쪽 벽에는 붙박이 긴 거울이 두 개 나란히 있었다. 내가 키가 크다 보니 내 턱 밑보다 낮은 거울이었다.

이구 씨는 거울을 가리키며 영친왕이 자신의 전신을 볼 수 있도록 거울의 길이를 그의 신장 길이와 똑같이 만들었다고 했다.

영친왕과 가족이 거처할 사저로 1930년에 서양식으로 설계하고 건축한 건물인데 결혼한 지 10년 되던 그때부터 살던 저택이라고 했다. 건물 구조가 특이했으나 무엇보다 인상에 남은 것은 층계의 손잡이가 정교하고 아름답게 조각된 장미목으로 만들어진 멋지고 우아한 작품 그 자체였다.

영친왕은 일본이 패전국이 되고 새 헌법이 시행되면서 일본 왕족의 지위와 국적을 잃고 평민으로 격하된 후 수입이 없어 생활고에 시달렸다. 그래서 호구지책으로 이 사저를 팔았으며 이 사저는 그때는 고급 불란서 식당으로 영업 중이었다. 그러나 지금은 결혼식이나 연회장으로 이용되고 있다고 한다.

그런데 특이한 것은 그때 이 식당에서 이구 씨를 평민 아닌 황세손으로 깍듯이 대접하며 모셨다는 것이다. 호칭도 전하(殿下, 덴가)라고 불렀다.

우리는 불란서식 쇠고기 구이로 식사를 했는데 주방에서 요리하여 가지고 올라와서 서빙하지 않고 주방장이 직접 모든 재료들을 가지고 웨이터 두 명을 데리고 와서 우리가 보는 앞에서 요리하여 대접하였다.

식사가 끝날 때까지 웨이터는 우리가 앉은 의자 뒤에 서서 시중들며 후식도 누가 먼저 손대지 않은 케이크를 보여 주고 제일 먼저 잘라서 대접하였다. 이를테면 믿고 안전한 음식을 먹는 황실 예법을 갖춘 저녁 식사였다.

미국 명문 대학 MIT에서 건축학을 전공하여 건축가가 된 이구 씨는 유창한 영어로 우리와 대화를 했다. 우리는 이런 특수한 분위기에 빠져 허물없이 많은 이야기를 나누며 즐거운 저녁 시간을 가졌다.

그리고 어머니 방자 여사가 쓴 휘호도 선물로 받았다. 우리는 훗날을 기약하며 작별 인사를 했지만 이구 씨의 별세로 그때의 만남이 처음이자 마지막이 되었다. 권위 의식이 전혀 없는 친절하고 겸손한 그의 품위 있는 모습이 지금도 내 눈앞에 선하다.

안타까웠던 것은 이런 역사적인 건물을 식당으로 방치하고 무관심 속에서 역사적 유물의 소중함을 소홀히 하는 우리 정부의 처사에 나는 몹시 서운했다. 반일 감정이나 조선 왕조에 대한 비판적 국민 정서를 몰라서 하는 이야기가 아니다.

고고학자들은 역사적 유물을 하나라도 더 찾기 위해 엄청난 시간과 비용을 쓰면서 인내심과 신중함을 다해 발굴하고 또 보존에 열과 성을 다하고 있다. 그리고 선진국 대부분의 정부는 많은 예산을 투입해 이런 역사적인 유물 보존을 지원하고 있다.

나는 미국에 돌아와 즉시 정부에 청원의 글을 보냈다. 즉 이 건물을 정부가 매입해 박물관이나 기념관으로 관리 운영하는 것이 민족의 자존감을 지키는 일이고 우리 후손들에게도 교훈이 될 수 있는 역사적 건물이라 생각되어 정부가 나서 주어야겠다고 청원했다.

그러나 나는 가부간의 회신을 정부로부터 받지 못하였다. 아직까지도 이 건물이 일본인의 연회장으로 사용되고 있는 현실에 안타까움을 금할 수 없다.

언젠가 정부나 독지가가 나타나 이 문제를 심도 있게 검토해 우리 국민
이 받아들일 수 있는 좋은 해결책이 나왔으면 한다.

헌법개정 공청회와 내각책임제

1979년 박정희 대통령 피격사건 후 그해 12월 27일 신민당은 헌법개정 공청회를 마포 가든 호텔에서 개최했다.

나는 연사로 초청되어 공청회 2일 전에 급히 서울에 갔다. 공청회 전날 신민당 정책실장이 호텔로 찾아왔다. 그분은 조심스럽게 신민당은 권력구조에 있어 '대통령 중심제'가 당론이니 나보고 대통령중심제를 강조해 주면 고맙겠다고 했다.

나는 정치학도로서 평소 한국은 내각책임제가

1) 민심을 정책에 제대로 반영하고
2) 입법부와 행정부가 대립보다는 협력 관계에서 국정 운영의 효율화를 도모하고
3) 국론 분열보다는 국민 통합과 협치의 묘미를 보다 잘 살릴 수 있는 제도라고 생각했기에,

'내각책임제'가 한국에 적합한 권력 구조라고 항상 생각하고 있다. 그래서 공청회에서 이를 강조하기로 준비했었다.

그런데 정책실장의 말을 듣고 나는 그에게 신민당의 나팔수를 기대했다면 나는 정치학도의 양심으로 그 역할을 할 수 없어 돌아가겠다고 하니 그분도 알겠다며 그냥 돌아갔다.

공청회에서 나는 내 생각을 내 소신대로 피력했다. 마음속으로 대단히 미안했다. 김영삼 총재는 이에 대해 가타부타 아무 말씀이 없었다.

그러나 나는 공청회에 연사로 참여한 일로 감사패를 받았다. "감사패, 조웅규 박사, '귀하는 새로운 민주시대를 창출하기 위한 헌법 개정에 깊은

관심을 가지시고 우리 신민당의 헌법개정 공청회의 연사로 참석하시어 진지한 충고와 탁월한 의견을 개진하여 우리 당의 헌법개정 작업에 크게 공헌해 주셨기에 그 감사함을 이 패에 담아 드립니다.' 1980. 1. 12. 신민당 총재 김영삼."

나는 아직도 이 감사패를 소중히 보관하고 있다. 그리고 나름대로 민주시대를 여는 신민당의 헌법개정 공청회에 연사로 참석할 수 있는 의미 있는 기회를 얻게 된 것을 감사히 그리고 영광으로 생각한다.

나는 미국으로 돌아가기 전에 인사차 동교동 김대중 선생을 방문했다. 방에 들어서자마자 김 선생은 나를 보며 대뜸 왜 자기를 만나지 않고 공청회에 나갔냐고 불만스럽게 말했다. 나는 시간이 없어 미안했다고 하며 왜 내가 선생님을 공청회 전에 꼭 뵈었어야 했느냐고 물었다.

그는 주저 없이 자기를 만났으면 내가 공청회에서 대통령중심제를 주장했을 거라며 몹시 아쉬워했다.

나는 속으로 이분이 대통령 병에 걸려도 많이 걸렸다고 생각하며 대통령 자리가 이런 분들의 먹잇감이 되면 걱정이라고 생각했다.

나를 실망시킨 또 다른 일이 생각난다.

김대중 선생의 민주화 속셈

1983년 8월 15일 12시에 워싱턴에서 가까운 버지니아 알링턴시의 한 호텔에서 김대중 선생이 아주 중요한 성명서 발표가 있으니 참석해 주면 좋겠다고 연락이 왔다. 나는 서둘러 비행기로 미시시피에서 워싱턴으로 가서 모임 장소에 도착했다. 그곳에는 기자들과 김대중 선생 지지자들이 주로 많았다.

이 성명서는 김영삼 총재와 김대중 선생이 한국 민주화를 위해 다시 손잡고 협력하겠으니 성원해 달라는 국민에게 드리는 호소의 공동성명서이다. 12시 30분이 지났는데도 김 선생은 보이지 않았다. 좀 시간이 지나니 김 선생의 비서로 수고하는 김경재(15대·16대 국회의원, 자유총연맹 총재)가 나에게 다가와서 도움을 청했다.

성명서는 8월 15일 12시를 기해 서울에서는 김영삼 총재가 미국에서는 김대중 선생이 서울에서 보내온 성명서를 현지 시간 낮 12시에 원안대로 발표하기로 합의했다고 한다. 그런데 김 선생께서 검토 후 마지막 한 문장만은 동의할 수 없었다고 한다.

서울은 미국보다 시간이 앞서서 이미 발표된 후라 미국에서 발표할 성명서에서만 한 구절을 삭제할 것인데 이 사실을 나보고 김영삼 총재에게 알려 양해를 구해 주면 좋겠다고 부탁했다.

서울은 시간이 새벽 3-4시 사이인데 전화로 무조건 한 문장 삭제하니 양해해 달라고는 말할 수 없는 일이고 또한 대단한 무례인 것 같아서 나는 김경재에게 삭제할 내용을 내가 먼저 알아야 뭐든 할 수 있다고 했다. 그는 잠시 기다리라고 하고는 김대중 선생이 머물고 있는 방으로 갔다가 돌아왔다.

삭제하고자 하는 구절은 '박정희 시해로 민주화의 봄이 왔을 때 우리 두 사람이 단합하지 못하고 분열해 민주화에 실패한 과거를 국민들이 용서하고 앞으로 더 뜨거운 성원과 지지를 보내 주면 고맙겠다'는 내용이었다.

이 문구를 꼭 삭제하고자 했던 김 선생의 이유가 무엇인지 나는 모르겠다. 그러나 김 선생은 특히 '실패한 과거를 국민들이 용서하고' 이 말이 마음에 들지 않았던 것 같았다.

나는 평소 대의민주주의는 주권자인 국민을 모시고 그들의 뜻을 받들어 그들이 위임한 권한으로 정치를 사심 없이 국리민복을 위해 최선을 다하는 것이라고 알고 있다. 그래서 나는 김 선생의 민주주의에 대한 인식에 문제가 있다고 생각하게 되었다. 인간관계에서 우리는 과거의 잘못을 문제 삼지 말고 도와달라고 할 수 있다.

그러나 분명한 것은 두 분이 분열하여 전두환에게 권력을 뺏기고 국민의 민주화 염원에 부응하지 못한 책임이 있는 것이 사실이다. 그러므로 주권자인 국민에게 우선 용서를 구해야 하는 것이 민주화를 바라는 지도자의 도리며 양심이라고 나는 생각했다. 그런데 김 선생은 무슨 이유인지 주권자인 국민에게 용서를 빌지 못하겠다는 입장이었다.

나는 이해할 수 없었다. 그리고 대단히 실망스러웠다. 이런 분이 대통령이 되겠다고 하니 우리나라 민주주의의 미래가 걱정스러웠다.

그러나 나는 지금은 민주화가 우선이고 김 선생의 입장은 후 순위라고 생각하고 김 총재에게 일단 전화하기로 했다.

전화를 하니 비서가 받았다. 나를 소개하며 총재와 통화를 원한다고 하니 주무시는데 아침에 다시 전화하라고 했다. 나는 시급을 요하는 중요한 용건이라 기다릴 수 없다고 했더니 총재를 바꿔 주었다.

총재는 이 새벽에 웬일이냐며 걱정스럽게 물었다. 나는 상세히 다 말씀 드렸다. 총재께서는 언제나 그랬던 것처럼 먼저 나에게 조 교수는 어떻게 하면 좋겠냐고 내 의견부터 물으셨다. 바로 이런 자세가 민주 지도자의 국민을 먼저 생각하는 마음이라고 생각했다. 속으로 참 덕과 지혜를 갖춘 인품이 고매하신 지도자라고 생각하며 반면 김대중 선생의 이해되지 않는 처사가 더 부정적으로 느껴졌다.

나는 김 총재에게 지금은 민주화를 촉진하기 위해 두 분의 단합이 우선이니 김 선생의 입장을 양해하는 것이 좋겠다고 말했다. 총재께서 그렇게 하라며 수고가 많다고 하며 전화를 끊으셨다.

그래서 김 선생은 김 총재의 양해를 얻어 그 문장을 빼고 성명서를 발표했다. 작은 일 같으나 많은 것이 함축되어 있는 것 같았다.

그 후 나는 김대중 선생의 정치이념, 애국심 그리고 민주주의에 대한 인식에 대해 많은 생각을 하며 나 나름 그의 언행에 대해 의심을 갖기 시작했다. 그는 민주국가에서 정치지도자가 되기에는 많은 결격사유를 가지고 있다고 나는 생각하게 되었다. 그래서 고심 끝에 김영삼 총재에게 내 생각을 말하기로 결심했다. 1985년 나는 서울을 방문할 때마다 김영삼 총재에게 민주화투쟁을 김대중 씨와 함께 하지 않아도 민주화를 성취할 수 있다고 역설하며 김대중 씨와의 관계에 대해 심사숙고해 주기를 부탁했다. 내가 세 번째 부탁했을 때 김 총재는 다소 불쾌하단 듯 나를 쳐다보며 다시는 김대중 씨에 대한 언급이 없으면 좋겠다고 강하게 말씀하셨다. 나는 그 후 김대중 씨에 대한 어떤 언급도 김 총재에게 하지 않고 내 입을 꼭 다물어 버렸다.

그런데 김 대통령이 퇴임 후 우리 국회의원 여럿을 상도동으로 불러 저녁식사를 하는 기회가 있었다. 김 대통령께서 느닷없이 김대중 씨의 정치 이념과 대북 관계에 대해 엄청 놀라운 사실을 털어놓으셨다. 내 귀를 잠시 의심하면서 가벼운 충격과 함께 나는 김대중에 대한 나의 오랜 의혹이 사실이었음을 확인할 수 있었다. 그리고 김 대통령이 진작 김대중 씨의 정체에 대해 제대로 알고 계셨다면 과연 우리의 근대사는 어떻게 달라졌을까? 많은 생각을 하게 되었다.

9부

미국 민주당과의 특별한 인연

미국 민주당의 NDI

자유 민주주의는 인류의 보편적 가치이다. 그러므로 각 나라의 민주화 운동은 국제적 연대를 통해 더 가속화할 수 있다고 나는 생각한다. 일찍이 한국의 민주화 촉진을 위한 국제적 협력의 필요성을 인지하고 나 스스로 모색하기 시작했다. 이러한 노력의 일환으로 나는 미국 민주당에 접근했다.

미국 민주당은 산하에 National Democratic Institute(NDI)란 기구를 두고 있다. 이 기구는 주로 당의 국제협력 업무와 국내외 정치 현안들을 연구 분석하는 조직이다. 나는 미국의 민주당과의 관계를 맺기 위해서 NDI에 내가 대학에서 미국 정치를 강의하는 교수인데, 1984년의 민주당 전당대회를 참관하고 싶으니 초청해 주면 고맙겠다고 요청하는 편지를 보냈다. 며칠 후에 초청장이 왔다.

전당대회는 미국 대통령 선거에 출마할 민주당 후보를 뽑기 위해 1984년 7월 16일 월요일부터 7월 19일 목요일까지 샌프란시스코 모스콘 센터에서 열렸다. 월터 몬데일(Walter Mondale) 전 부통령이 대통령 후보로 제럴딘 페라로(Geraldine Ferraro) 뉴욕 하원 의원이 부통령 후보로 지명되었다. 페라로는 주요 정당이 부통령에 지명한 최초의 여성이 되었다.

전당대회에서 나는 NDI의 간부들을 만나 한국의 정치 상황에 대한 의견 교환을 하며 친분을 맺고 자주 연락하기로 약속했다. 이를 계기로 NDI와 한국 민주화를 위한 협력 방안을 모색하며 내가 NDI와 한국 민추협 간의 가교 역할을 자임했다.

나는 NDI에 두 가지 프로젝트를 제안했다. 하나는 한국의 민추협을 위시한 민주세력들과의 유대와 협력 강화 차원에서 미국 민주당 대표단의 서울 방문 건이고 또 하나는 민추협에 속한 야당 국회의원들의 미국 민주주의와 정당의 역할에 대한 연수 프로그램으로 미국 방문 건이었다. NDI는 이 두 프로젝트에 찬성했다. 나는 즉시 서울에 가서 김영삼 총재에게 보고했다. 김 총재는 고맙다며 추진하라고 하셨다.

민추협과 NDI와의 협력 차원에서 제안한 두 프로젝트를 NDI가 승낙한 후 귀국해
이 계획을 김영삼 총재에게 설명하는 저자

야당 의원들을 분노케 한 김 대사

첫 번째 프로젝트:

민추협에 속한 야당 국회의원들의 '미국 민주주의와 정당의 역할' 연수를 위한 미국 방문이다.

"양국 정당 간 교류에 뜻깊어", 〈중앙일보〉, 1986. 4. 12.

미국 민주당 초청으로 방미 길에 오른 김동영 총무 등 신민당 대표단은 12일 상오 김포공항에서 김영삼 상임고문과 김상현, 황명수 씨 등 민추협 간부 및 박용만, 김현규 의원 등 2백여 명의 환송을 받으며 출국. 김 총무는 준비한 출발성명서에서 "한-미 경제 현안, 우리의 안보 및 평화 통일 문제 등에 대한 신민당의 입장을 미국의 조야에 전달, 설득하겠다."라며 "민주화는 우리 스스로 성취하겠지만 미국도 결코 오류를 범하지 않도록 이해시키겠다."라고 강조. 김영삼 고문은 "양국 정당 간의 교류는 이번이 처음이고 특히 우리 민주화에 대한 미 언론, 의회, 정부가 특별한 관심을 갖고 있는 때 교류가 실현돼 뜻이 깊다."라고 격려….

NDI 초청으로 민추협 소속 국회 방미단 단장인 김동영 의원과 저자 그리고 NDI 간부들

　민추협에 속한 김영삼계와 김대중계의 국회의원 16명이 김동영 의원을 단장으로 워싱턴에 무사히 도착했다. 이 프로젝트는 6일간 미 민주당에서 마련한 연수 프로그램을 소화하며 미 의사당 방문 및 미 의원들과의 면담 그리고 지역 명승지 관광 등으로 짜여졌다.

　이 행사 기간 중 어느 날 주미 한국 대사가 대사관저 만찬에 대표단 일행 전원을 초대했으니 저녁 6시까지 호텔에서 휴식을 취하라고 NDI 측에서 알려왔다.

　그런데 홀에 있던 국회의원들이 삼삼오오 모여서 웅성거리며 화가 난듯 언성을 높이고 있었다. 잠시 후 김동영 의원이 나에게 와서 주미 대사관저에 가지 않기로 결정했으니 NDI 측에 전해달라고 했다.

　이유는 국회의원들이 공식 일정으로 워싱턴을 방문했는데 야당 의원이라고 김경원 대사 이하 외교관 그 누구도 얼굴 한번 보이지 않다가 NDI 측에서 부탁하니 마지못해 준비한 저녁 식사 초대에는 가지 않는다고 했다. 그런 성의 없는 밥 먹으러 미국에 오지 않았다며 저녁은 자기들끼리 해결하겠다고 말했다.

나는 NDI 측에 이 같은 사실을 알렸다. 대체적으로 미국 사람들은 감정 표현을 자제하고 신중하다. 그럼에도 불구하고 이번에는 야당 의원들의 무례에 참기 힘들었는지 노발대발하였다.

내가 차분히 그 이유를 설명해 주었는데도 NDI 측에서는 용납할 수 없다며 국회의원들이 외국에 나와서도 여야로 갈려 감정싸움을 하니 이해할 수 없다고 말했다. 나는 진퇴양난의 입장에 놓였다.

내가 NDI를 설득해서 만든 프로젝트인데 이렇게 끝낼 수는 없다는 생각이 들었다. 이제 나는 야당 의원들과 NDI 양쪽 모두가 수긍할 수 있는 방안을 찾아서 이 골칫거리를 수습해야 할 입장이 되었다.

궁리 끝에 김경원 대사를 만나 해결하기로 하고 대사를 만났다. 단도직입적으로 대사에게 만찬이 무산될 경우 이는 외교적 참사이고 한국의 수치로 기록될 수도 있다. 그러니 결자해지 차원에서 김 대사가 김동영 대표를 찾아가 국회의원들 방미 시 예를 갖추지 못한 것에 대해 사과를 하면 나머지는 내가 수습해서 저녁 만찬을 성사시키겠다고 제의했다.

잠시 생각하던 김 대사는 그렇게 하겠다고 말하며 일어나 호텔로 향했다. 나는 호텔 복도에서 기다렸다.

김동영 의원 방에서는 여러 사람들이 김 대사에게 야단치고 있는지 복도까지 큰소리가 들렸다. 나는 저렇게라도 분풀이하고 마음을 돌려 제시간에 대사관저로 모두 가 주기만 바랐다. 관저에는 미국 손님들도 초청되었기에 만약 한국에서 온 귀빈들이 참석 안 하면 한국 망신이라고 생각하며 몹시 불안했다.

시간이 좀 지나서 방문이 열리고 얼굴이 벌게진 김 대사가 굳은 표정을 하고 나왔다. 나는 급히 김 의원 방에 들어갔다. 김 의원이 씩 웃으며 모두 가기로 했다고 말했다.

미국에 와서 한국이 외교적인 망신을 당할지도 모를 위기를 면한 것이 천만다행이었다. NDI도 한시름 놓았는지 아무 일도 없었던 것처럼 프로젝트가 마감될 때까지 손님 대접에 최선을 다했다.

부통령 후보 페라로 여사와 민추협

두 번째 프로젝트:

'미국 민주당 대표 방한' 이 건과 관련하여 나와 NDI는 대표단 구성, 방한 일정 그리고 세부사항들에 대해서 협의하여 합의를 보았다.

방한 대표단의 대표는 미 뉴욕주 하원의원을 역임하고 1984년 역사상 민주당의 첫 여성 부통령 후보로 공천됐던 제럴딘 페라로(1935-2011년) 여사가 결정되었다. 모든 것이 순조롭게 진행되는 것 같아 흡족했다.

그런데 출발 3주 전에 NDI에서 전화가 왔다. 페라로 여사가 개인 용무로 며칠 먼저 서울에 가기로 했으니 양해해 달라는 것이다. 나는 무슨 용무인지는 모르겠으나 민추협과의 모든 일정을 이행한 후 개인 용무를 보면 좋겠다고 했다.

서울에서 열릴 국제연대 차원의 한국 민주화를 위한 행사 이전에 페라로 대표가 그녀의 개인적인 용무 때문에 먼저 서울에 도착하여 언론에 크게 보도되고 나면 그 후 우리가 진행하는 행사가 마땅히 받아야 할 언론 방송의 취재 열기가 희석되지 않을까 우려되었다.

그런데 NDI에서는 오래전부터 페라로 여사가 김상현 의원의 민주대학에서 방문 초청을 받아 기회를 찾고 있었는데 이번 방한하는 기회에 민주대학을 먼저 방문하려고 한다고 했다.

나는 민주대학 방문을 우리의 행사 뒤로 미루어 달라고 부탁했으나 NDI 측에서는 페라로 대표의 서울 방문 후의 미국 내 일정 때문에 이미 합의된 민주대학 방문을 변경할 수 없다고 했다.

나는 이 사실을 김 총재에게 보고드렸더니 내 의견을 물으셨다. 나는 이번 미국 민주당 대표단이 민추협을 방문하는 것이 중요한 만큼 그 방문 효과를 극대화하기 위해 언론보도가 대단히 중요하다고 생각한다. 언론이 무엇보다 페라로 대표의 서울 방문이 민추협의 초청에 의해 성사되었으며 민추협과 미국 민주당과의 협력과 유대 강화를 위해 방한했다는 데 초점을 맞추어 보도하도록 해야 한다. 또 페라로 대표의 서울 방문은 도착 즉시 민추협 일정과 연결되어 진행되어야 한다고 했다.

김 총재는 나보고 알아서 하라고 하셨다. 나는 NDI 측에 방문 일정 변경은 방문 효과를 반감하는 결과를 가져와 민추협에서는 양보할 수 없다고 알렸다.

며칠 지나서 NDI에서 연락이 왔는데, 페라로 대표의 모친이 위독하여 한국 방문을 취소하게 되고 대신 매들린 올브라이트(1937-2022년, 빌 클린턴 대통령 2기 미국 최초 여성 국무장관) 민주당 고문이 대표단을 인솔하기로 결정되었다고 연락이 왔다. 아주 머리 아픈 일이었으나 우리 뜻대로 일단락되어 다행이었다.

1986년 8월 6일-10일 미국 민주당 대표단의 방한은 성공적이었으며 민추협과 민주세력에게 고무적인 영향을 남겼다. 이렇게 민추협이 중심이 된 한국의 민주세력과 미국의 민주당은 계속 긴밀한 유대를 강화해 나갔다.

카자흐스탄에 간 민주주의 전도사

1992년 겨울, 내가 계명대학교에 재직하고 있을 때 미국 민주당의 국제 협력 프로젝트에 나는 개인적으로 초대받아 카자흐스탄과 키르기스스탄을 방문하게 되었다. 공산권 붕괴 후 소련 연방의 붕괴와 함께 분리 독립한 두 나라는 미국의 지원을 받아 민주화의 길을 모색하게 되었다.

이 과정에서 NDI는 이 두 나라의 민주발전을 위한 프로젝트로 두 나라의 시민단체 지도자들에게 민주주의의 이념과 제도, 자유시장 경제 그리고 자유와 법치주의에 대한 특별 교육 프로그램을 만들어 진행했다.

나는 이 프로그램의 강사로 초빙되어 이 두 나라를 3주간 방문하여 강의하며 여러 지역을 둘러보는 귀한 시간을 갖게 되었다.

몇 가지 기억에 남는 일들 중 하나는 우선 내가 서울에서 카자흐스탄의 알마티로 가야 했다. 직항이 없어서 서울에서 러시아의 모스크바를 경유하여 카자흐스탄으로 가게 되어 있었다.

나는 모스크바의 셰레메티에보 국제공항에서 러시아 비행기로 환승을 해야 했다. 그런데 이 비행기가 놀랍게도 군 화물 수송기를 임시 여객기로 개조한 비행기라 좌석은 모두 목조 의자로 구색만 갖추고 있었다. 장거리 비행하기에는 너무 불편하고 불안한 비행기였다.

더욱 놀란 것은 승객이 초만원인데 좌석이 모자라서 일부 승객은 5시간의 장거리를 서서 비행해야만 했다. 나는 좌석에 앉기는 했으나 계속 불편하고 불안한데 다른 승객들은 이런 불편을 느끼지 않고 당연한 듯 태연한 행동으로 웃고 떠들며 비행 자체를 즐기는 것 같았다.

붕괴한 공산권 국가들의 사람들이 직면한 어려운 현실에 순순히 잘 적응하는 모습을 보면서 나는 많은 생각들을 하였다.

알마티에서 고려인 연합회 회장이 나를 집으로 저녁 초대하여 나는 그의 집을 방문할 기회가 있었다. 공산권 붕괴 후 경제도 따라 무너져 대다수의 국민들이 가난하고 힘들게 생활하고 있었다.

그러나 고국에서 온 귀한 손님이라고 성의를 다한 조촐한 밥상을 준비했는데 그중 특이한 음식이 말린 말고기 요리였다. 그래서 나는 난생처음 말고기를 먹어 보게 되었다.

회장의 이야기는 1937년 스탈린이 소련에 거주하는 고려인들을 중앙아시아 지역으로 강제 이주시켰는데 이 과정에서 많은 고려인들이 허기와 추위 그리고 병으로 쓰러져 대부분이 죽음의 위험으로 몰리게 되었다. 이때 다행히 말고기를 먹고 연명하며 견디고 살아서 일부는 카자흐스탄까지 와서 정착할 수 있었다고 했다.

그러면서 말고기는 자신들에게는 생명을 구해 준 은혜로운 고기로 귀한 손님에게 반드시 대접하는 특별한 음식이라고 설명해 주었다. 그리고 맛있게 많이 드시라면서 그들의 이주 역사에 대한 고난의 이야기를 많이 해 주었다.

훗날 내가 국회의원이 되었을 때 재외 동포법의 개정과 입법을 추진하면서 고려인들이 겪은 모진 역경을 회고하며 그들의 동포로서의 법적 지위 향상을 위해 많은 고민과 노력을 했다.

몰락한 공산권 국가들을 여행하며

1990년대 공산권이 몰락했을 때 나는 러시아, 동유럽 국가들, 카자흐스탄, 키르기스스탄과 중국 등을 여행하였다. 눈으로 보고 듣고 체험한 결과 나의 공산주의에 대한 인식이 옳았다는 것을 확인할 수 있었다.

공산권의 국민들은 무상 의무교육이라는 미명하에 공산당의 엄격한 통제와 세뇌 교육으로 창의적이거나 머리 쓰기를 철저히 거부당하며 단순 기계 같이 살아야 생존이 가능하였다.

한 예로 내가 카자흐스탄의 알마티에 갔을 때 여가 시간이 있어 안내원과 국립 박물관을 찾았다. 입구에서 나는 매표를 했다. 한 장의 표 대신 폭은 7cm, 길이가 30cm가 되는 긴 표 20장을 받았다.

자세히 살펴보니 긴 표 한 장은 실제로 10매의 표로 구성된 종이로 내가 20장을 받았으니 결국 나는 입장하기 위해 필요한 한 장의 표 대신 200표를 받은 셈이다.

내용인즉 그동안 엄청난 인플레이션으로 인해 입장료가 거의 200배가 됐다는 것이다.

그래서 200장의 표를 받고 입장을 했다. 입구에서 초라하고 지쳐 보이는 노파가 표를 받아 꾸부러진 오른손으로 낡은 가위를 들고 20장의 긴 표들을 1cm가량의 넓이로 아주 힘들게 잘라 내어 수납했다.

그 노파가 직업상 업무를 힘들게 일하는 것을 보고 이렇게 생각 없이 비효율적으로 일을 하고 있는 것이 너무 이해가 되지 않았다. 머리를 쓰면 간단하게 쉽게 할 수 있는 일이었다. 저렇게 힘들게 일을 시키는 공산주의가 만들어 놓은 로봇 같은 모습을 보는 것 같아 황량한 느낌이 들었다.

나는 안내원에게 입장료 정가의 도장을 하나 만들어 매 표마다 찍은 후 한 장씩 옆 자락을 잘라 보관하고 나머지를 손님에게 주면 할머니의 업무가 훨씬 수월해지겠다고 말했다. 또한 물자가 귀한 상황에서 20장 대신 정가가 찍힌 1장을 주면 자원도 절약하는 일석이조의 효과가 있는데 공산권의 생각 없는 처사에 너무 답답함을 느꼈다.

내 말에 안내원은 "아! 그런 방식도 있겠군요." 하며 별 반응이 없어 보였다. 한마디로 자신들은 위에서 시키는 대로만 하면 그만이라는 표정이었다.

그리고 모스크바에 갔을 때 한 상점에 들러 선물용 물건을 사려고 하니 상점 직원이 계산은 저 길 건너 계산 창구에 가서 하고 영수증을 가져오면 물건을 수령할 수 있다고 했다. 그래서 계산 창구를 찾아가 보니 점심 식사 시간이라며 1시에 오라는 팻말이 붙어 있었다. 기다릴 수 없어 선물 사는 것을 포기하고 돌아섰다.

이런 것이 공산사회의 비효율적 모습이라고 생각하니 공산사회가 몰락한 것이 우연이 아님을 알 수 있었다.

이와 유사한 일들과 사람들의 모습을 러시아와 동구권을 여행하면서 예외 없이 많이 목격하면서 공산주의의 허구, 독선, 위선, 무관심, 맹종 그리고 매사에 비생산적인 일 처리 등을 보고 답답함을 실감하였다.

공산주의 주창자들은 처음부터 이런 우매하고 답답한 독재자들이었을까? 아니라고 생각한다. 산업화 초기 착취당하는 노동자와 농민의 참혹상에 분노한 공산주의 주창자들은 이들에게 지상낙원을 약속하고 혁명에 성공했다.

그러나 이들은 인간의 본성과 한계를 간과하는 우를 범해 지상낙원이 아닌 지옥을 만들고 말았다. 그러면서도 권력의 맛을 잊지 못해 권력에 매달려 독재를 강화하며 온갖 특혜로 공산 귀족 계급이 되어 버렸다.

그리고 돌아올 수 없는 강을 건너 종내는 1989년 베를린 장벽이 무너지는 운명과 함께 망하고 말았다. 역사가 증명했듯이 공산주의는 인류의 망상이며 자유의 적이다.

공산주의를 이용해 봉건 세습 절대 독재 왕국을 세워 북한 동포를 노예화하여 자신의 부귀영화만 좇는 김일성 일가는 우리 민족의 적이다.

2020년 10월 10일 북한의 노동당 창건 75주년 기념식에서 보여 준 김정은의 립 서비스는 참으로 가관이었다.

인민을 영웅화하며 그들이 겪고 있는 고난의 행군이 너무 미안하다며 악어의 눈물을 보이는 가증스러운 쇼와 립 서비스를 보았다.

나는 김정은은 할아버지 김일성을 능가하는 선과 악의 줄타기 연기에 능수능란한 미치광이라는 평소의 생각을 다시 확인할 수 있었다. 내가 보기에 이 김일성 족속들은 한마디로 '악의 결정체'라 해도 과언이 아닌 것 같다.

미연방 정부의 연구 프로젝트

1976년 나는 미시시피주 Alcorn State University에 정치학 교수로 부임하면서 강의와 함께 미 농림성의 장기 연구과제에 연구교수로 참여하게 됐다.

연구과제는 '미 남부 농촌 지역의 생활수준과 정치의식의 변화'였다. 이 과제는 남부의 6개 주(미시시피, 알라바마, 후로리다, 조지아, 사우스 캘로라이나, 노스 캘로라이나)의 Land Grant 대학들의 교수들이 참여하는데 나는 미시시피를 대표한 연구교수로 참여했다.

연구교수는 미 농림성의 재정 지원을 받고 연구 활동을 함으로 매 학기 강의는 두 과목만 하고 나머지 시간은 모두 연구 활동을 위해 사용한다.

일반적으로 사회과학 교수들은 일 년에 두 학기만 강의함으로 봉급은 9개월뿐이다. 여름방학 3개월은 봉급이 없어서 흔치 않은 Summer teaching의 기회를 잡거나 다른 부업을 해야 소득이 생긴다.

그러나 나는 장기 연구과제에 참여하여 10년간 지원하는 연구비를 받게 되었다.

나는 나의 여름방학 3개월의 봉급 전액, 석사학위 소지 연구조교의 봉급 전액, 학술회의 참석 및 연구 관련 출장비 전액 그리고 연구 서적 구입 및 논문 출판비 전액을 연구비의 지원으로 충당했다. 이로 인해 강의만 하는 타 교수들과는 달리 나는 별도의 재정적 혜택을 누릴 수 있었다.

미국의 교수 봉급은 철저히 수요 공급의 원칙에 따라 결정되는데 사회과학 분야는 항상 공급이 수요보다 많고 또한 부의 창출과는 거리가 먼 학문이라 봉급 수준이 타 학문보다 평균적으로 낮은 편이다.

나의 미국에서의 교수 생활 10년은 미 농림성의 장기 연구과제에 참여하게 된 연유로 강의와 왕성한 연구 활동을 병행할 수 있어서 아주 생산적이고 만족스러웠다.

10부

23년 만의 금의환향

생각조차 못 했던 계명대 정교수

나는 1986년 가을학기에 대구에 있는 계명대학교 외국학대학 미국학과에 정교수로 부임했다.

23년 전 단돈 2불을 가지고 시작한 시련과 도전의 미국 생활에서 고학으로 박사학위를 받고, 대학교수로 재직하고, 사랑하는 내 조국 대한민국으로 돌아오면서 '금의환향'이라고 하여 내 스스로 자부심을 느끼며 고국에서 새롭게 시작할 생활에 많은 기대를 하였다. 그러나 이 나만의 자랑스러운 금의환향이 곧 악몽이 될 줄은 전혀 예상치 못했다.

1983년 잠시 귀국하였을 때 대학 동창들과 점심을 같이 할 기회가 있었다. 십여 명이 모였는데 그중에 낯선 분이 한 분 있어서 인사를 나누었는데 그분은 연세대학교 경제학과를 졸업하고 당시 계명대학교 경영대학 학장으로 있는 신수철 학장이었다. 작별할 때 신 학장이 다음 귀국 시 계명대에 와서 하루 강의나 세미나를 맡아 주면 좋겠다면서 이력서가 있으면 달라고 말했다.

몇 달 후 다시 귀국했을 때 신 학장에게 연락하여 계명대학교 대명동 캠퍼스에 가서 세미나를 했다. 그리고 작별 인사를 하면서 캠퍼스가 마치 우리 모교 연희동산과 비슷해 좋다면서 지나는 말로 기회가 되면 계명대에서 강의하고 싶다고 하며 헤어졌다.

1986년 가을학기 개강을 10일 정도 남긴 어느 날 나는 신 학장으로부터 국제전화를 받았다. 그는 대뜸 계명대는 한 주 후부터 가을학기가 시작하는데 미국학과 정교수로 와서 강의를 맡을 수 있느냐고 물었다. 그리고 가부간의 답을 달라고 했다.

교수 자리 아니 강사 자리도 얻기가 하늘에 별 따기만큼 힘든데 내가 지원도 하지 않은 정교수 자리를 그냥 주겠다고 했다. 도저히 이해가 안 되어 주춤하면서 24시간의 시간을 주면 가부간의 회답을 줄 수 있다고 하고는 전화를 끊었다.

나는 집사람에게 신 학장의 제의를 말하고 어떻게 생각하냐고 물었다. 집사람은 주저 없이 옆에서 지켜보니 한국에 나가서 일하고 싶어 하는 것 같은데 이런 기회가 또 언제 있을 거라고 망설이냐며 무조건 가라고 하였다.

그러나 내가 처한 사정 때문에 그만 걱정이 앞섰다. 이제 10일 후면 미국 대학에서도 강의와 연구 활동도 계속해야 하는데 어떻게 대학에 말해야 하나 생각하니 너무 무책임한 것 같아 암담했다.

일단 대구에 가기로 결정한 이상 더 머뭇거릴 이유가 없었다. 나는 퇴직이냐 휴직이냐를 두고 잠시 고민하면서 한국에 가면 다시는 뒤를 돌아보지 않겠다고 생각했다.

다음 날 사표를 준비하여 대학에 가서 교무처장에게 개인 사정으로 부득이 학교를 떠나야 해서 개강을 10일 남기고 이렇게 떠나게 되어 대단히 미안하다고 인사를 하고 나왔다. 동료 교수들은 무슨 이유인지는 모르나 휴직을 하는 것이 좋을 것 같다고 나에게 권고했다.

속으로 내가 휴직을 할 경우 혹시 한국에 가서 일이 힘들어지면 쉽게 한국을 포기하고 돌아오게 될 것 같아서 나는 그 어떤 불리한 상황에서도 한국에 뼈를 묻겠다는 각오로 퇴직을 선택하였다.

사연인즉 계명대학교 미국학과에서 미국 정치 전공 교수를 초빙하기로 하고 신문 등 광고 매체를 통해 교수 채용을 공고했다. 여러 지원자가 응했는데 미국 대학에서 교수로 재직하면서 안식년을 맞아 대구에 와서 경북대학교에서 재직하고 있는 교수를 낙점하고 마지막으로 인사위원회의 형식적인 추인을 위해 위원회가 소집됐다. 그런데 한 위원이 이 미국 대학 교수가 유부남이면서 경북대 여학생과 불륜 관계에 있다고 말했다.

신 학장은 순간 내 생각이 나서 이러한 교수의 비윤리적인 일은 사실 확인이 필요하니 시간을 갖고 신중히 검토하자고 제의하여 추인을 일단 보류시켰다.

그리고 즉시 미국학과장에게 내 이력서를 주며 검토를 부탁했다. 가을 학기 강좌를 이미 개설하고 담당 교수 임명을 목전에 두고 있던 시점에 이런 일이 터져 난처했던 학과장은 내 이력서를 검토하고 교수들과 협의해 나를 정교수로 초빙하기로 결정했다.

안기부 신원 조회와 친절한 일본인

나는 대학교 교수 사택에 방을 얻어 서둘러 강의 준비를 하며 23년 만에 한국에서의 자취생활을 시작했다. 개강 날이 되어 학과장실에 가니 안기부 신원 조회가 아직 해결되지 않아 강의를 할 수 없다고 한다. 대학은 미국에서 나의 3선 개헌 반대 및 한국의 민주화를 위한 나의 활동을 알 리가 없다.

그러나 안기부의 신원 조회가 길어지면서 나는 무엇이 잘못되고 있다고 느꼈다. 대학에서도 나의 반독재 활동을 감지하고 교육부와 안기부에 문의하였으나 기다리라는 말만 들었다.

대구에 온 지 한 달이 되는데 나는 아직 강단에 서지도 못하고 봉급도 못 받고 모든 것이 일시에 중단되어 투명 인간이 된 것 같았다. 그런데 설상가상으로 내가 처한 상황을 더 어렵게 만들 일이 또 터졌다.

나의 비자가 이틀 후면 만기가 된다. 일단 가능한 한 빨리 출국하여 가장 가까운 일본 후쿠오카 주재 한국 총영사관에 가서 비자를 발급받아 입국하기로 하였다. 나는 전화로 김해-후쿠오카 왕복 항공 표를 예약하고는 서둘러 택시를 타고 김해공항으로 갔다.

일본 돈이 필요해서 공항에 있는 은행에 들어가 환전하려고 수표를 주니 현찰을 하려면 3일이 있어야 가능하다고 한다.

3일이면 나의 비자가 만기 되니 나는 오늘 무조건 출국해야 한다. 그래서 우선 일본에 가서 보자고 생각하고 출국 수속을 하는데 세관에서 내가 입국 시 골프채를 가지고 온 것이 여권에 기록돼 있어 골프채를 반드시 가지고 나가야 한다며 출국을 불허했다.

나는 어쩔 수 없이 택시로 다시 대구 집에 가서 골프채를 가지고 김해공항으로 가서 다음 비행기를 타고 출국할 수 있게 되었다.

문제는 후쿠오카 한국 총영사관에서 비자를 받으려면 그곳에서 최소한 1박 내지 2박 하며 식사나 교통편을 이용해야 하는데 나에게는 일본 돈이 한 푼도 없어 꼼짝달싹할 수 없는 난처한 처지에 던져진 꼴이 되어 버렸다. 참으로 막막하기 그지없었다. 달리 방법이 없어 공항 대합실에 선 채로 하나님께 도와주시기를 간절히 기도하고 있었다.

그런데 그때 먼발치에 한국인으로 보이는 중년 남자가 걸어가고 있었다. 나는 그에게 달려가 혹시 한국분이 아니냐고 물었더니 그분이 나를 쳐다보며 자기가 한국 사람이 맞다고 하며 왜 그러시냐고 물었다.

나는 실례를 무릅쓰고 내가 처한 긴박한 사정을 다 말하고 한국 수표를 드릴 테니 일본 돈으로 바꾸어 주면 고맙겠다고 부탁했다. 그분은 내 이야기를 듣고는 잠시 나에게 기다리라고 하고는 어디론가 가 버렸다.

어찌 된 영문도 모르고 그냥 기다리고 있는데 그분이 일본 사람과 함께 내 앞으로 와서 한국의 수산물을 수입하는 일본 사람 스기야마 사장을 나에게 소개해 주었다.

스기야마 사장은 내 딱한 사정을 잘 들었다며 자기가 내가 필요한 도움을 무엇이든 다 주려고 하니 전혀 걱정을 하지 않아도 된다며 나를 위로하였다.

그리고 내가 대학교수란 것을 알고는 진심으로 나를 존경한다며 친절을 베푸는 것이었다. 그분은 자기 자동차로 일단 자기 집으로 가서 나를 가족들에게 소개한 후 차를 대접하며 30분 정도 휴식을 취했다. 그리고 저녁 식사는 고급 식당으로 나를 데리고 가서 일식으로 식사를 한 후 또 자기의 단골 술집에 가서 나를 대접하였다. 그리고 자기 집에 방이 있으니 자기 집에서 하룻밤을 보내면 어떻겠느냐고 물었다.

선택의 여지가 없는 내 입장에서 스기야마 사장의 따뜻한 친절과 배려심이 너무 고맙고 달리 표현할 길이 없어 고맙다는 인사만 되풀이하였다.

다음 날 아침에 집에서 차린 일식 조찬을 함께 하고는 곧바로 나를 한국 총영사관으로 데려다주었다. 내가 비자를 받는 동안 그분은 가까운 찻집에서 나를 기다려 주었다. 그리고 오후에 나의 비행기 출발시간까지 후쿠오카 시내 관광을 한 후 나를 공항까지 데려다주고는 아쉬운 작별을 해야만 했다.

이것이 무슨 조화인지 참으로 이처럼 고맙고 감사한 분이 또 세상 어디에 있을까, 지금 상상만 해도 가슴이 뭉클해진다.

나는 기회가 있으면 집사람과 함께 일본을 자주 여행했다. 그러면서 이와 유사한 일본인들의 친절과 배려를 많이 경험하였다.

나는 내가 일본에서 체험한 이 소중한 경험들 즉 일본인과의 관계를 고려해 보면 지금의 다소 적대적인 한일 관계도 우리가 과거에 얽매이지 않고 미래지향적인 자세로 접근하면 인류의 보편적 가치를 공유한 가까운 이웃으로 정치적, 경제적, 문화적, 외교적, 안보적 차원에서 상호 실익을 추구하며 좋은 발전적 관계를 가질 수 있는 우방국이 될 수 있다고 믿는다.

사실상 나 자신은 일본에 대해서 국가적으로 비분강개하고, 개인적으로는 일제 식민지하에서 아버님 조희렴 목사가 겪은 가혹한 형벌과 옥고, 그 때문에 우리 가족이 고생한 것을 생각하면 일본에 치가 떨리는 분노와 증오를 느끼고 살아왔다.

그러나 불행했던 일본의 식민지 폭정을 우리가 통 크게 역사의 심판에 맡기고 후세를 위한 교훈으로 남기면서 새로운 윈-윈 관계를 정립해야 한다. 절대로 잊지 않고 항상 기억하면서 화해를 통해 미래의 협력 관계를 모색하는 것이 선진국 대한민국의 국격이 아닐까 생각한다.

안기부의 처사에 저항하며

하여튼 비자 문제는 해결되었다. 안기부와의 문제는 대학의 문제가 아니고 나 자신이 직접 해결해야 하는 문제라고 생각해 나는 무조건 서울로 갔다. 약 2개월간 동분서주하며 도움이 될 만한 분들은 다 찾아가 도움을 청했다.

당시의 국무총리, 실세 여야 국회의원들, 안기부 간부 출신 친지들 등 많은 분들께 부탁하고 학기 말경에 대구로 내려와 대학에 잘 해결될 거라고 말했다. 대학은 내 말만 믿고 총장 결재를 받아 1987년 1월분 봉급을 지급했다.

나는 겨울방학이라 미국 집으로 귀가했다. 며칠 후 전화가 와서 받으니 계명대 교수란 분이 교무처장이 보낸 편지를 전하기 위해 만나자고 하며 방문하겠다고 하였다. 만나서 받은 편지 내용을 보니 안기부가 내 임시 발령을 알고 노발대발하며 당장 내 임명을 철회하지 않으면 대학에 큰 화가 있을 거라고 경고했다고 한다.

대학으로서는 일단 나의 해직을 총장이 해외출장 중이라 귀교하는 즉시 처리하겠다 하고 양해를 구했다고 한다. 그래서 총장 귀국을 기다리고 있다며 나에게 계명대학교를 잊고 우리의 인연이 유감스럽게 끝나는 것을 이해해 달라고 하였다. 그리고 편지 말미에 이 편지를 보고 즉시 소각해 주면 고맙겠다고 했다.

나는 이 편지가 시대상을 함축하고 있어 참고로 편지 내용의 일부를 여기에 인용한다.

"이전 생략… 비밀로 하고 대학에서 선처한다고 말은 했지만 사실을 들은 대로 알려드리지 않을 수 없습니다. 총장님이 미국으로 떠나신 23일 안기부 대구분실장이 총장을 찾다가 미국 갔다고 하니 저에게 전화가 와서 엄중항의를 하면서 "총장님에게 그렇게도 단단히 부탁했는데 왜 가발령을 냈느냐 지금이라도 인사위원회를 다시해서 채용 안 하도록 하라. 그러나 이 일은 비밀로 하고 대학이 알아서 해결하라.

조 박사가 미국에서 한 일을 대학이 모르고 채용했다 손 치더라도 신원 조회가 안 나올 터이니 신원 조회 의뢰도 하지 말라."라고 하여 나는 조 박사에 대해 오해가 풀리고 해결됐다는 말을 본인으로부터 들었다고 하니 "본인 말만 믿고 일을 처리하면 어떻게 하느냐 조 박사님 때문에 안기부가 발칵 뒤집혔다는 것만 알라."라고 하는 강경일변도의 말을 들으니 조 박사님 일은 원점에 뒤돌아가 있음을 알았습니다… 안기부 영향인지 12월 26일 오전 문교부 대학정책실장이 저에게 전화해서 비슷한 부탁을 합니다.

내용인즉 왜 문제가 많은 분을 대학에서 모시려 하느냐, 문제없는 분도 있을 터인데, 대학에서 인사위원회 새로 해서 선처하도록 하라. 조 박사님!! 어떻게 해야 되겠습니까? …조 박사님 현재대로라면 3월 학기에 강의를 담당하실 수 있을지 또 의문이 됩니다. 신원 조회가 문제되면 계대 교원보완 심사위원회를 거쳐 불행한 일이 생기게 됩니다만…

솔직히 저의 심정은 조 박사님 미국에서 다시 일자리를 찾으실 수 없을런지요? 조 박사님!! 이제는 누구를 원망할 일보다는 조 박사님을 위해, 또 계대를 위해 어떻게 해야 되겠습니까. 저도 이곳에서 기도드리겠습니다…. 모든 내용들이 보안을 필요로 하는 일이며, 제가 안기부로부터 큰

문책을 받을 것 같아서, 저를 위하는 마음이 계시면 이 편지는 없애 주시
면 수고 감사하겠습니다.
1986. 12. 28. 교제 황금동–"

미 상원에서 page로 근무하는 내 아들

초등학생과 고교 시절의
조서황 군에 관한 신문 기
사들

나는 졸지에 실업자가 되고 말았다. 퇴직할 때 휴직서를 내지 않았던 것을 몹시 후회했다. 그러나 이제 와서 후회한들 소용이 없다. 나와 가족을 위해 내 나름의 살길을 찾아야 할 신세가 됐다. 나는 나의 문제를 인권 탄압이라고 규정하고 국제연대를 통해 여론을 조성해 전두환 정권을 압박하겠다고 마음먹었다.

이를 위해 미국의 상·하원 의원 모두에게 한국의 인권 상황과 나의 억울함을 호소하기로 했다.

마침 내 아들 서황(瑞煌)이는 그 당시 고등학교 2학년, 16세의 신분으로 미국 상원에서 페이지(Pageboy)로 선발되어 워싱턴 상원에서 근무하고 있었다.

미래의 정치 지도자 육성 프로그램으로 미국 전역에서 고등학교 2학년 학생을 대상으로 상원은 30명, 하원은 100명의 우수한 학생을 Page로 선발한다.

이들은 공무원 신분으로 연봉을 받고 기숙사에서 숙식을 제공받으며 아침 6-10시 사이에는 정규 고등학교 2학년 교육을 받는다. 그 후에는 상·하원 본회의장에서 모든 의사 진행을 직접 보고 배우면서 상·하원 의원들의 잡무를 도와준다.

서황이는 상원 Page로 선발된 최초의 한국계 미국 학생이다.

제39대 지미 카터(James Carter) 대통령의 딸 에이미 카터(Amy Carter)의 Page 생활을 신문에서 읽고 감동을 받아서 미시시피주 상원 의원 테트 코크란(Ted Cochran)에게 자기가 직접 편지로 알아보고 신청했다.

큰 힘이 된 아들과 6.29 선언

고교를 최우수 성적으로 졸업하며 어머니와 함께 최우수 trophy를 들고 함께 자축하는 조서황

　나는 호소문을 쓴 후 아들에게 전화하여 내 입장을 설명하고 호소문을 상·하원 의원 534명 모두에게 보내려고 하는데 무슨 좋은 방법이 있겠느냐고 물었다. 아들은 주저 없이 나보고 워싱턴으로 오면 자기들 Page 130명이 상·하원 모두에게 호소문을 전하고 Lobby도 하겠다며 빨리 오라고 했다.

　나는 다음 날 워싱턴으로 갔다. 마침 워싱턴에서 한국 신문을 발행하는 김 사장에게 안부차 연락을 했더니 반갑다며 내 아들 서황이와 인터뷰하고 신문에 기사를 내고 싶다며 만나자고 했다. 그리고 그는 나에 대해 안부를 묻기에 내가 당면한 현 상황을 그대로 말하고 워싱턴에 온 목적을 말했다.

　다음 날 김 사장을 만났을 때 그가 주미 대사관 안기부 공사에게 내가 상·하원에 볼일이 있어 워싱턴에 와 있다고 말했더니 나를 만나 보고 싶다고 하던데 만날 생각이 있느냐고 물었다.

나도 내 문제의 발단이 주미 대사관 안기부에서 나의 민주화 활동을 상부에 보고한 것이 원인이고 또 내 문제에 대한 정부의 입장을 알고 싶어 만나 보기로 했다.

안기부 공사와 나는 점심 식사를 하며 이야기를 나누었다. 나는 박정희나 정부의 어느 누구에게도 개인적으로 감정은 없다. 단지 한국도 미국처럼 빨리 민주국가가 되면 좋겠다는 소신 때문에 민주화 활동을 했는데 이것이 문제라면 어떤 처벌도 감수하겠다고 말했다.

내 말을 듣고 난 후 그는 나와 미국 정치인이나 정당과의 관계에 관심을 보이며 여러 질문을 했다. 사실대로 나는 미국 민주당과 나와의 그간 진행되었던 많은 일들과 관계를 다 이야기하고 우리는 헤어졌다.

다음 날 김 사장은 나의 문제는 전적으로 주미 대사관 안기부의 보고서가 원인이었다며 해결도 안기부 공사의 결정에 달렸다고 하면서 공사가 "조 교수가 봄 학기 시작 전에 대구에 가서 안기부 대구분실장을 만나 보면 좋겠다."라는 말을 나에게 꼭 전해 달라고 부탁하더라고 말했다.

나는 대구에 가서 그를 만났다. 그는 봄 학기에 우선 강의를 하라고 했다. 지켜볼 테니 알아서 하라는 말 같았다. 대학에 가서 그동안에 워싱턴에서 있었던 일들과 일의 해결을 설명하니 총장 이하 모든 교수들이 반기며 큰 짐을 벗는 듯 좋아했다.

그런데 다행히도 봄 학기 강의하는 기간에 뜻밖에 6.29 선언이 발표되면서 나의 이 골치 아픈 문제가 눈 녹듯이 깔끔히 해결되었다. 집권당 민주정의당의 대표이고, 제13대 대통령선거에서 후보였던 노태우가 군사독재를 청산하고 민주화를 실현하기 위한 획기적인 조치 '6.29 민주화선언,

약칭 6. 29 선언'을 1987년 6월 29일 전격 발표하였다.

만약에 우리 아들 서황이가 그때 미국 상원에서 Page로 있지 않았다면 과연 이 문제는 어떻게 전개되었을까? 상상만 해도 머리가 아프다.

서황이는 자기 엄마를 쏙 빼닮은 아이다. 착하고 공부 잘하고 총명하고 신중하며 자기 자랑이 전혀 없는 아이다. 또한 과묵하고 자립심과 책임감이 강한 원칙주의자다.

우리는 미국 남북전쟁 때 격전지, 최후의 요새로 유명한 역사적인 도시 미시시피 주 빅스버그(Vicksburg)에서 살았다.

서황이가 초등학교에 입학하여 일학년이 끝나 갈 무렵 학교에서 학예회가 있었다. 1학년생인 서황이가 전교생(1-6학년)을 대표하여 학부모를 모신 학예회에서 인사말(Greeting address)을 한다고 들었을 때 나는 좀 불안하고 걱정되었다.

막이 오르기 전, 드리운 자주색 막을 배경으로 서황이가 무대에 서서 당당하고 유창하게 학부모들에게 인사말을 했다. 많은 학부모들이 서황이가 분명하게 잘 표현한 인사말을 했다고 우리 두 사람에게 찾아와서 칭찬해 주었고, 담임 선생이 나와 집사람에게 서황이가 아주 자랑스럽게 잘했다고 칭찬하면서 1학년생이 인사말 한 것은 이번이 처음이라고 말했다.

학부모를 모신 학예회에서 전교생을 대표해 인사말을 하는 1학년생인 조서황

서황이는 3학년이 되면서 피아노를 배우기 시작하고 골프도 치기 시작했다.

매년 열리는 Bach Festival, 바흐 피아노 경연 대회에 고교 졸업할 때까지 참가하여 한 번도 놓치지 않고 최우수상을 받았다. 그때 미국 초등학교에서는 매년 성적표라는 것이 따로 없었다. 어린아이들이 성적이나 경쟁심에 구애받지 않고 자유롭게 즐겁고 건강하게 학교생활을 하도록 하였다.

학년이 올라가면서 5학년 학기가 끝날 때 담임 선생이 나에게 전화하여 서황이가 5학년 전 과목 6개 중에서 4개 과목을 최고점(Highest Grade)을 받아 상을 받으니 시상식에 꼭 참석해 달라고 요청하여 집사람과 나는 시상식에 갔다. 학생들과 학부모가 참석한 시상식에서 서황이가 개근상까지 다섯 개 상을 받느라고 호명할 때마다 나가서 혼자서 독점하다시피 상을 받았다.

6학년 때 학교 Spelling Bee(영어 철자 경기)에서 서황이가 우승하여 학교 대표로 미시시피 수도 잭슨에서 열린 지역 경기에 나갔는데 또 우승하였다. 그래서 주 철자 경기(State Spelling Bee)에 나가게 되었다.

남쪽 해안 도시 비락시(Bilaxi)에서 열리는 이 대회에서 우승하면 워싱턴에 가서 National Spelling Bee에 참가한다. 그리고 백악관에 초대되어 대통령도 만난다.

비락시에서는 지역 경기에서 우승한 아이들이 주 스펠링 비에 참가하여 경쟁하면서 다 떨어지고 최후에 우리 서황이와 또 한 남자아이 둘이 남게 되었다. 스펠링을 맞추는데 실력이 팽팽하여 승부가 쉽게 나지 않아서 아슬아슬하게 끌다가 우리 서황이가 애석하게 지고 말았다.

서황이가 맞추지 못한 그 단어를 지금 내가 기억하지 못하는 것이 유감이다. 경기가 끝나고 많은 학부모들이 집사람과 나에게 와서 서황이를 칭찬하고 어떤 엄마는 "내가 당신 아들에게 사랑에 빠졌어요(I fall in love with your son)."라고 말하기도 했다. 그리고 각계에서 기증한 많은 상과 소형 텔레비전도 상으로 받았다. 그리고 초등학교 졸업식에서는 서황이가 6학년의 전 6개 과목 모두를 최고 득점하여 상을 받고 졸업했다.

중학생이 된 후 어느 날 서황이는 집에서 숙제를 하며 혼자 애쓰고 있었다. 좀 도와주겠다고 하니 단칼에 거절하며 자기 방문을 잠그고 숙제를 혼자 다 했다. 나는 내가 좀 경솔했다고 느끼며 이런 정직하고 공정하고 원칙적인 학습 자세가 정상이라고 느꼈다. 이런 자세가 기회균등의 정신과 질서를 유지하는 미국 교육의 힘이라 생각했다. 서황이는 전 교육과정을 통해 이런 학습 자세에 충실했다.

오늘날 한국 교육현장에서 일어나는 '적당히 봐주고 도움을 받는' 일부 학부모와 학생과의 관계와는 너무 대조적으로 시사하는 바가 크다고 느꼈다.

그리고 서황이는 15세가 되면서 고용 연령이 미달이라 합법적 고용직에서 일할 수 없을 때였다. 서황이는 여름방학 동안 이웃집 학생과 짝을 지어서 동네 집들의 잔디를 깎아 주고 돈을 벌어서 저축하였다. 여름방학이 끝나고 학교에 다니며 학교급식을 사 먹는 런치 머니로 그 돈을 썼다.

주말에는 학생들이 환경미화 봉사활동을 하면서 쓰레기를 줍고, 주운 콜라 깡통 등, 음료수 깡통들을 모아서 압축하여 고철상에 팔아 돈을 만들었다. 또 동네 집집마다 찾아가서 버리는 신문지를 수거하여 모아서 팔기도 했다.

미시시피 주에서는 15세가 되면 자동차 운전면허시험을 볼 수 있다. 서황이는 15세가 되면서 운전면허증을 받아서 자동차를 운전하고 또 합법적 고용직 아르바이트도 하게 되었다.

15세가 된 여름방학 때 식당에서 버스보이(Busboy, 테이블 정리 및 빈 그릇 치우는 일)로 고용되었다. 태어나서 처음 고용직에서 일을 하고 급료를 받게 된 이 아르바이트를 아들은 아주 자랑스러워했다.

상원에 page로 가기 전 서황이는 다니는 고등학교에서 학생 수 1,200여 명 중 동양계 학생은 불과 10명이 안 되는데도 총학생회 부회장에 당선되었다. 지도력도 겸비한 아이였다.

우리 부부는 아들 덕에 동네에서 '유명 인사'가 됐다. 왜냐하면 서황이의 우수한 학교 성적과 교내 활동에 대한 기사가 자주 지역신문 〈Vicksburg Daily〉에 나오는데 항상 Dr. and Mrs. Woong Kyu Cho의 아들이라고 나오기 때문이다.

서황이는 고등학교 Warren Central High School을 졸업할 때까지 전 학년에서 항상 일등만 하며 고등학교를 Valedictorian(고교일등졸업생)으로 졸업했다. 그리고 펜실베니아 주에 있는 미국에서 가장 경쟁력 있는 명문 사립대학 중 하나인 스와스모어 대학(Swarthmore College)에서 복수 전공으로 경제학과 정치학 학사 두 학위를 받고 졸업했다.

그는 원래 나를 따라 정치학을 전공할 계획이었다. 고등학생 때 나에게 정치학을 전공하면 어떻겠냐고 물었다. 나는 정치학 교수들은 높은 자긍심에 비해서 대부분이 낮은 보수를 감수하며 산다고 말해 주며 정치학을 전공하면 재정적으로는 풍족한 생활을 기대하지 못한다고 알아듣게 말해 주었다. 대학 졸업식에 가서야 경제학과 정치학 복수 전공을 한 것을 알고 서황이의 우수하고 현명한 선택에 나는 감탄했다.

그는 대학 졸업 후 3년간 Deloitte & Touch 세계적인 기업 컨설팅 회사에서 컨설턴트(Consultant)로 실무 경험을 쌓고 대학원 진학을 위해 학자금을 저축하여 하버드(Harvard)대학교 경영대학원에 진학하여 MBA를 수료했다.

서황이가 미국 상원 page를 마치고 고등학교 졸업반에 돌아왔을 때 나는 대구에서 정착하게 되어 서황이와 함께 지내지 못해 항상 미안하다.

서황이는 자립심과 독립심이 강하여 스와스모어(Swarthmore) 대학 등록금 이외의 모든 재정적 부담을 스스로 해결하면서 학사와 하버드대학교 경영대학원의 MBA 석사과정을 이수했다.

그 당시 서황이가 다닌 스와스모어 대학의 1년 학비는 하버드 대학교보다 좀 더 많았다. 서황이가 고등학교 졸업 때 각계각층에서 받은 여러 개의 장학금이 입학하는 대학으로 이월되면서 등록금에 기여되어 나의 부담을 덜어 주었다. 내가 부담한 등록비는 1학년 때 $2,000, 2학년 $4,000, 3학년 $6,000, 그리고 4학년 때 $8,000로 4년의 합이 모두 2만 불이었다.

내가 놀란 것은 서황이가 고교 졸업 때 받은 장학금이 등록금에 기여하고 남아서 아주 소액인데도 스와스모어 대학에서 내가 대구에 살 때 대구 집으로 우송해 주었다.

서황이는 대학 재학 중 그리고 MBA 과정을 밟으면서 단 한 번도 우리에게 재정적 도움을 요청하지 않았다.

우리 아들 서황이는 키 183cm. 살이 찌지도 마르지도 않은 날씬하고 건장한 체격으로 참 잘생겼다. 취미는 피아노와 골프, 둘 다 8세 때 배우고 시작했다.

현재 아들은 보험회사 CFO(Chief Financial Officer, 재무 담당 최고 책

임자)이다. 처 진흔우(陳欣宇)와의 사이에 1남 1녀를 둔 아버지로 가정과 자녀 교육을 위해 최선을 다하며 성실히 행복하고 풍요롭게 살고 있다. 그리고 우리 부부는 물심양면으로 아들을 의지하며 노리를 지내고 있다.

국제 교육 예산 200억 확보와 교육개혁 위원

1987년 봄 학기부터 시작한 나의 계명대학교에서의 생활은 9년간 계속되었다.

대학에서 강의하면서 23년 만에 다시 찾은 고국을 새롭게 배우는 기회였다. 나에게 다가오는 한국의 모습들은 너무 생소하고 충격적이며 납득할 수 없는 일들이 너무 많았다.

나는 계명대학교에서 미국학과 교수, 미국학과 학과장, 국제 교육원 원장, 학생처장, 외국학대학 학장 그리고 국제학대학원 원장을 역임하며 나름대로 최선을 다했다.

나는 대학 강의와 연구 활동 그리고 주어진 보직에서 최선을 다하면서도 특히 시대적 요청에 따라 대학교육에서의 국제 교육 및 외국어 교육의 강화 필요성을 역설하며 혼신의 노력을 기울였다.

왜냐하면 나는 국가경쟁력 제고(提高)와 선진화를 위해 무엇보다도 대학교육에서 국제 교육, 외국어교육 그리고 Area Studies, 예, 미국학과와 같은 지역학 교육이 시급히 활성화되어야 한다고 믿었기 때문이다.

이를 위해 나는 교육부를 수시로 찾아 실무자들에게 대학 교육에서 국제 교육의 중요성과 필요성에 대해 많은 이야기를 했다.

1995년 교육부는 나의 제안에 근거해 마침내 200억 원의 예산을 책정하고 10개 대학을 선정하는 작업에 착수했다. 나는 이 예산의 집행과 관리를 위한 국제 교육진흥 위원회의 위원으로 활약하다가 1996년 국회의원이 되면서 법에 따라 위원직을 사임하였다.

또한 나는 연세대의 호레이스 언더우드(Horace Underwood) 교수 등 국제 교육 분야에 관심 있는 교수들을 설득해 Korea International Education Council을 조직하고 제2대 회장을 역임했다. 그리고 《Internationalization of Higher Education and National Competitiveness》 책을 편집 출판하였다.

이와 같은 나의 국제 교육의 대중화를 위한 확신과 열정이 알려져 김영삼 정부의 대통령 직속 '교육개혁 위원회' 위원으로 위촉되어 1994년부터 2년간 교육개혁 위원으로 일할 기회를 가졌다.

나는 위원으로 활동하면서 교육개혁의 목표는 정규 교육과정을 통해 인성교육을 강화하고 동시에 사회적 생산성, 창의성 그리고 협동성의 제고를 위한 교육의 전문화에 역점을 두어야 한다고 생각했다.

우리 위원들은 모두가 대한민국에서 내로라하는 교육전문가들로 우선 대학 교육의 문제점들을 파악하고 그 원인이 무엇인지를 규명하기 위해 심혈을 기울였다. 그리고 문제점들을 분석하고 토론하면서 신중히 행태학적 연구기법으로 접근했다.

장기간의 연구와 분석 그리고 심층토론 끝에 공론화하기로 정한 문제점들만도 백화점의 진열장이 모자랄 정도로 많았다. 그러나 종합적으로 분석한 결과 문제 해결을 위한 실마리는 대학 입시제도에 있다고 결론을 내리게 되었다. 위원회는 입시제도 개선을 위한 단기, 중기, 장기 개혁 방안을 검토하고 합의를 보았다. 이 모든 과정과 내용은 보안이 필요한 사안이라 철저히 비공개 원칙에 따라 진행되었다.

이제 위원장이 기자회견을 통해 개혁안을 공식으로 공개할 D-day가 정해졌다. 국민들의 반응이 어떨지 몹시 긴장되었다. 그런데 불행히도 기자회견 2일 전에 개혁안의 골자가 언론에 공개되었다. 학부모들의 반대와 분노가 전국적으로 확산되었다.

학부모들의 반대 이유는 간단하다. 그들에게는 교육의 백년대계나 국가의 경쟁력 제고 또는 인성교육에는 별 관심이 없다. 오직 자기가 원하는 대학에 자식이 입학할 수 있느냐만이 그들의 관심사다.

그들의 반대 이유는 자기 자녀들이 현 입시제도에 맞추어 지난 5년간, 4년간, 3년간 혹은 2년간 밤잠 설치고 학원에 다니며 또 코피 흘리며 고생했는데 바꾸다니 용서할 수 없단다.

학부모들의 반대와 분노로 개혁안은 그만 휴지통에 버려지는 종이쪽지에 불과했다. 누구를 탓하겠는가, 우리 국민은 선진화의 문턱에 안주하며 이렇게 자기중심적 이기적 사고와 생활로 하루하루를 힘겹게 살아야 하는 운명들인가 보다.

나는 교육개혁의 내용 못지않게 중요한 것은 무엇보다도 많은 학부모들의 근시안적인 자녀 사랑의 집착과 욕심에서 벗어나게 범국민적 차원의 의식개조 혁명운동이 조직적이고 체계적으로 선행되어야겠다고 생각했다.

좌파운동권 학생들과의 관계

　계명대학교 재직 중 가장 기억에 남는 보직은 학생처장이었다. 1980년 대 후반은 대학생들의 데모가 극심했으며 캠퍼스는 이념과 반정부의 전 쟁터를 방불케 했다. 대학생들은 6.29 선언이 성에 차지 않는 모양이다. 군부독재의 잔재가 못마땅한 것 같았다.

　아니 나아가 불순한 종북 주체사상에 세뇌되어 자신들이 대한민국에 반 역하는 국민임을 망각한 것 같았다.

　1987년 가을학기가 시작할 무렵 새로 부임한 총장이 나를 좀 보자고 하 여 총장실에 갔더니 나보고 학생처장을 맡아 달라고 했다. 4명의 교수가 이미 고사해 내가 다섯 번째라며 간곡히 부탁을 했다. 이미 4명의 교수가 고사한 것만 봐도 얼마나 대학의 분위기가 험악한지 짐작이 된다.

　나는 총장이 솔직한 것이 장점인지, 단점인지는 모르겠으나 나에게 굳 이 5번째라고 말한 것에 나의 기분이 좀 이상했다.

　미국 대학에 몸담았던 나에게 1987년의 계명대학은 대학이 아닌 최루 탄과 화염병이 난무하는 전쟁터와 같았다. 이런 상황에서 대학교수는 과 연 무슨 생각을 하며 어떻게 처신하는 것이 옳은 자세인지 깊이 고민했다. 변화가 절실히 필요하다. 대학이 대학의 제모습을 찾기 위해 교수는 방관 자로 시류에 따라 처신하기보다는 고뇌하고 행동하는 교수가 되어야 한 다고 생각했다.

　지금 나의 기분은 문제가 아니다. 대학이 문제다. 이 문제와 싸워야 한 다. 내가 만신창이가 되는 한이 있어도 개선해야 하기 때문에 싸우기 위해 나는 학생처장직을 수락하기로 했다.

내가 처장실에 발을 들여놓기도 전에 300여 명의 학생들이 처장실이 있는 건물 앞에 집결해 학생처장을 규탄하는 구호를 외치고 있었다. 또 40여 명의 학생들은 리더의 지시에 따라 처장실의 모든 집기를 밖으로 옮기고 있었다.

이런 무례한 행동은 초장에 나를 겁주고 위협해 허수아비 처장으로 만들려는 저의가 있다고 생각했다. 동시에 이 학생들이 몹시 측은해 보였다. 무슨 불만 때문에 공부는 안 하고 허구한 날 이처럼 데모로 허송세월하고 있는지 답답했다.

그러나 내 성격이나 교육관이 이러한 겁박에 절대 굴복하지는 않는다. 나는 학생처장실 건물 앞에 앉아서 규탄 구호를 반복하는 300여 명의 학생들 앞에 가서 섰다.

그리고 학생들에게 공개적으로 내 생각을 전하고 싶었다. 그런데 과격한 학생들이 극렬하게 나를 저지했다. 나는 학생들에게 말할 기회를 달라고 요구했다. 나의 집요한 요구에 대다수의 학생들이 차츰 입장을 바꾸어 내 말을 들어 보자고 했다.

나는 학생들에게 말했다. "우리 학생들, 교수들, 부모님들 절대다수는 모두가 군사독재 권력의 피해자들이다. 지금 우리는 피해자들끼리 잘잘못을 따지며 싸우는 꼴이 되고 있다. 이러한 소모적인 싸움은 독재자만을 이롭게 한다. 그러니 독재의 잔재를 말끔히 걷어 내기 위한다면 우리 피해자 모두가 하나가 되어 실력을 쌓고 결집해 독재와 싸워야 한다. 나도 너희들처럼 독재 권력의 피해자다. 그러니 우리는 남이 아니고 동지다. 이제 우리끼리 소모적인 싸움은 그만하고 힘을 모아 공동의 적과 싸워 이기자." 이런 나의 메세지가 학생들에게 전달이 되어 그들은 서서히 자진 해

산했다.

그 후 일부 과격한 학생들과 크고 작은 많은 충돌이 있었으나 나는 항상 이들과 정면으로 맞서 내 소신껏 행동했다.

일례로 총장이 주도하는 간부 회의를 끝내고 나오면 100여 명의 학생들이 사무실 입구에 드러누워 자기들의 요구가 수용될 때까지 움직이지 않는다며 출구를 막고 시위를 한다. 그러면 총장 이하 모든 간부 교수들은 방에 갇혀 2시간, 3시간 학생들이 해산할 때까지 방에서 나가지 않는다. 나는 총장 이하 다른 교수들의 입장에는 관심이 없다. 누워 있는 학생들에게 가서 5분 안에 해산하지 않으면 내 갈 길 가겠다고 선포하고 그리고 5분 기다렸다가 누워 있는 학생들 사이를 비비며 걸어 나갔다.

나의 이러한 태도는 도리어 학생들에게 신뢰와 친밀감을 주어 차차 서로 협조적인 관계로 발전해 학생처장의 직무수행에 많은 도움이 되었다.

무모하고 뻔뻔한 586운동권

2023년 지금 나는 36년 전으로 돌아가 생각하고 정리해 본다.

586세대란 1960년대에 출생해 1980년대에 대학을 다니고 지금 50대인 사람들이다.

나는 36년 전 학생처장으로 있으면서 시위나 데모 또는 폭력을 행사하며 공부는 포기하고 캠퍼스를 전쟁터로 만들었던 586세대의 학생들을 잘 알고 있다. 학생처장으로서 나는 이들과 빈번히 접촉하며 많은 대화와 협상을 했다.

이들은 스스로의 결정이나 선택에 의해 집단 시위나 과격한 행동을 하기보다는 외부에서 전달된 지시에 의해 주로 시위하고 행동했다. 그러나 우리 학생들에게 지시하는 보이지 않는 세력은 학생이라기보다 대한민국을 와해할 목적으로 반정부운동을 주도하며 지하에 숨어 암약하는 자들이었다. 이들은 주로 북한 첩자나 골수 종북 주사파라고 나는 생각한다.

이들은 자신들의 정체를 철저히 숨기고 마치 한국 사회의 부조리를 척결하고 개혁하여 정의로운 사회를 세우기 위해 투쟁하는 애국 투사로 위장하여 행동하고 있다. 그리고 586학생들을 불순한 김일성 주체사상으로 세뇌하며 자신들의 목적인 자유 대한민국 해체를 위해 이들을 도구로 아니 로봇처럼 이용한다고 느꼈다. 학생들은 이들의 정체를 알 리가 없다. 이들은 학생들을 자신의 목적 달성에 이용하기 위해 포섭하고 선동하고 세뇌하고 점조직으로 조직하여 행동 대원으로 활동하도록 만들었다.

학생들은 공부 대신 불순한 사상을 학습하며 마치 자신들이 진정한 애국자라고 착각하도록 세뇌를 당하고 있었다. 이들은 우리 사회의 갑질을 일삼는 기득권 세력에 저항하며 개혁을 위해 투쟁하는 것으로 생각하고 있었다.

또한 '외세를 배척하고' '우리 민족끼리' '자주적으로'니 하며 적화 통일의 음모를 감춘 북한의 모토에 현혹되어 김일성의 북한을 동경하고 있는 것 같았다. 나아가 이들은 한반도의 분단을 고착화 시켜 남북통일을 방해하는 나라가 미국이라고 세뇌되어 반미사상으로 무장되어 있었다.

이 종북 주사파 586 학생들은 최루탄과 화염병이 날아다니는 학교에서 열심히 공부하는 절대다수의 학생들에게는 관심이 없다.

이들은 공부를 포기하고 학교생활을 시위나 데모로 대신하며 귀한 시간을 불온서적 등으로 학습하며 주로 데모에만 몰입했다. 이들은 데모를 통한 위선으로 포장된 애국운동, 개혁운동, 통일운동이 공부보다 더 시급한 책무라고 착각하고 있었다.

졸업은 했으나 이들 중 대부분은 실력으로 학점을 받아 졸업한 것이 아니고 비정상적인 방법 또는 이들의 위세에 밀려 타협한 교수들의 묵인하에 요령껏 졸업에 필요한 학점을 얻어 졸업한 경우도 있었다. 그러니 이들의 머리에는 자기 계발이나 정상적인 사회생활이나 국가 발전에 유익한 지식이나 또한 어떤 비전이나 계획이 있을 리가 없다.

대신 불순한 주체사상과 친북 성향의 편견 및 불로소득으로 먹고사는데 필요한 요령, 억지, 조작, 거짓말, 선동 등 내로남불과 몰지각한 처세술이 이들의 특기가 되었다.

훈장 단 586들의 출세와 반역행위

이 종북 주사파 586세대는 대학 졸업 후 민주화운동에 편승해 감옥 다녀온 것이 훈장이 되었다. 훈장 덕에 국회의원이나 대기업 및 좋은 직장에 자리 잡고 허구한 세월 큰소리치고 허세 부리며 살고 있다.

이런 자들이 김대중, 노무현 그리고 문재인의 좌파 시대를 만나 잡초처럼 무성하더니 언제부터인가 서서히 정치, 경제, 사회, 문화 등 많은 분야로 진출하며 현실 정치에서 실세가 되고 나아가 기득권 세력이 되어 버렸다.

이 586세대는 대학생 시절에 공부를 제대로 하지 않아 사실 국가경영이나 민주적 통치 이념과 방법에는 문외한들로 권력의 중심에서 자유 대한민국을 정상으로 운영할 수 있는 어떤 비전이나 지식이나 능력을 전혀 갖추지 못했다. 이런 자들이 지금 국회, 사법부, 행정부, 언론, 교육계, 문화예술계, 시민사회단체, 노동계 등 사회 전반에 독버섯처럼 자리 잡고 실세로 행세하고 있다.

사실 이들은 잘못된 김일성의 주체사상에 오염되고 세뇌되어 자신들의 행동이 대한민국에 반역적 행위인 것을 모르고 스스로는 마치 민족을 위한 애국적 행동이라고 착각하고 있다.

이들은 지금 허황되고 망상적이며 검증되지 않은 이론과 정책으로 나라를 사지로 몰고 있다. 과도한 세금을 걷어 들이면서 인기 영합을 위해 혈세를 마구 퍼 주는 포퓰리즘 정책으로 국민을 현혹하며 정권 유지를 위해 온갖 수단 방법을 다 동원하고 있다.

또한 적화 통일을 위해 핵과 미사일 개발에 올인하며 북한 동포를 사지로 몰고 있는 김정은에게 위장된 평화 타령을 하며 퍼 주지 못해 안달하는 굴종적 대북 정책으로 대한민국을 파국으로 몰고 있다.

소득 주도 성장 정책, 집값과 세금의 고공행진을 부추기는 부동산 정책, 전기 값만 올리는 탈 원전 정책, 권력 실세의 비리와 부패를 은폐하기 위해 검찰의 직무 방해를 목적으로 한 검찰개혁 정책 등 하나 같이 나라를 망가뜨리는 정책들로 혈안이 되어 있다.

그런데 아직도 이들 586세대는 자신들이 나라를 망치고 있다는 사실을 아는지, 모르는지 참으로 궁금하다. 아마 알면서도 모르는 척하는지도 모른다.

김정은을 위한 연방제 통일을 위해 남과 북의 격차를 좁힐 목적으로 의도적으로 이러한 망국적 정책들에 몰입하고 있을 수도 있다. 반면 이들은 자신들의 무능을 감추기 위해 모든 수단을 동원해 위선과 거짓말 또는 조작과 선동, 감언이설로 국민을 기만하고 있다. 부패하고 좌경화한 주류 언론, 민주노총, 전교조를 앞세워 선동하면서 불법적, 지능적 부정선거 등을 동원해 정권 유지에 안간힘을 다하고 있다.

이러한 이들은 이미 이 사회의 기득권 세력이 되어 지난 5년간 문재인을 위시한 내로남불의 권력 실세로 윤석열 정부의 개혁과 민생을 위한 정책들을 가로막고 방해하고 있다.

객관적으로 보아 한심하고 허황된 종북 주사파 586세대는 자신들이 대한민국의 기생충임을 자각하고 깊이 반성하기 바란다. 그러지 않으면 준엄한 국민의 심판으로 곧 사라져야 될 날이 올 것이다. 지금 문재인 좌파 정권에 기생하는 586세대의 정체에 대한 나의 평가가 옳았다는 것은 훗날 역사가 증명해 줄 것으로 믿는다.

대구 생활에 활력을 준 대학 동기

계명대학교가 인연이 되어 23년 만에 금의환향한 나를 대구는 반겨 주었으나 내가 겪어야 했던 일들은 충격적이었다. 대구에 처음 와서 아는 사람은 나를 계명대학교에 오게 도와준 신 학장 외에는 아무도 없었다. 그러나 친절한 분들의 호의와 배려로 나는 곧 대구가 친숙하고 낯설지 않게 느껴졌다.

누구보다도 대구에 가서 알게 된 연세대학교 동기 동창인 (주)풍국산업 신상일 회장의 각별한 배려와 따뜻한 인정은 나에게 큰 힘이 되고 안정을 찾는 데 도움이 되었다. 신 회장은 혼자 대구에 와서 외롭게 지내는 나를 저녁에는 맛집들로 데려가서 같이 식사하며 타향살이의 외로움을 잊게 해 주고 생활에 필요한 집기들도 준비해 주며 좋은 친구들도 소개해 주었다.

또 미군부대 Camp Walker의 출입증과 골프장 회원권 등을 취득할 수 있도록 알선해 주어서 미군부대의 골프장 혜택으로 나는 골프를 치며 체력단련을 할 수 있게 되었다. 이러한 신 회장의 따뜻한 배려로 대구 생활을 즐겁게 시작할 수 있었다. 신상일 회장의 따뜻한 인간미와 우정에 마음 깊이 감사하며 평생 이 고마움을 나는 잊을 수가 없다.

납득하기 힘든 관습화된 부조리

23년 만에 돌아온 내 고국은 나에게 생소했으며 내 기대를 역행하는 일들로 나에게 실망과 충격을 안겨 주었다.

미국에서 20년 넘게 운전하며 생활한 나는 대구에 와서 대중교통을 이용하기로 하고 자가용을 마련하지 않았다. 가족 없이 나 혼자 살면서 나의 자동차로 대구의 좁은 길을 차지해 남들에게 불편을 주지 않겠다는 순진한 생각도 내 마음속에서 좀 작용한 것 같다. 그렇게 1년을 살면서 나는 대중교통 이용에 회의를 느끼게 됐다.

밤에 특히 비 오는 밤에 택시를 잡는 것이 너무 힘들고 짜증이 났다. 그래서 차를 하나 사기로 하고 자동차 운전면허증을 발급받기로 했다.

미국 자동차 면허증이 있으면 필기시험만 보면 된다고 한다. 그런데 내 미국 면허증이 자동차를 매입하기 3일 전에 만기가 되어 실기시험도 보게 되었다.

운전을 잘 못하는 운전학원 출신 수험생들이 실기시험을 한 번에 합격하는 신통력을 보고 감탄했다. 20년 이상의 운전 경험에 더하여 미국의 수도 워싱턴에서 택시를 생업으로 다년간 운전했던 나는 3번 낙방하는 수모를 감수해야 했다.

그 당시 실기시험은 운전면허시험장에서 제공하는 차로 일반 도로가 아닌 고정된 궤도를 한 바퀴 운전하며 지시에 따라 돌면 자동으로 채점이 되었다. 우선 실기시험 자동차가 시발택시와 같이 작은 차인데 운전석을 한국인 평균 체형에 맞춰 고정시켰기 때문에 나 같이 큰 체격의 사람이 운전석에 앉는 것부터 불편하고 고통스러웠다.

첫 실기시험은 S와 T 자 모양의 선을 탈선 없이 운전해야 한다. 모든 수험생들은 학원에서 배운 대로 목을 기린 목처럼 창밖으로 쭉 뽑고 선을 보며 쭈뼛쭈뼛 운전해 합격한다.

이런 운전시험은 실제 상황에서는 상상도 할 수 없는 비합리적이며 아무 의미가 없는 시험이라고 느껴졌다. 20여 년의 경력이 있는 나는 자연스럽게 운전했는데 결국 탈선하여 불합격이다. 2차 때는 나도 할 수 없이 학원 출신 운전자들처럼 목을 창밖으로 뽑아 선을 보며 운전해 겨우 합격했다. 나는 지금도 이런 시험이 그 당시 왜 필요했는지 전혀 이해가 되지 않는다.

다음은 고정된 궤도를 지시에 따라 운전해 돌면 된다. 나는 조심스럽게 모든 지시를 이행하며 한 바퀴 돌았는데 불합격이다. 다시 도전했으나 또 불합격이다. 모두 3번 낙방했다.

미국에서 다년간 택시 운전으로 생활했던 내가 한국에서 도로에서는 운전이 서툰 운전학원 출신의 운전 실력보다 못한 꼴이 되었다.

나는 이런 불합리한 제도에 충격을 받고 방학 때 미국에 들어가 미국 면허증을 재발급 받아서 그것으로 한국 면허증을 받았다. 이와 같은 불합리하고 비현실적인 제도나 관행을 겪으며 한국에서의 생활이 대단히 피곤하고 험난할 것이라 예상했다.

또한 아파트를 분양받으면서 피곤하고 불쾌하며 실망스러운 경험을 했다. 내 집 마련을 위해 나는 500만 원으로 주택 청약을 했다. 이 금액은 반드시 60평 이상을 분양받아야 한다는 것을 나중에 알았다. 분양 공고가 신문에 나오면 언제나 신청하였다.

대구 시내 노른자에 건설되는 3곳에 신청했는데 무슨 이유인지 나는 모두 낙첨되었다. 그런데 대구 토박이들은 대부분 다 당첨되는 신통력을 갖고 있었다. 아마도 혈연, 학연, 지연이 작용하는 것 같다는 소문이 파다했다. 이런데 익숙하지 못한 나는 한국에서 낙오자로 살아가는 길밖에 없는 것 같았다.

그러던 중에 대구시 외곽 고산 쪽에 청구건설회사가 아파트를 건설한다고 공고했다. 나는 또 신청했다. 이번에는 분양에 참여하라고 연락이 왔다. 가서 보니 대구 시내에서 거리가 먼 외곽지라서 분양신청자가 미달이었다. 더욱이 63평형 신청자는 말할 것 없이 더욱 미달이었다.

아파트 평수별로 동과 호의 번호가 적힌 종이쪽지를 접어 넣은 큰 통들이 탁자 위에 놓여 있었다. 호명하면 나가서 그 통 속에서 하나를 뽑은 쪽지에 적혀 있는 동과 호의 숫자가 당첨된 아파트이다. 63평형은 105동이었다. 내가 뽑은 것은 203호 2층이 당첨되었다. 그날 온 63평형 신청자 모두는 저층 아파트가 당첨되고 고층은 미분양으로 남게 되었다.

공평하고 합리적인 방법인 것처럼 보였으나 후에 알고 보니 9층 아파트인데 1차 분양 때 저층을 먼저 분양하고 그날 미분양으로 남은 고층 로열층 아파트들은 뒤에 다른 방도로 개별 분양을 했다.

굴지의 건축회사 '청구'의 지능적이며 공정하지 못한 분양 방법에 경악을 금할 수 없었다. 이런 공정치 못한 일은 청구에만 극한 된 것이 아니고 그 당시의 대부분의 건축회사들의 상습화한 비공식 관행이었다고 알려져 있다.

그런데 나의 경우는 청구의 지능적 부정행위로 인해 이중의 피해자가 되는 수모를 겪었다. 건설 중 어느 날 현장에 가 봤는데 내가 분양받은 105동 203호를 한마디 양해도 없이 청구 멋대로 견본 하우스로 만들어서 공개하여 공사하는 인부들과 더불어 많은 사람들이 드나들고 있었다.

그때 이미 분양가 중도금까지 지불해 법적으로 내가 소유주인데 나에게 상의나 양해 없이 견본 하우스로 사용하는 것에 몹시 불쾌했다. 그러나 깨끗이 청소는 해 줄 것으로 알고 내 집 마련의 기대를 갖고 입주할 날을 기다리며 참기로 했다.

드디어 입주를 하고 보니 아파트 안 구석구석에 공사 먼지가 많이 쌓여 더러운 상태였다. 힘들게 청소를 하고 이삿짐을 풀고 정리 정돈하는데 부실공사가 터져 나오기 시작했다. 건축공사를 하기 위해 급히 견본 하우스를 만든다고 모든 것을 임시방편으로 적당히 모양만 갖춘 엉터리 작업이었기 때문에 하자가 발생하는 것은 당연하였다.

욕실의 수도꼭지가 빠져 나와 뜨거운 물이 콸콸 쏟아져 나오는데 놀라고 화상을 입을 위험 때문에 몹시 당황하였다. 부엌에는 벽 붙박이 그릇장이 무너질 것 같이 흔들리고, 벽은 벽지가 떨어져 있고, 창문의 유리는 금이 가 있고, 바닥에 타일은 깨어져 있고 그리고 더욱 놀라고 기가 찰 일은 위층에서 세탁을 하면 배수관을 통해서 내려가야 할 오수가 배수관의 잘못된 연결 때문에 오수 물벼락이 우리 집안으로 쏟아져 내렸다.

더운 여름에 공사하면서 견본 모델하우스의 창문과 문들을 모두 열어 놓은 상태로 공사하여 거실 천장에 달린 샹들리에 전등은 말라 눌어붙은 파리똥, 하루살이, 날파리들로 새까맣게 덮어쓰고 있었다. 이것들 말고도 자질구레한 하자들은 말로 다 할 수가 없이 많았다. 이로 인한 심적 고통은 물론이고 청소하고 보수하는 데 많은 시일이 걸렸다.

부엌의 벽 그릇장을 보수하던 기사가 어이없고 기가 차다는 듯이 한숨 쉬며 하는 말이 "그냥 가자리(일본말 장식)로 달았구나." 혼자 말하듯 말했다.

　사실 보수공사를 요구하면 2-3일씩 기다려 자기들이 편한 시간에 오니 집사람은 그간 외출도 못 하고 마냥 그들의 처분만 기다려야 했다. 더욱이 이러한 불공정한 사실들을 청구 본사에 항의하고 책임 있는 처리나 보상을 요구하였으나 아무런 대답을 듣지 못했다.

　너무도 어이없고 기막힌 일을 당하면서 아직도 대기업이 소비자에게 이런 갑질을 일삼는 현실에 실망하며 소비자들만 피해를 입는 사실에 울분을 느꼈다.

　자동차 면허시험과 '청구' 아파트 분양의 두 가지 경험과 또 다른 유사한 부조리들을 경험하며 한국의 비정상적 현실을 알게 되었다. 그리고 이런 부조리가 당연시되는 현실에 많은 국민들은 타성이 생겨 분노하거나 개선을 위해 노력하는 대신 이런 속에서 타협하며 요령껏 각자 알아서 살아가고 있는 것 같다.

　내가 23년 만에 귀국해 경험한 이런 생활문화에 대한 충격은 글로 다 옮기기에는 너무 많다. 이런 부조리, 비정상, 강자의 갑질 등 잘못된 관습, 잘못된 문화가 빨리 개선되어 신뢰하고 살 수 있었으면 좋겠다.

.

• 11부 •

의미 있는 삶을 찾아서

우연히 알게 된 '한국전 참전 기념공원'

1992년 6월 14일, 한국전 참전 기념공원 기공식의 첫 삽을 뜨는 부시 대통령,
랠리 사무총장 그리고 데이비스 위원장

1993년 봄 학기 어느 날 강의 준비를 하고 있는데 전화벨이 울렸다. 미국 애틀랜타(Atlanta)에서 살고 있는 동생, 명규의 오랜만의 안부 전화였다. 이런저런 이야기를 하다가 애틀랜타에 레이 데이비스(Ray Davis)라는

퇴역 해병대 4성 장군이 계시는데 한국에 대해 많이 섭섭해한다고 했다.

데이비스 장군은 '한국전 참전기념 공원 건립 위원회' 위원장으로 공원 건립 후 제막식을 한국과 함께 성대히 거행할 계획을 가지고 한국을 방문하였다. 그리고 요로에 한국의 동참을 제안했는데 아무도 이 제안에 화답하지 않았다.

장군은 한국에 대해 대단히 섭섭해하고 있다고 동생이 나에게 이야기했다. 나도 무심히 들어 넘기고는 전화를 끊었다. 그리고 잠자리에 들었는데 동생이 한 말이 무겁게 내 머리를 짓눌렀다.

그래서 다시 생각해 보니 '잊혀진 전쟁'이라고 경시했던 한국전을 기념해 워싱턴에 미국이 기념공원을 건립하기로 했다는 사실에 나는 필연코 사연이 있다고 생각하고 더 자세히 알아보기로 했다.

독일의 베를린 장벽이 무너지고 공산제국 소련이 붕괴되면서 많은 정치학자나 역사학자들이 그 원인을 규명하려고 연구를 했다. 결과는 한국전에서 공산주의의 팽창을 저지한 것이 공산권 붕괴의 원인이 되었다는 것이다. 이로 인해 한국전쟁에 대한 인식이 달라졌고 한국전에 대한 재평가가 진행되었다.

이것이 계기가 되어 미 의회가 '한국전 참전기념 공원 건립'을 만장일치로 결의하고 포토맥강(Potomac River) 변의 링컨 기념관 옆 부지에 공원 건립을 허가했다. 그리고 건립을 위한 제반 업무는 대통령 직속으로 건립 위원회를 두고 위원회가 관장하고 건립 및 제막식의 비용은 모두 기업이나 개인의 기부를 받아 집행하기로 하였다.

조지 H. W. 부시 대통령(1924-2018년, 41대 미국 대통령)은 이 모든 일을 추진할 책임자로 레이 데이비스 장군을 위원회 위원장으로 임명했다.

나는 이러한 사실을 알고 한국전 참전기념 공원 제막식은 역사적인 행사로 한국이 반드시 공동 주최자로 참여해야 하며 또한 제막식 기념행사를 범국가적 차원에서 준비해야 한다고 생각했다.

우리가 대한민국에서 자유와 번영을 누리며 평화 속에서 살 수 있도록 도와준 미국의 6.25 참전을 기념하고 한반도의 공산화를 저지한 전쟁의 영웅적 희생자들을 영원히 추모할 수 있는 기념공원의 역사적 제막식이기 때문이다.

나는 동생에게 전화하여 장군을 소개해 달라고 부탁했다.

며칠 후 장군과 전화로 연결이 되어 나는 단도직입적으로 장군에게 한국은 반드시 동참하며 귀하가 기대하는 것 이상으로 더 성대하고 더 화려하고 더 의미 있게 준비하겠다고 했다. 그는 반신반의하며 참말이냐고 물었다. 나는 그에게 나를 믿으라고 말하고 통화를 끝냈다.

나는 지금도 내가 어떻게 그렇게 망설임 없이 자신 있게 그런 말을 했는지 모르겠다. 하나님이 나로 하여금 그렇게 말하도록 계시한 것 같다.

6.25 동란으로 인해 한반도가 공산화되고 우리 모두 자유가 없는 김일성의 지옥에서 살 뻔한 악몽을 다시 상기했다. 자유 대한민국을 나락에서 구해 준 미국이 한없이 고마웠고 이에 대한 보은과 인간 된 도리로 무조건 제막식에 참여해야 한다고 마음을 다짐했다.

또한 미국에 감사하고 미국의 희생을 영원히 기억하겠다고 예의를 갖추는 것이 도리라고 생각했다.

무모한 나의 정면 돌파

말보다 행동으로 애국하
는 배정기 회장과 의기투
합하는 저자

　그러나 손에 아무것도 쥔 것이 없는 대학교수가 데이비스 장군에게 그런 엄청난 말을 충동적으로 한 것이 무모했다고 생각하며 고민하게 되었다.

　데이비스 장군이 하는 사업은 미국 대통령 및 미 의회가 관여하고 미국의 대기업들이 지원해 진행되는 국가적 차원의 프로젝트이다. 내가 한국 정부도 관심을 갖지 않는 일에 나서서 큰 소리부터 쳤으니 내가 내 말에 책임을 져야 하는데 나 자신이 너무 무력하다고 느껴졌다.

　나는 하나님께 도와달라고 간절히 기도했다. 또 하나님이 주신 나의 성격은 내가 한 말에 대한 책임을 회피하는 것을 용납지 않는다는 것을 잘 알고 있다. 그래서 정면 돌파하기로 하고 또 기도했다.

　불현듯 서울에 있는 한 사업가가 내 머리에 떠올랐다. 김덕룡(1941-, 5선 의원 제17대·제22대 정무장관) 의원 소개로 알게 되어 몇 번 만난 적이 있는 분이다. 왜 이분을 하필이면 이때 내가 생각하게 됐는지 참 신기한 일이다. 전화하고 싶은 충동에 못 이겨 그에게 전화하였다.

나는 이 일에 대해서 자초지종을 설명하고 무슨 방법이 없겠느냐고 물었다. 그는 주저함 없이 자기가 모든 비용을 책임질 테니 조 교수는 소신껏 이 행사가 성공하도록 최선을 다해 추진해 주면 고맙겠다고 말했다.

이런 대답은 기대도 안 했고 꿈에도 생각지 못했던 것이다. 그런데 그가 재정적 지원을 기꺼이 약속해 주다니, 놀란 마음과 기쁨으로 이것이 분명 꿈이 아니기를 바랐다.

지금 그는 고인이지만 그가 나에 대한 믿음보다는 이 기념공원의 역사적인 의미와 제막식 참여의 중요성을 누구보다도 잘 파악하고 나에게 즉답을 주었다고 확신한다. 그는 진정한 애국자이고 한미 동맹의 중요성을 몸과 마음으로 절감하며 미국의 희생에 대해 항상 고맙게 생각하며 살았던 나의 멋진 동지였다.

그는 범양해운 주식회사 배정기 회장이다. 배 회장의 애국적 결단에 자신감을 갖게 된 나는 하나님이 섭리하시는 이 역사적 사업을 위해 세밀한 계획을 세워야겠다고 생각하고 작업을 시작했다.

우선 이 사업을 준비하려면 나의 시간을 효율적으로 써야 함으로 대학 강의를 월, 화, 수요일로 모두 몰고 목, 금, 토는 서울에 올라가 활동하기로 했다. 청빈한 교수의 재정이 감당할 수 있는 종로 YMCA에 작은 방을 얻어 작업을 시작했다.

첫째, 이 사업을 준비하고 이행할 조직이 필요하여 사단법인 '한미교류협회'를 창립할 것.

둘째, 제막식에서 보여 줄 우리의 프로그램을 한국적이면서도 국제 사회가 공감할 수 있는 문화 예술 및 학술 행사들로 준비할 것.

셋째, 성공적 프로그램의 준비를 위해 개별 프로그램의 재정적 지원자를 확보할 것.

나는 이 세 가지 계획을 실행하기 위해 혼신의 노력을 다했다.

사단법인 한미교류협회 창립총회

1964년 10월 19일, 데이비스 위원장의 초청으로 워싱턴 디시에 건립될 한국전 참전
기념공원 부지를 답사하기 위해 현지를 방문한 한미교류협회 대표단, 김덕룡 명예회
장, 조웅규 회장, 배정기 부회장

한미교류협회 회장으로 선출되어 인사말을 하는 조웅규 교수

창립총회 개최일 1994년 9월 9일, 장소는 조선호텔 대연회장으로 정했다. 그리고 정·재계 인사들, 학계와 언론계 인사들, 문화 예술계 인사들, 각계각층의 한미 관계에 종사하는 분들 500여 명을 초청키로 했다.

그리고 미국 데이비스 장군에게 연락하여 그간의 진행사항을 알리고 한미교류협회 창립총회에 초청하였다.

그는 우리의 그간의 진전된 준비사항들을 듣고는 놀라는 기색을 감추지 못했다. 총회에 참석하여 기념공원에 대한 그간의 미국에서의 진행들을 보고 형식으로 발표하겠다고 했다.

창립총회는 여야 국회의원만 30여 명이 참석하고 500명 이상의 참석자들로 인해 대연회장은 발 디딜 틈이 없을 정도로 대성황이었다.

총회 후 만찬으로 이어져 화기애애한 가운데 모두는 만족한 시간을 가졌다. 이 성공적 총회는 바로 우리 한국인들이 얼마나 미국의 6.25 참전으로 인한 희생과 우정에 고마워하고 얼마나 한미 동맹을 소중히 생각하고 있는지를 확인할 수 있는 행사였다.

데이비스 장군도 한국 정부에 섭섭했던 감정을 다 잊고 자신이 인천 상륙작전 시 중대장으로 참전했던 이야기와 그리고 한국을 방문할 때마다 손자 손녀들을 위해 한복을 선물로 사 간다고 자기가 얼마나 한국을 사랑하는지를 자랑스레 말했다.

총회에서는 임원으로 회장에 조웅규 교수, 부회장에 배정기 회장이 선출됐다. 그리고 김덕룡 의원은 협회의 명예회장으로 선출되었고, 창립총회 준비과정에서 많은 기여를 했다.

공원 제막식 행사 프로그램

1965년 7월 27일 한국전 참전 기념공원 제막식 축하 행사에서 공연하는 사물놀이패

나는 이 프로그램은 가장 한국적이면서도 내용이나 형식에 있어서 국제 사회에 내놓아도 손색이 없고 모두가 공감할 수 있는 내용이어야 한다고 생각했다.

그리고 한국전 참전기념 공원의 의미와 가치 그리고 항구적 세계 평화를 열망하는 한국 국민의 염원을 표현하는 내용들이어야 한다고 굳게 다짐했다.

대표적인 공연 프로그램은 1995년 7월 27일 밤 백악관에서 가까운 워싱턴의 국립공원(The National Mall)에 마련된 대형 야외무대에서 펼쳐진 SBS의 〈한미합동의 밤 Gala Show〉였다. 총연출은 표재순, 지휘 박범훈, 안무 국수호, 출연에는 국립국악관현악단, 디딤무용단, 김덕수사물놀이, 솔리스트로는 패티김, 조용필, 김성녀, 안숙선, 안옥선 등. 그리고 금호현악 4중주, 어린이합창단, 육군군악대와 의장대시범, 어린이태권도시범, 전통한복패션쇼, 한미합동 6.25 전쟁미술전, 꽃 예술전시 등의 다채로운 프로그램으로 이루어졌다.

국제 학술세미나는 '한국전쟁: 역사적 기록의 평가'와 한미학술회의 '한국의 민주주의와 개혁'이란 주제로 Heritage 재단과 공동으로 주최해 열띤 토론으로 성황을 이루었다.

특기할 것은 현대자동차의 지원을 받아 4만 개의 비디오를 제작하여 미국의 모든 초, 중, 고등학교와 대학의 도서관 그리고 미국의 시립도서관에 보낸 사업이다.

이 비디오는 〈KOREA: War, Prosperity & Democracy〉란 제목으로 제작해 배포했다.

1) The Korean War Revisited, 38분

2) 한국의 성공한 산업화 소개, 18분

3) The Open World, The Open Future, 17분

4) 한국의 민주화와 88 Seoul Olympic, 20분

으로 구성된 비디오로 내가 직접 공보처에 가서 자료를 수집하고 편집하여 미국 시카고의 비디오 제작 전문 업체에 의뢰하여 제작, 배포했다.

변화하고 발전하는 한국의 산업화와 민주화 그리고 번영의 생동감과 성공적 88서울올림픽의 역동성이 넘치는 한국의 현대사를 볼 수 있는 동영상이다.

기꺼이 동참해 준 후원사들

나는 YMCA 방에서 혼자 머리를 짜내어 프로그램들을 정하고 후원을
받기 위해 사업 계획안과 협조 공문을 준비해 후원사들을 직접 찾아가 담
당 직원에게 설명했다. 간혹 담당 직원이 행사의 가치와 중요성을 인지하
고 검토하여 상부에 보고하는 경우가 있다. 최고위층이 관심을 가지는 경
우 나와의 면담이 이루어지고 최종적으로 협조 계약을 맺고 후원하였다.

이 행사에 맨 먼저 관심을 보인 회사는 SBS 방송국이었다. SBS는 자체
적으로 〈한국의 밤 Gala Show〉를 준비하기로 하고 6억 원의 예산을 편성
하여 자체 집행하기로 하였다. 동시에 총예산의 10%인 6천만 원을 한미
교류협회에 후원하였다.

그런데 어떻게 이 사실을 안 재향군인회 회장 장태완 장군이 한미교류
협회로 찾아왔다. 그는 6.25 참전 장군들이 이 제막식 행사에 반드시 참석
해야 하는데 여비가 한 푼도 없으니 도와달라고 부탁했다.

그때 한미교류협회는 재정적으로 몹시 빈약하고 초라한 때였다. 장 장
군은 참전 장군들이 부부 동반으로 참석할 수 있게 SBS에서 후원한 금액
전액을 주면 좋겠다고 했다. 나는 참전 장군들의 희생과 노고에 보답하는
차원에서 6천만 원 전액을 재향군인회에 기부했다.

내가 15대 국회의원이 되었을 때 장태완 장군도 국회에 등원하여 국회
에서 다시 만났다. 나는 웃으면서 우리 한미교류협회의 피 같은 종잣돈 6
천만 원을 기부했는데 어찌 감사하다는 말 한마디에 그리 인색하냐며 느
긋이 한마디 해 주었다.

한미 합동 미술전을 계획하면서 6.25 전쟁을 경험한 노 화가들의 그림

을 전시하기로 하고 화가들에게 동참을 요청했다. 김기창 화백을 위시해 당대에 유명한 화백들이 참여해서 대단히 만족스러웠다. 이제 이 유명한 화백들의 고가의 그림들을 현지로 수송하면 한시름 놓을 수 있을 거라 생각했다.

그런데 미처 생각지 못했던 복병이 불쑥 나타나 나를 난처하게 만들었다. 다름 아닌 그림들의 보험료가 어마어마하다. 왕복 수송에 붙는 보험료가 한미교류협회의 재정으로는 감당이 안 되는 엄청난 금액이었다.

고민 고민 끝에 나는 화가들과 보험회사를 불러 행사의 특수성을 감안해 서로 양보하여 보험금을 현실화하자고 제의했다. 협회가 감당할 수 있는 보험금을 제시하면 고려해 보겠다는 보험회사의 배려로 간신히 합의를 보고 해결했다. 행사의 취지에 공감해 보험금을 조정해 준 보험회사와 노 화가들에게 다시 감사드린다.

SBS 외에도 현대자동차, 포항제철, 대한항공, 범양해운 등 다수의 기업과 개인들의 따뜻한 후원으로 한미교류협회는 제막식 행사 준비를 무리 없이 성공적으로 추진할 수 있었다.

데이비스 장군과 레이니 주한 미국 대사

한국전 참전 기념공원 건립 축하 음악회에 들어가는 데이비스 장군,
레이니 대사와 함께 걸어가는 저자

한미교류협회 창립총회에 참석한 데이비스 장군은 한국의 제막식 참여 행사를 향한 열정과 착실한 준비를 확인하고 안심하는 것 같았다. 그 후 그는 3-4개월 간격으로 한국을 방문해서 우리의 준비상황을 점검 확인하고 또 여러 가지 협력 문제를 상의했다.

한번은 김영삼 대통령을 예방할 수 있게 도와달라고 나에게 부탁했다. 왜냐고 물으니 제막식 행사에 김 대통령을 초청하고 싶다고 했다. 그래서 나는 레이니 주한 미국 대사에게 부탁하는 것이 순리라고 말해 주었다.

그는 자신이 개인적으로도 레이니 대사를 잘 알고 있어서 연락을 했으나 그가 북 핵 문제로 정신없이 분주해서 만날 수가 없어 할 수 없이 나에게 부탁한다고 했다. 그래서 나는 청와대 안보수석에게 전화하여 당면한 상황을 말했더니 그는 예방 일시를 정해 주었다.

방문 일에 나는 데이비스 장군과 청와대로 갔다. 장군은 김 대통령, 안보수석, 행정수석 그리고 보훈처장과 회합을 하고 그리고 김 대통령을 개막식에 초청하였다고 했다.

사실 내가 이 행사 준비를 모두 책임지고 추진하며 범국가적 규모로 진행하고 있었는데도 청와대 회합에는 참석하지 못하고 청와대 휴게실에서 장군을 기다려야 했다. 공직사회의 보이지 않는 벽이 이렇게 높고 냉정한 줄은 미처 몰랐다.

안갯속 김 대통령 참석 여부

김영삼 대통령의 제막식 참석 여부와 관련하여 한국을 다시 찾은 데이비스 위원장과 함께한 저자와 데이비스 장군 보좌관과 이민섭 의원

두 주가 지났는데도 김 대통령의 참석 여부는 아직 안갯속이었다. 초조해진 데이비스 장군은 나에게만 매달렸다. 나도 달리 방법이 없어서 장군에게 제안을 했다.

제막식 기념행사는 한국전 휴전일을 기해 7월 26일에 하기로 결정되었다. 빌 클린턴 미국 제42대 대통령도 참석한다고 한다. 그래서 나는 장군에게 클린턴 대통령이 제막식 기념행사와 병행해서 한미 정상회담을 7월 26일을 전후해 워싱턴에서 가지자고 김 대통령에게 제안하도록 클린턴 대통령을 설득해 보라고 했다.

당시 클린턴은 재선을 목전에 두고 있었다. 그가 월남전 때 병역을 기피하여 많은 재향군인들에게 인기가 없었다. 이 문제가 클린턴의 재선에 악재로 작용할 수도 있었다. 그래서 내가 데이비스 장군에게 조건부로 클린턴 대통령이 한미 정상회담으로 김 대통령을 워싱턴에 초청하면 대통령 선거 때 재향군인회가 대통령의 재선을 대폭 지지하겠다고 하면 어떠냐고 말했다.

그 후 데이비스 장군으로부터 따로 들은 바는 없지만 클린턴 대통령이 김 대통령에게 한미 정상회담을 제의했다. 김 대통령은 이를 계기로 워싱턴에 오서서 한국전 참전기념 공원 제막식 행사에 클린턴 대통령과 나란히 참석하여 희생자들을 추모하고 기념 축사를 했다.

마지막으로 한국전 참전 희생자 추모 예배와 함께 한미 간의 우정, 유대, 교류, 협력 등을 강화하기 위한 기도로 역사적 대장정을 마무리했다.

다채로운 프로그램으로 행사를 마치며

한미교류협회는 12개의 다채로운 프로그램을 준비하여 범국가적이고 국제적인 한국전 참전기념 공원 제막식 행사를 성공적으로 완수했다.

이와 같은 대행사를 내가 맨손으로 무에서 시작하여 대성공을 거둘 수 있었던 것은 오로지 하나님의 섭리이며 은총으로 믿고 나는 무한한 감사를 드리며 기도했다.

돌이켜 보니 애틀랜타에 사는 동생의 전화 한 통화로 오고 간 이야기가 계기가 되어 레이 데이비스 장군과 배정기 회장을 만나게 되었다. 그리고 이 역사적 행사에 한미교류협회가 중심이 되어 기획하고 참여하여 한미 양국의 대통령들이 직접 참가한 국제적 차원의 공식 '한국전 참전기념비 제막행사'를 성공적으로 마쳤다. 이 행사의 진행과정과 성공적으로 막을 내리게 된 전 과정을 회상해 보면 참으로 기적적이고 초인적인 노력으로 성과를 거둔 행사였다.

이를 성공리에 수행한 나 자신에게 스스로 놀랍도록 감탄하고 있다. 또한 이 행사의 성공을 위해 물심양면 성원과 지원을 아끼지 않은 많은 기업들과 독지가들의 후원이 없었다면 나의 노력도 물거품이 되었을 것이다. 이 모든 기업들과 독지가들에게 진심으로 감사와 존경을 보낸다.

나는 워싱턴을 방문할 때마다 반드시 이 기념 공원을 찾아보고 한국전에서 자유 민주주의를 위해 장렬히 전사한 참전 영웅들의 넋을 추모하고 기도한다.

12부

33년 만에 돌아온 서울

다시 독대한 김영삼 대통령

1996년 2월 말경 계명대학교에 재직하고 있던 어느 날 늦은 밤에 귀가하니 집사람이 청와대 반기문 의전수석의 전화를 받았는데 안 계시다고 하니 다시 전화하겠다고 하고는 끊었다고 했다. 나는 뜻밖에 전화라 무슨 일인지 궁금해하며 잠들었다.

아침 일찍이 전화벨이 울려 받으니 청와대의 반기문이라고 소개하며 각하께서 나를 찾는다고 했다.

오늘 시간이 있으면 오전 11시에 코리아나 호텔 앞에 검은 승용차가 기다리고 있을 테니 타고 청와대로 오라고 말했다. 마침 강의가 없는 날이라 일찍이 공항으로 가서 서울 가는 비행기에 올랐다. 각하가 왜 나를 찾는지? 궁금증과 함께 이런 생각 저런 생각을 하며 서울에 도착하였다.

호텔 앞에 청와대에서 나온 검은 승용차가 기다리고 있었다. 차를 타고 청와대에 들어가니 2인 식사 자리가 마련된 작은 방으로 안내되었다. 12시가 되니 김 대통령이 들어오시며 그간 잘 지냈느냐고 물으시며 나에게 앉으라고 하셨다.

순간 내 머리에는 10년 전에 있었던 일이 불현듯 떠올랐다. 미 민주당 대표단의 민추협과의 협력 관계를 위해 서울 방문이 있은 후 얼마 지나지 않아 나는 계명대학교의 임용 제의를 받고 귀국하였다. 그리고 상도동으로 인사하러 갔다.

김 총재에게 영구 귀국하게 되었다고 말씀드렸더니 김 총재께서는 못마땅한 표정으로 조 교수가 한국에 나오면 앞으로 미국과의 관계를 어떻게 하라느냐며 언짢아하시면서 한국에는 함께 일할 동지가 많으나 미국은 조 교수만 믿었는데 아주 난처하게 됐다고 하셨다.

그 후 나는 김 총재의 입장에 대해 전혀 고려하지 않고 귀국을 결정한 나의 성급함으로 김 총재에게 본의 아닌 걱정을 끼친 것이 미안하여 상도동에 발길을 끊고 지냈다.

그렇게 10년이 지난 오늘 다시 김 대통령을 뵙게 되니 죄송하면서도 무슨 말씀을 하실지 궁금했다.

식사 후 대통령께서 대뜸 전국구 의원으로 국회에 와서 외교통일 분야에서 일하면 어떻겠냐고 말씀하셨다. 나는 너무 고마워 감격하면서도 전국구 의원의 경우 당락은 순번이 관건이란 생각이 났다.

만약 일차로 당선이 보장되지 않는 순위의 순번이라면 그냥 교수로 남겠다고 말씀드렸더니 대통령께서는 지금 이회창, 이홍구 둘만 결정되었으니 순번은 걱정하지 말라고 하셨다.

각하께서는 이 사실을 신문에서 볼 때까지 철저히 극비에 부쳐야 한다고 하며 이원종 정무수석에게 나의 도장을 주고 가라고 하셨다.

비례대표 12번을 받고

제15대 국회의원 선거 신한국당 비례대표 명단이 신문에 발표될 때까지 나는 아무에게도 이 사실을 말하지 않았다. 나도 신문을 보고야 나의 순위가 12번인 것을 알았다.

1996년 4월 11일 제15대 총선 결과는 신한국당이 압승을 거두었다. 나는 안전권 순위 12번으로 전국구 국회의원에 당선되었다. 주위의 친구들이 신문에서 비례대표 조웅규 이름을 보고 동명이인인가 했다고 한다. 계명대학교 교수 직함이 조웅규와 함께 있어서 알게 됐다며 축하 전화가 쇄도했다. 계명대학교 교직원들과 학생들도 나의 국회 등원을 크게 반기며 축하해 주었다.

그러나 한나라당의 상급 당직자들은 조웅규가 하늘에서 떨어진 낙석 같은 존재로 불쾌하게 느껴졌던 모양이었다. 한 번도 들어 보지 못했던 이름인데 자기들이 차지했어야 할 전국구 자리를 불로소득으로 내가 가져갔다고 생각하고 있는 것 같았다.

나는 성격상 부탁할 줄 모른다. 정치를 하고 싶은 마음은 있었지만 이북 출신에 미국에서 23년, 대구에서 10년을 교수 생활을 하면서 비록 정치학 박사이지만 현실 정치와는 거리가 있었다. 나의 전문성은 전국구 국회의원이 될 가능성이 충분하다는 것을 알면서도 도와달라고 부탁할 데도 없고 부탁할 사람도 주위에 없어서 부탁한 적도 없다.

그런데 김영삼 대통령께서는 그동안 미국에서 내가 한국의 민주주의를 위해 다방면으로 활약하면서 미국 민주당 NDI와 한국 민추협의 유대 관계를 맺어 주고, 상호 교류를 갖도록 한 실력과 외교적 수완, 전문성을 인정하시고 나를 전국구 국회의원으로 영입하셨다.

종로 내수동에서 시작한 의원 생활

　지난 10년 동안을 대구에서 살면서 정든 친지들, 대학 캠퍼스 그리고 동료 교수, 제자들과 이별하고 1963년에 떠났던 서울로 33년 만에 국회의원이 되어 돌아오게 됐다.

　국회에 등원하기 위해 나 혼자 먼저 서울에 왔다. 집을 장만하지 못해 친구 집에 임시로 기거하며 물색한 끝에 종로구 내수동 대우 주상복합 빌딩에 전세로 아파트를 얻었다. 그리고 집사람이 대구의 말도 많고 탈도 많았던 청구 아파트를 정리하고 서울로 올라왔다.

　이 전세 아파트는 의정 활동 8년간 우리의 보금자리였다. 이 아파트가 인연이 되어 나는 이 동네에서 두 번 더 이사를 하면서 20년을 살았다.

　23년간 미국의 민주주의를 몸소 체험하고 또한 정치학 교수로 민주주의를 강의하며 민주주의를 심도 있게 이해하고 있는 내가 민주국가인 대한민국의 국회의원이 되었다. 무거운 책임감과 함께 주어진 역할과 직무를 수행하면서 공사를 분명히 구분하며 최선을 다해야겠다고 나 스스로에게 다짐하고 또 그렇게 노력했다.

　그리고 무엇보다도 권력의 유혹이 얼마나 무서운 것인지를 잘 알고 있는 나는 공인으로 재직하는 동안 나에게 주어진 권한은 국민이 위임한 권한임을 명심하며 언제나 사사로운 이해관계에 얽매이지 않고 공사 구분을 엄격히 하겠다고 다짐했다. 나 자신에게 한 이 다짐을 의정 활동을 하며 나는 철저히 지켰다.

　평소 한국 정치의 후진성에 대해 비판적이었던 나는 국회의원으로 내가 해야 할 일들을 잘 알고 있었다.

나는 오직 의정 활동에만 전념하기로 결심했다. 즉 입법 활동, 정책 연구 및 개발, 주요 현안들에 대한 토론과 포럼을 통한 공부, 국가가 책임을 소홀히 하여 생긴 억울하고 부당한 민생 사회문제에 대한 해결 그리고 국리민복, 부국강병과 국내외에서의 국위선양을 위한 활동에 전념하기로 했다.

따라서 나는 대권을 위한 정치, 계파 정치, 당내에서의 자신의 입지 제고를 위한 정치 그리고 언론 플레이 정치 등을 철저히 멀리하였다.

언론, 당 지도부와 거리를 둔 의정 활동

　나는 8년간 의정 활동을 하며 한 번도 언론인과의 교분을 위한 만남이나 사적인 식사나 골프 등의 자리를 만들지 않았다. 기자가 정치 현안에 대한 취재를 위해 나를 찾아오면 내 사무실에서 차를 마시며 대담을 했다. 의원 생활 8년간 내가 먼저 당 총재의 사무실이나 집으로 예방하거나 또한 사무총장이나 다른 당직자를 나 스스로 찾아간 적도 없었다.

　나는 의원 상호 간의 친교를 위한 교류나 활동은 가급적 의정 활동과 관련된 범위로 한정하였다. 이런 자세로 임하고 노력한 나의 의정 활동에 언론과 여론이 서서히 관심을 표하기 시작했다.

　　"16대 디딤돌, 걸림돌 의원 선정 발표", 〈한겨레 사회〉, 2001. 6. 4.

　　"250개 단체로 이뤄진 시민사회단체연대회는 4일 16대 국회 1년을 평가하는 기자 회견을 갖고, 개혁입법 디딤돌, 걸림돌 의원을 선정 발표했다. 16대 국회 1년 동안 가장 많은 법안을 발의한 베스트 의원은 조웅규 (한나라당) 의원이 19건으로 가장 많고…"

　　"16대 입법성적표", 〈경향신문〉, 2003. 6. 16.

　　'발의 건수에서 1위를 기록한 한나라당 조웅규(曺雄奎) 의원'

　　"경실련 보도자료(2004. 3. 2.) '국회 16대 국회입법발의 분석결과' 조사 대상의원 278명 중 발의건수 최고 의원은 한나라당 조웅규 의원으로 48건이며 입법발의 1위를 기록했다."

그리고 삼 년 연속 시민 연대회는 나를 베스트 국회의원으로 선정했다. 또한 국정감사의 스타 의원으로 주목받으며 보람 있는 왕성한 의정 활동을 할 수 있었다.

나는 민주주의 신봉자다

우리는 아직까지 인간이 인간답게 살 수 있는 정치 제도로 민주주의보다 더 좋은 제도를 개발하지 못했다.

민주주의는 남녀노소, 교육수준, 소득격차, 지위 고하, 장애 유무, 성격 차이 등에 관계없이 모든 국민을 평등하게 대하고 그의 인격과 권리를 존중한다. 그리고 모두는 법 앞에 평등하다. 또한 모든 국민을 나라의 주인으로 대접하며 동등한 참정권을 부여한다. 이러한 민주주의를 우리는 1948년 대한민국 건국과 함께 제도화하고 실행하고 있으며 나아가 선진화하기 위해 노력하고 있다.

나는 이런 민주주의를 신봉하고 이런 민주주의가 우리나라에 정상적으로 안착하고 꽃피우기를 바란다.

그러나 현실은 이런 민주주의 원칙에 역행하는 제도와 관습 그리고 행태들로 인해 민주주의가 심각하게 위협받고 있다. 특히 586종북 주사파 세력은 이런 민주주의에 역행하는 악행을 서슴없이 자행하며 자유 대한민국의 존립을 위협하고 있다.

사실 대한민국은 건국과 함께 민주주의 정치 제도를 채택했으나 지난 70여 년간 우리 정치는 후진성을 면치 못하고 시간이 지나면서 생산적, 개혁적, 효율적 정치 대신 싸움만 일삼는 정쟁의 정치로 타락하고 말았다.

대한민국에서 국민이 불신하는 정치가 이처럼 오래 지속되는 이유는 많다. 그러나 근본적인 이유는 크게 세 가지라고 나는 평소 생각하고 있다.

첫째는 다수결 원칙과 결선투표제 무시,

둘째는 대통령제 고집,

셋째는 선출직 공직자 공천의 비민주성

이 세 가지 골칫거리가 본질적으로 해결되면 우리의 민주주의는 정상화되고 정치가 국리민복과 부국강병의 도구로 우리가 바라는 선진국으로의 비약적 도약을 기약할 수 있게 된다고 확신한다.

다수결 원칙 무시와 정치 불신

민주주의의 생명은 무엇보다도 다수결 원칙에 달려 있다.

다수결 원칙이란 공직자 선출, 입법 그리고 주요 정책결정 등 민주국가에서의 모든 결정은 완전 합의(100%)에 이루지 못하는 한 반드시 최소한 50% + 1이란 지지에 기반해야 한다는 말이다. 다수결 원칙에 근거한 결정만이 합법성과 정통성을 인정받아 국민이 믿고 승복하게 된다. 그리고 민주주의의 생명을 지탱하는 건강한 피와 힘이다.

그런데 지금 이 시간까지도 우리나라 정치인은 물론 국민들도 다수결 원칙의 중요성을 대수롭지 않게 여기고 있다.

광복과 함께 미국이 대한민국에 심어 준 민주주의 정신과 원칙에 대한 이해와 인식이 부족한 정치인들이 선출직 공직에 욕심을 내면서 과반수 확보의 중요성을 무시하고 있다. 단 한 번의 선거에서 무조건 일등으로 승리하면 과반수 이상의 지지가 없어도 당선이라고 믿고 있다. 정치인은 물론 국민 대다수도 이런 잘못된 선거 방식을 민주적이라고 착각하고 있다. 결과적으로 소수가 다수를 지배하는 비민주적 정치가 나라를 다스리고 국민은 이를 묵인하고 있다.

우리는 지금 잘못된 선거 제도를 민주 정치의 꽃이라고 알고 있다. 왜냐하면 다수(50% + 1)가 아닌 소수의 지지로 선출직에 당선된 자들, 대통령, 국회의원 또는 도지사나 시장 등에게 우리의 신성한 주권을 위임하고 있다. 사실 소수의 지지로 당선된 자들은 우리의 주권을 위임받을 자격이 없다. 그러나 이들은 비민주적 선거 제도로 인해 다수의 국민 위에 군림하여 민주 정치가 아닌 변형된 과두 정치로 대한민국을 통치하고 있다. 이것은 정상이 아니다.

우리 국민이 진정 민주국가의 주권자로 자신의 헌법적 권리와 의무를 안다면 이런 비민주적 선거 제도 즉 소수가 다수를 지배하게 만드는 선거 방식을 즉시 개혁해야 한다.

선진 민주국가에서는 찾아볼 수 없는 선거 제도다. 1차 투표에서 과반 수 지지를 획득한 후보가 없으면 최고 득표자 2인 간에 결선투표로 당락을 결정해야 한다. 이것이 민주적 선거 방식이며 정상이다. 그리고 우리의 헌법 정신에 부합한다.

국민소득 4만 불과 세계 10대 경제 대국인 대한민국이 아직도 이런 비민주적 선거 제도를 고집하는 한 정치선진화는 요원하다.

'소수가 다수를 지배하는 자유 대한민국!' 참으로 모순적 민주주의에 집착하는 우리들을 보면 정쟁과 내로남불로 혼탁해진 오늘의 정치 현실이 우연이 아님을 알 수 있다. 이런 선거 제도를 유지하는 한 정치가 민주적, 생산적, 개혁적이기를 기대하는 것은 오산이다.

1987년 10월 10일 자 동아일보 2면 〈새 헌법 1987 개정〉에 '다수결 원칙'을 포함시켜줄 것을 국회의원들에게 호소하는 나의 글이 실렸다. 나는 국회의원의 몇 명이 또한 국민의 얼마가 내가 투고한 글에 관심을 가졌었는지 알 수 없다. 나는 기회가 있을 때마다 다수결 원칙의 중요성을 강조하고 있다.

그러나 아직까지도 모두가 마이동풍이며 이로 인한 민주주의의 퇴보, 팽배하는 정치 불신 그리고 끝없는 정쟁 등으로 정치가 황폐화되어 가는 현실이 너무 안타깝다.

좌파 정치인들, 즉 김대중(40.37%), 노무현(48.9%), 문재인(41.08%)은 다수결 원칙에 의한 대통령선거가 실시되었다면 당선이 아마 불가능했을 것이다. 즉 지금처럼 종북 주사파가 권력을 장악해 자유 대한민국을 파괴 정치 및 공산화 정치로 이토록 망가트리지는 않았을 것이다.

또한 2020년 4월 15일에 치른 21대 총선에서 더불어민주당과 더불어시민당이 180석, 미래통합당과 미래한국당은 103석으로 의석을 나누어 가졌다. 이들 당선자의 대부분은 과반 득표 없이 당선되었다. 만약 다수결 원칙이 적용되었더라면 대부분의 당선자들은 결선투표를 거쳐 당락이 바뀌었을 것이다.

과학적인 근거는 없으나 나의 전문 지식에 근거해 볼 때 민주당 측의 180석은 다수결 원칙하에서는 아마 과반이 못 되는 의석을 얻어 지금과 같은 의회 독재나 입법 독주와 같은 정치의 비극은 없었을 것이다.

즉 소수인 불순 종북 주사파 세력이 다수를 지배하는 비민주적 불행으로 나라가 지금처럼 개판이 되지는 않았을 것이다.

대통령제 집착으로 인한 불행

장면 정권(1960년 6월 15일-1961년 5월 16일)을 제외하고 우리는 지난 77년간 대통령제하에서 많은 불행과 비극을 경험했다.

소수의 지지로 당선된 대부분의 대통령들은 권력에 정통성과 합법성의 결여로 국민의 지지를 기대할 수 없다. 무리수를 쓰다 보면 권력의 사유화 또는 독재화의 길을 가게 되어 종국에는 비극을 보게 되는 것이 현실이다.

또한 대통령중심제는 국가 원수와 행정부 수반이 동일인으로 권력이 집중화되어 부패, 비리 그리고 불법의 온상이 되기 쉽다.

예로 OECD 38개 회원국 중에 대통령제를 채택한 멕시코, 칠레, 콜롬비아, 터키 4개국을 보자. 미국을 제외한 이들 4개국은 끊임없는 정쟁으로 경제 역시 OECD 국가 중 가장 가난하다. 1인당 GDP가 우리보다 높은 26개 OECD 나라 중 미국을 제외하고는 22개국이 내각제이고 3개국이 이원집정제를 채택하고 있다. 대통령제는 독점적 경직성으로 인해 정쟁과 국론 분열이 끊임없이 계속되어 대통령들을 불행하게 만든다.

역대 대통령들의 불행과 비극이 이를 입증하기에 충분하다.

이승만 대통령의 3.15 부정선거에 따른 하야, 박정희 장기 집권의 필연적 비극, 전두환과 노태우의 감옥행, 김영삼과 김대중 자식들의 비행과 감옥행, 노무현의 자살, 이명박의 친인척 비리와 감옥행, 박근혜의 불법 탄핵과 억울한 감옥살이 그리고 문재인의 내로남불과 무능 등 하나같이 비극과 불행의 연속이다.

또한 대통령중심제는 국론 분열의 원인이고 국민 통합의 방해요소다. 역대 대통령하에서 우리가 모두 확인할 수 있으나 이 현상이 문재인 정권하에서 더욱 극명하게 나타났다.

문재인은 적폐 청산을 내세워 정적들을 제거하고 대통령의 권한을 이용하여 자기편의 비리와 불법은 은폐하기에 급급했다. 그리고 사법부, 입법부, 행정부 요직에 사상과 실력이 검증되지 않은 자기 사람들로 채웠다. 또한 언론과 시민사회단체들도 좌파 일색으로 만들었다. 따라서 국론 분열과 국민의 패싸움이 극에 달했다. 결국에는 나라만 피폐하고 멍들어갔다.

대통령중심제의 폐단이 이런데도 왜 우리는 권력 구조의 개혁에 소극적인가? 이유는 먼저 대통령 병에 걸린 야심가들의 집요한 권력 추구가 원인이라 하겠다. 이들은 대통령제가 국가에 끼치는 폐단에는 눈을 감으며 오직 자신들의 권력 추구에만 혈안이 되어 세몰이로 국민을 오도하고 있기 때문이다.

내각책임제가 대안이나 반드시 이상적인 권력 구조라고는 할 수 없다. 그러나 대통령제에서 나타나는 폐단과 단점을 내각제에서는 최소화하며 생산적, 개혁적 정치를 입법부와 행정부의 연대를 통해 보다 효율적으로 제고할 수 있다.

또한 내각제하에서는 국정 운영에 민의의 반영이 제대로 작동하여 싸우는 정치로부터 생산성이 높은 정치를 기대할 수 있다.

대부분의 선진 OECD 국가들이 내각제를 채택하고 있는 이유가 무엇인지 깊이 새겨볼 일이다. 권력 구조의 개혁을 위해 우선 정치 지도자들의 결단이 있어야 한다. 그러지 않으면 우리나라에서 권력 구조의 개혁은 요원해 보인다.

공천 제도의 폐단과 계파 정치

　공천은 민주주의의 꽃이다. 주권자인 국민이나 정당의 당원이 자신들을 대표하고 자신들을 대신해 일해 줄 공직자(예, 국회의원) 선출을 위해 출마할 당의 후보를 직접 공천하면 민주주의 꽃은 만발한다. 그러나 소수의 정치인들이 공천권을 행사하면 민주주의의 꽃은 시들어 죽게 된다.

　지금까지 우리 정치가 후진성을 면치 못하고 싸움하는 정치로 타락하는 이유는 공천이 주권자 위에 군림하여 계파 보스나 중진 정치인들이 주권자의 공천권을 무시하고 있기 때문이다. 다시 말해 권력이란 마약에 중독된 정치인들이 자신의 야심을 충족할 목적으로 공천을 이용해 자신의 세력을 확장하려는 의도가 작용하고 있기 때문이다.

　이들은 자신이 민주 사회에서 주권자인 국민의 머슴인 것을 잊고 마치 주인인 것처럼 행세하며 소크라테스의 "너 자신을 알라."라는 명언을 잊고 살기 때문이다.

　소수의 기득권 정치인들이 공천권을 행사하는 것은 마치 내가 양복을 사려고 양복점에 가서 내 마음에 드는 양복을 몸에 맞으면 사는 것이 순리인데, 남이 내게 맞지 않고 모양과 색깔도 내가 원치 않은 양복을 골라서 무조건 입으라고 강요하는 것과 같다고 생각한다.

　이런 공천권 행사는 비민주적이며 주권자인 국민이나 당원을 무시하는 처사로 정치 발전을 저해하는 이유 중 하나이다. 개혁을 한다면서 정당마다 공천 개혁안을 제시하나 아직까지는 눈 가리고 아웅 하는 꼴 같다. 공천이 대권 정치나 계파 정치의 그늘에서 완전히 벗어나 당원이나 국민이 직접 공천하는 예비선거 제도(Primary election system)로 개혁해야 한다.

공천 농간에 희생된 나의 3선 도전

나는 전국구 의원으로 8년의 의정 활동을 마감하고 17대 국회에서는 지역구에 출마하기 위해 노원구에 공천 신청을 했다.

나의 17대 국회 등원을 적극 지지하는 국가개혁 총연합을 포함한 애국 및 호국의 36개 단체, 19개의 인권 및 재외 동포단체 그리고 수많은 국내외의 지도급 인사들과 애국우파 시민들의 열화 같은 지지와 성원은 나로 하여금 공천이 당선이라는 믿음을 갖게 했다.

그간의 나의 의정 활동이 국민에게 희망을 주고 있었다는 사실을 확인하고 더욱 분발하겠다고 다짐했다.

사실 전국구 의원으로 등원하면서 나는 막중한 책임감을 통감하며 최소한 3선을 목표로 의정 활동을 시작했다. 3선을 위해 나는 내 나름의 계획하에 초선 재선 8년을 묵묵히 의정 활동에만 전념하며 최선을 다했다.

또한 정치를 하면서 사리사욕이나 당리당략에만 열을 올리는 정상배와 같은 정치인들이 대한민국에서 사라지기를 원했다. 대신 오직 국리민복과 애국 애족에만 전념하며 최선을 다하는 존경받는 정치가(Statesman)들로 가득한 국회가 만들어지기를 기다렸다. 즉 당의 이념이나 가치에 기반한 정책들을 개발, 홍보하여 확보한 국민의 신뢰와 지지에 힘입어 정권을 얻으려고 최선을 다하는 정치인. 그래서 위임받은 정권을 통해 정책을 구현하며 국리민복과 부국강병을 도모하려고 혼신의 노력을 다하는 정치인이 바로 대한민국이 필요로 하는 Statesman이다. 내 스스로 이런 정치인이 되어야겠다고 다짐하며 부단히 노력했다.

나의 이러한 8년여의 노력과 활동은 서서히 언론의 관심과 국민의 신뢰를 얻는 결실을 가져왔다. 이런 노력의 결과 나는 15·16대에서 한국 유권자운동연합을 위시한 시민사회단체들로부터 국회의정 활동 평가에 의한 최우수 입법의원으로 선정되는 영광을 얻게 되었다. 또한 국정감사 우수 의원으로 항상 평가받았다.

이러한 나의 모범적 의정 활동은 3선을 위한 당의 공천을 받기에 충분하다고 믿었다. 그러나 17대 총선을 위해 서울 노원구에 신청한 공천 심사에서 나는 낙천되고 말았다.

공천심사위원회는 무슨 이유인지 유독 노원구를 포함한 극소수의 지역구에서 특별 전형 형식의 간이 면접을 통한 공천 심사를 강행했다.

걱정했던 대로 공천 심사는 특정인을 공천하기 위해 지역에서 오랜 기간 텃밭을 누비며 고생한 나를 포함한 신청인 5명을 조역으로 동원한 눈 가리고 아웅 하는 공천 쇼였다.

면접실에 가 보니 대학교수가 다수인 젊은 심사 위원 5인과 전향이 의심되는 노동운동가 출신 좌파 정치인이었던 김문수란 심사 위원장이 이미 와 있었다.

심사 위원 중 한 젊은 교수 출신 위원이 면접 심사를 한다고 하였다. 그러나 그는 왜 노원구만 특별 면접 심사를 하게 되었는지 그리고 심사 기준은 무엇인지에 대해 일체의 언급이 없었다. 또한 공천 신청자 중 누가 지역에서 당선이 우세한지를 파악하기 위한 여론조사나 검증이 전혀 없었던 것 같았다. 그는 심사는 한 사람당 3분이며 질문에 간단히 요점만 답하고 끝에 심사 결과에 승복하겠다는 선서를 해야 한다며 우리를 쳐다보았다.

나는 심사에서 국회의원이 되면 각자의 정책 분야에서 어떤 구상을 가지고 있으며, 지역구의 현안에 대한 대책은 무엇인지 또는 당과 국가의 발전에 어떻게 기여할 것인지 정도는 물어볼 것으로 예상했었는데 이에 대한 일언반구도 없었다.

김문수가 한쪽 구석에 서서 지켜보는 가운데 이들 심사 위원이란 꼭두각시들의 질문은 단지 병력 관계를 위시해 신상에 관한 질문으로 일관했다. 그리고는 끝났다며 결과에 승복한다는 선서를 해야 한다고 모두 기립하라고 했다.

나는 선서를 무시하고 방을 나와 버렸다. 개혁이란 미명하에 저질러진 김문수의 위선적 공천권 남용은 한나라당의 개혁과 발전 그리고 민주화에 걸림돌로 작용하며 당에 큰 상처를 남기고 말았다. 공천 심사라는 미명하에 김문수가 벌린 쇼는 참으로 용납하기 힘들다.

이 지역구에는 지역에 연고가 있고 오랜 기간 공천을 위해 활동한 5명의 경쟁자가 있었으나 여론조사를 통해 내가 가장 우세하다는 것을 확인했다.

그러나 공천 심사위는 김문수가 개인적으로 낙점한 새 인물에게 공천을 주었다. 그리고 그는 선거에서 참패로 낙선했다.

아직도 나는 왜 공천을 받지 못하였는지 회답을 찾으려 노력하고 있다. 내가 정통 보수의 이념으로 김대중의 햇볕정책을 누구보다 신랄하고 강도 높게 비판하고 건설적인 대북 정책을 주장한 것이 좌파 성향의 김문수가 나를 비토하고 배제한 이유였는지?

혹은 나를 포함해 오랫동안 국회의원이 되려고 밤낮없이 그 지역을 누볐던 공천 신청자 5명 모두가 김문수의 계파 정치나 돈 정치의 희생물이 된 것인지? 이미 공천할 사람을 정해 놓고 개혁의 탈을 쓴 김문수의 공천 농간에 놀아난 우리 신청자 모두는 들러리에 불과했던 것 같다.

더욱이 이런 전향이 불투명한 김문수를 보수정당의 공천 심사 위원장으로 임명한 한나라당의 정체성과 의도는 과연 무엇인지 아직도 의문으로 남아 있다.

　나는 내가 왜 이런 정당에서 또한 이런 공천 심사 위원장이 설치는 정당에 헌신하며 정치를 해야 하는지 회의를 갖기 시작했다. 그리고 내가 믿고 지지했던 한나라당이 개혁이란 미명하에 김문수 같은 정체성이 불투명한 자를 앞세워 아직도 구태의연한 기득권 정치로 쇼를 하는 모습을 보고 크게 실망했다.

　그래서 당에 엄중 경고하는 의미에서 국회의원직을 버려야 하는 탈당을 결행했다.

　탈당하며 나의 의정 활동을 적극 지지하고 후원한 동지들에게 보낸 서신, '국민을 위한 성숙한 정치를 위해 한나라당을 떠나며'에서 "저는 한나라당의 정체성과 이념노선, 당의 운영 원칙과 방식, 민심을 바로 읽지 못하는 정국 대응 그리고 냄새나는 밀실 공천 등 당에 대한 전반적 회의와 불신으로 심각한 고민 끝에 당을 떠나기로 결심했다. 그리고 한국 정치의 후진성과 비리와 부패의 기득권 정치를 개혁해야 할 양심적 신앙인으로… 국민을 위한 화합의 정치, 대화와 타협의 정치 그리고 보다 성숙하고 민의를 존중하는 정치를 실천하기 위해 혼신의 노력을 다하겠다."라며 탈당에 대한 이해를 구했다.

　전국구 의원이 탈당할 경우 자동으로 의원직을 상실하게 된다. 그래서 나는 임기 두 달여를 남기고 내 심신을 바쳐 일했던 국회를 2004년 3월 24일에 떠날 수밖에 없게 되었다.

　사실 나는 3선이 되면 정치 개혁을 위해 전면에 나설 각오와 구체적 계획을 준비하고 있었다.

하나는 당의 체질 개선으로 기득권에 안주하며 권위주의와 갑질 정치를 당연시하는 그리고 국민을 섬기기보다는 국민 위에 군림 하고자 하는 관습을 바꾸기 위한 개혁 작업에 착수할 계획이었다. 두 번째는 다수결 원칙과 결선제 채택, 세 번째는 권력 구조 개편 그리고 마지막으로 공천권을 당원에 돌려 주는 상향식 공천을 위한 개혁을 과감하게 추진할 계획이었다.

그러나 한나라당의 비민주적 공천 방식이 나의 개혁 계획을 물거품으로 만들었다. 나의 3선의 꿈이 비록 악몽으로 끝났으나 누군가가 빨리 이런 당의 혁신과 정치 개혁을 위해 솔선수범해 주기를 바란다.

· 13부 ·

미지의 정치판에 도전하며

마음이 급했던 초선 의원

59세 늦은 나이에 국회에 등원한 나는 초선 의원으로 마음이 급했다. 미국에는 초선 의원은 법안 발의도 본회의에서의 발언도 자제하고 의회 문화와 관행을 익히며 2년 임기를 채우라는 불문율이 있다. 한국의 경우는 다르기를 바라며 초선인데도 나는 왕성한 의정 활동을 펴기로 마음먹었다.

나는 정치외교학 학사, 국제관계학 석사, 미국정치학 박사와 정치학 교수로 미국에서 10년, 한국에서 10년 그리고 오랜 기간 한국 민주화를 위한 대미 로비활동 등의 경력이 통일외교통상위원회에 적합하다고 생각했다. 또한 김영삼 대통령께서도 내가 통일외교통상위원회에서 일하기를 원하신다고 듣고 있었다.

그런데 나는 교육위원회 간사로 배정되었다. 알고 보니 감옥을 다녀온 민주투사 출신 한 젊은 초선 의원이 3일간이나 원내총무에게 매달려 애걸복걸하여 내가 맡을 통일외교통상위원회 간사 자리를 가져갔다고 한다. 내 자신을 위해 부탁할 줄을 모르는 나는 결국 초장부터 한방 먹은 격이 되었다. 점잖으면 밀리는 곳이 정치판이라고 생각되었다.

신문을 보고 알게 된 당직

며칠 후 나는 신한국당의 '이북도민위원회 위원장'이라는 당직에 임명된 것을 신문을 보고 알게 되었다.

사실 이북오도민회의 존립 자체도 모르고 산 나에게 당에서 이 자리를 준 것은 나의 이북 실향민 1세라는 자격이 작용했다고 생각되었다. 동시에 나는 당직을 맡은 이상 이북오도민회와 실향민들 그리고 당을 위해 최선을 다해야겠다고 결심했다.

이북 실향민들은 비록 자유를 찾아 남한으로 왔으나 이산의 아픔과 망향의 한을 가슴 깊이 안고 오매불망 통일의 그날만을 기다리며 살고 있다. 한시도 고향과 가족 생각에 마음이 편치 않고 답답한 이들의 애끓는 속내를 누가 헤아릴 수 있을까.

나는 즉시 이북오도민회를 찾아가 오도민회 회장들에게 나를 소개하고 앞으로 여러분의 머슴 노릇을 성실히 하겠다고 했다. 실향민들의 한과 민원을 당과 정부에 전달하고 해결을 위해 헌신하겠다고 회장들과 약속했다.

그들은 기다렸다는 듯이 이북오도민회의 골치 아픈 민원이 있는데 꼭 해결해 주어야 한다며 내 손을 꼭 잡았다. 그리고 나는 이분들의 다급한 사연을 들었다.

망향의 한을 달랠 동화경모공원

이북오도민회는 1993년 도민회의 역점 사업으로 망향의 한을 품은 채 눈을 감은 실향민들의 넋을 달래기 위해 고향에 가까운 최북단의 양지바른 곳에 영면할 수 있게 공동묘지를 조성하기로 했다.

그래서 한강 하류와 임진강이 합류되어 흘러가는 멋진 강줄기가 내려다보이는 경기도 파주의 통일동산을 공동묘지 자리로 정했다. 그들이 통일 후 고향 땅에 다시 묻히는 그날까지 편안하게 쉴 수 있는 곳이라 생각하고 이 사업을 위해 (주)동화경모공원을 설립했다.

같은 해 6월 30일에 한국토지공사와 토지매매 계약을 체결했다. 그리고 7월에 1단계 묘역 조성 공사를 시작했는데 예상치 못했던 복병이 나타났다.

도민회는 이 공원에 3만 기를 조성하기로 하고 1기당 200만 원에 분양하여 총 600억 원을 조성해 사업을 진행할 계획이었다.

그런데 전쟁 시 군사 작전에 지장을 초래함으로 2만 기 이상은 허락할 수 없다는 납득하기 어려운 이유를 들어 정부는 2만 기만 허가해 주었다. 뒤에 알게 되었지만 이는 이북오도민회에 불만을 가진 통일부 간부의 집요한 방해 공작의 결과였다.

결국 2만 기 모두가 분양되어 400억을 만들었으나 토지매입비만 거의 400억 원이 되어 이를 지불하고 나니 자금이 고갈되어 더 이상 공사를 할 수 없게 되었다고 한다. 그러니 정부를 설득해 1만 기를 추가로 허락받아야 공원 조성 공사를 계획대로 완공할 수 있으니 나에게 도와달라고 했다.

알아보니 정부가 2만 기를 결정한 배후에 통일부가 있다는 것을 알게 되었다. 통일부가 일찍이 통일부 직원 공동묘지 조성을 위해 이 부지를 선점하려고 했으나 노태우 정부에서 이 부지를 이북오도민회에 허가하여 통일부가 앙심을 먹고 방해하고 있다고 했다.

당시 이북오도민회 간부 일부가 동화은행과 관련된 비리에 연루되어 도민회에 대한 사회적 비난이 높았다. 이로 인해 도민회는 공원 조성 건에 대해 적극적인 로비를 못 하고 있었다.

나는 모든 상황을 객관적으로 종합 검토한 후 일부 이북오도민회 간부의 비리와 실향민 모두를 위한 공동묘지 사업은 별개의 문제라 생각했다. 그래서 이산의 아픔과 망향의 한을 품고 고향을 그리며 사는 실향민들을 위해 이 문제의 해결에 적극 나서기로 했다.

당의 중진들이 청와대에 들어갈 때마다 나는 그들에게 청와대에 이 문제 해결에 도움을 요청해 달라고 부탁했다. 또 내가 할 수 있는 일은 무엇이든 주저 없이 최선을 다했다.

그런데 통일부 기획관리실장을 지낸 한 현직 관료가 앞장서서 정부나 국회의 고위층을 찾아가 온갖 중상모략으로 나를 비난하며 1만 기 추가 허가를 집요하게 방해하고 있다는 것을 알게 되었다.

한번은 김수환 국회의장이 나를 급히 찾는다고 해서 의장실에 갔더니 이 통일부 직원이 의장에게 나를 모함하며 공원 조성의 부당성을 역설하고 있었다. 나를 본 김 의장은 급히 자리를 뜨며 둘이 잘 이야기해 보라며 나가 버렸다.

나와 김 의장은 김영삼 총재를 통해 알게 되어 오랫동안 서로 존경과 신뢰의 관계로 잘 지내는 처지였다. 그러니 이와 같은 황당한 모함을 더 이상 듣고 있기가 민망해 그는 나를 불러 직접 해결하라고 하고 피해서 나가셨다.

나는 국회에 등원하여 일하면서 공무원들의 부당한 영향력 행사를 많이 체험했으며 또한 이들의 말이 진실이든 거짓이든 많은 정치인들에게 설득력이 있다는 것을 알고 있다.

이 공무원은 내가 사적인 이해관계가 있어서 동화경모공원을 위해 열심히 뛰어다닌다며 없는 사실로 나를 모함하고 있었다. 이자는 나를 몰라도 너무 모르며 세상 사람들 모두가 다 자기 같다고 생각하는지 '내가 돈을 받았다'라며 악의적인 모함으로 나를 비난하고 다닌다는 것을 여러 경로를 통해 듣고 있었다.

나는 내가 선택한 일은 끝을 볼 때까지 최선을 다한다. 나는 너무 어이없고 거짓으로 나를 중상모략하는 이런 썩어 빠진 공무원을 도저히 용서할 수 없다고 생각했다. 나 자신이 결백하기 때문에 그를 보는 순간 그에게 대뜸 "공무원 자격이 없는 비도덕적이며 국가에 도움이 안 되는 공직자이니 빨리 옷을 벗고 꺼지라."라고 호통치고 나와 버렸다.

그는 당황해 얼굴이 붉어지면서도 아무 말도 못 했다. 그러나 그는 배후에서 나를 거짓말로 모함하며 끈질기게 공원 조성 사업을 방해하였다.

내 성격과 청렴성 그리고 공사 구분의 처신을 잘 아는 대학 선배이며 워싱턴 유학시절 유학생회 활동을 함께했던 오세웅 부의장이 나에게 이자가 내가 돈을 받고 도민회를 돕는다고 모함하며 다닌다고 알려주었다. 참 어리석고 한심한 공무원이라 뭐라 대꾸하기도 민망했다.

이회창 후보의 경솔함과 대선 낭패

1997년 가을 15대 대선이 무르익고 있었다. 나는 이회창 총재를 찾아가 동화경모공원 사업의 전모를 설명하고 실향민들의 한을 달래기 위해 대통령에 당선되면 동화경모공원 건을 해결해 달라고 부탁했다.

이 총재에게 도민회 지도급 간부 700여 명을 한 장소에 초청하겠으니 선거 운동 차원에서 오셔서 연설을 하고 말미에 공원 조성 사업은 걱정하지 않아도 된다고 한 말씀만 하시면 대선에서 일천만 실향민 모두가 한마음으로 이 총재를 지지할 거라고 말했다.

이 총재는 그렇게 하겠다고 언질을 주어 나는 도민회와 이 총재 모두가 이번 대선을 통해 상부상조의 결과를 얻게 될 것에 회심의 미소를 지었다. 이런 것이 바로 win-win의 정치적 결실이라고 생각하며 이 총재에게 감사했다.

사실 이북도민회는 보수적이라 이 후보를 적극 지지하고 있다. 그러나 김대중 후보 측의 동태가 걱정되었다. 이번 기회에 김 후보에 앞서 이 총재가 이 문제에 대해 덕담과 함께 해결해 주겠다고 약속하면 일천만 실향민들의 표는 안심해도 될 상황이었다. 사실 더 이상의 실향민 상대 선거 운동이 필요 없다고 생각했다.

그런데 모임 두 시간 전에 이 총재 비서실장이 나에게 전화로 총재가 참석은 하나 마음을 바꾸어 공원에 관한 언급은 안 하기로 했다고 알려왔다. 이게 무슨 청천벽력 같은 소리인가! 나는 이 어처구니없는 상황에 넋을 잃고 허공을 멍하니 쳐다보았다. 정신을 차리는 순간 나는 최소한 실향민의 백만 표 이상이 달아나는 것을 느꼈다.

이 상황은 통일부 간부의 짓이라고 직감했다. 그가 공원묘지 사업을 방해하기 위해 이번에는 이 총재를 찾아가 내가 돈을 받고 로비하고 다닌다고 모함하고 설득하여 그 결과 이 총재가 동화경모공원에 대한 마음을 바꾼 것이 틀림없다는 짐작이 갔다. 나는 이 총재의 얇은 귀에 실망할 수밖에 없었다. 나는 아직까지 이 사실을 확인한 바는 없다. 그러나 그간의 이 통일부 공무원의 집요한 방해 행각을 알고 있는 나로서는 의심의 여지가 없었다.

다만 안타까운 것은 왜 이 총재가 마음을 바꾸기 전에 나에게 사실 관계를 확인하지 않았으며 김수환 의장처럼 나를 불러 3자나 2자 대면을 통해 서로의 입장을 알려고 하지도 않고 또 이 문제를 대선 전략과 결부해 실향민의 표의 분석이나 동화경모공원이 실향민들에게 어떤 의미인지에 대한 고민이 없었을까? 하는 것이다.

이 일로 내가 이북 실향민들로부터 불신을 받고 체면이 손상당하는 것은 문제가 아니다. 심각한 문제는 이 후보의 다 이긴 대선이 그만 어처구니없이 낙선으로 곤두박질하고 말았다는 사실이다. 이 총재의 경솔한 판단은 결과적으로 대선 패배의 쓴 잔을 스스로 자청해 마시는 꼴이 되었다.

그날 즐겁고 가벼운 마음으로 희망과 기대를 가지고 그곳에 모였던 700여 명의 실향민들은 이 총재의 실망스러운 변덕에 그만 깊은 마음의 상처를 받고 무거운 발걸음으로 돌아가야 했다. 이들의 상처는 실망을 넘어 분노로 변했다.

이 총재의 납득할 수 없는 변심은 자기에게 올 실향민들의 확실한 표 중 최소한 100만 표를 거짓말에 속아 잃게 되어 대통령 자리를 허무하게 놓치고 말았다.

사실 이 총재는 김대중 후보에게 39만여 표 차이로 낙선하였다. 이북 실향민들의 이탈 표만 없었다면 최소한 50여만 표의 차이로 이 후보가 낙승했을 것이다.

이는 전적으로 이 총재가 불순한 한 공무원의 악의적인 음해성 거짓말만 믿고 그 반대로 이북도민회 위원장인 충직한 나를 불신한 결과이다. 이런 후보의 당선을 위해 우리 모두가 당 차원에서 전력투구하며 최선을 다했던 노력이 너무 허무하게 느껴졌다.

이 총재가 실향민들에게 '약속의 말'을 하지 않았다는 소식을 들은 김대중 후보 측에서는 즉시 자신의 특보 실향민 출신 최명헌 의원을 이북오도민회에 보내 당선이 되면 1만 기를 추가로 허락하겠다고 약속하였다.

이 약속으로 김대중 후보는 보수 성향의 실향민들로부터 압도적인 지지를 받아 당선의 기적을 만들 수 있었다. 실향민들은 이회창 후보에게 주기로 한 표를 목전의 절박한 상황에서 1만 기 추가를 약속한 이념적으로 의심스러운 김대중 후보에게 투표하여 당선을 가능하게 만들고 김대중 정권 탄생에 일등공신이 되었다.

이인제 후보의 490여만 표 득표, 김종필과 김대중의 DJP 연합에 의한 득표에 관계없이 실향민 표만 지켰다면 이회창 후보는 무난히 대통령에 당선되었을 것이다.

객관적으로 보아 김대중은 대통령에 당선될 가능성이 거의 희박했던 후보였다. 그러나 결정적인 당선 요인은 '이회창의 헛발질'이었다.

사실 내가 궁금한 것은 이회창 후보는 이인제 후보와 단일화하기 위해 어떤 노력이라도 했는지 또한 김대중과 물과 기름 같은 김종필의 DJP 연합을 막기 위해 어떤 노력을 했는지 알고 싶다.

대통령 후보로 당선을 위해 최선을 다할 마음이었다면 이회창은 최소한 이인제 후보와 김종필 총재를 삼고초려 해서라도 최소한 중립화시켰어야 했다.

그러나 분명 그는 하지 않았다. 또한 비록 이 두 가지 전략적, 정치적 노력이 없었다 할지라도 이회창이 이북오도민회와의 약속을 지켰더라면 대통령 당선은 무난했을 것이다.

김일성 일가의 공산 독재를 누구보다도 증오해 자유를 찾아 대한민국에 온 실향민들이 동화경모공원의 1만 기 추가 묘역 건의 향배에 따라 15대 대선에서 좌파 김대중 후보를 당선시킨 사건은 역사의 모순이라 할 수 있다.

김대중 대통령은 취임하는 즉시 이 약속을 지켜 지금 동화경모공원에는 모두 30,130기의 묘가 조성되었으며 언젠가 통일이 오면 고향 땅에 가서 다시 묻히게 되는 그날을 기다리며 실향민 영령들은 편안히 쉬고 있다.

허구로 가득 찬 햇볕정책

햇볕정책은 남북한 간의 화해와 포용으로 긴장 관계를 완화하고 교류와 협력을 증대하며 북한을 개혁 개방으로 유도하기 위한 김대중 정부의 대북 정책이다.

이는 1998년 4월 3일 김대중이 런던대학교에서 연설하면서 밝힌 정책으로 이솝우화에서 인용한 '겨울 나그네의 외투를 벗게 만드는 것은 강한 바람(강경정책)이 아니고 따뜻한 햇볕(유화정책)'이라는 이야기에서 유래하였다. 그간의 강경 대북 정책이 북한의 개혁과 개방에 실패하니 반대로 유화정책이면 북한이 변할 것이란 가정에서 시도한 대북 정책이다.

그러나 나는 처음부터 이 가정이 잘못되어 실패할 것이라 생각하고 국회에서 누구보다도 강력히 반대했다.

외투를 입고 있는 김정일에게 햇볕을 쪼이면 더워서 벗는 것은 당연하다. 그러나 김정일은 벗을 외투를 처음부터 입지 않고 있었다. 아니면 김대중이 김정일에게 건넨 4억 5천만 불도 그가 외투를 사기에 많이 부족했던 것 같다.

하여튼 김정일은 아무리 햇볕이 자기에게 집중되어도 벗을 외투가 없는 처지에 있었다. 즉 후안무치의 괴물인 김정일은 김 대통령의 햇볕은 단지 돈줄로 밖에 보지 않았다.

이것을 알면서도 김대중이 한반도의 긴장 완화니 평화정책이니 하며 햇볕정책을 떠들어 댄 것은 아마도 노벨평화상이 탐나 세상을 속일 목적으로 추진했던 정책이 아니었나 싶다.

지금의 남북 관계를 보면 햇볕정책은 북한으로 하여금 오직 핵과 미사

일을 개발하여 핵 보유국의 지위로 업그레이드 시킨 것 이외에 그 어떤 기여도 없었다. 엄청난 자금의 지원으로 김정일 독재 체제 유지와 핵 무장에 도움을 주었고 반면 북한 동포의 굶주림과 고통만 가중시키는 결과를 가져왔다.

내가 만나 본 미국의 정치인이나 북한 전문가, 학자 그리고 언론인들 역시 나의 햇볕정책에 대한 인식을 공유하고 있었다.

"부시 행정부의 대다수 한반도 전문가들은 김대중 대통령의 햇볕정책에 회의적인 시각을 갖고 있다… 햇볕정책이 옳다 하더라도 근본적으로 김정일 체제가 바뀌지 않은 상황에서는 북한에 대한 일방적 지원이 재검토되어야 한다… 한 전문가는 처음 DJ정부의 햇볕정책에 지지를 보냈다가 막상 북한을 다녀온 뒤 '햇볕'의 수혜자가 대부분 김정일 체제의 관료와 군부에 집중되고 있다는 것을 알고 지지 의사를 철회했다… 투명성을 바탕으로 상호주의에 입각, 북한이 실질적으로 변화하는 방향으로 남북 관계가 진전되어야 한다는 게 미국 부시 정부와 다수 한반도 전문가들의 입장이었다…"

지난 75년간 적화 통일을 위한 끈질긴 북한의 온갖 만행을 볼 때 이들 3대는 안면몰수한 철면피로 몸에 아무것도 걸치지 않고도 부끄러움을 느끼지 못하는 사람들이다.

그래서 아예 옷을 입지 않고 있는데 무슨 옷을 벗길 거라고 햇볕에 기대했는지 모를 일이다. 혹자는 햇볕정책이 한반도의 전쟁 위험을 해소하는데 기여했다고 한다. 천만의 말씀이다. 북한의 전쟁도발을 억제하는 것은 한미 동맹, 즉 한국에 주둔하고 있는 미군 때문이다.

북한의 어떤 전쟁도발도 미군이 있는 한 전략 전술적 몸부림에 불과하다. 북한의 전쟁도발은 김정은 스스로의 자살을 뜻한다. 미군이 주둔하고 있는 한 김정일이나 김정은이 가장 피하고 싶은 것이 한반도에서의 전쟁이다.

어찌 되었든 간에 대북 강경정책도 실패했지만 유화정책도 이들 3대에게는 소용이 없어 보인다.

그러나 유화정책이 북한에게는 일시나마 실익이 되니 남쪽에 장단 맞춰주며 숨도 좀 돌리고 또 빈 곡간도 좀 채우기 위해 적당히 상대를 해 주고 있었다.

그간 우리의 유화정책은 김정일과 김정은에게 오직 내일을 위해 체력을 보강할 수 있는 기회를 준 결과에 지나지 않는다. 이런데도 북한이 우리의 유화정책으로 인해 변할 것이라고 기대한다면 큰 오산이다.

정주영 회장의 대북 사업도 의도는 말할 수 없이 좋았으나 그도 김일성 3대의 인면수심의 대남적화야욕을 너무 과소평가했고 그들이 죽기 전까지는 적화야욕을 절대 포기하지 않는다는 사실을 간과한 것 같다.

금강산 관광 사업을 반대하며

1998년 9월 16일, 종로 종각에서 금강산 관광 사업 중단을 촉구하는
군중 집회에서 연설을 하는 저자

금강산 관광 사업은 1989년 1월 정주영 회장이 방북하여 금강산 남북 공동 개발의정서를 체결하면서 그 씨앗이 잉태되었다.

그 후 1998년 6월 금강산 관광 계약이 체결되고 당해 8월에 통일부가 현대상선, 현대건설 등을 금강산 개발 협력 사업자로 승인하며 햇볕정책의 대표적 남북협력 사업으로 속도를 내기 시작했다.

나는 이 금강산 관광 사업이 결국에는 북한에 이용당하고 실패할 것을 예견했다.

그래서 나는 국회 차원에서 반대 운동을 주도했다. 먼저 금강산 관광 반대 결의안을 만들어 120여 명의 여야 의원들의 서명을 받았다. 반대 결의안은 우리 국회의원들이 제시한 5가지 조건을 북한이 수용하지 않으면 정부의 금강산 관광 승인을 철회할 것을 촉구하는 결의안이었다.

이 결의안에 약 20여 명의 집권당 의원들도 서명했는데 이것이 김대중의 청와대에서 문제가 되어 이들이 나에게 자신의 이름을 빼달라고 부탁했다. 그들의 난처한 입장을 고려해 결의안에서 그들의 이름을 삭제하는 해프닝도 있었다.

또 한번은 금강산 관광 반대를 여론화할 목적으로 종로 종각에서 군중 집회를 가졌다. 나는 연단에 올라가 운집한 군중에게 금강산 관광의 문제점들을 성토했다. 초선인 내 이름 조웅규를 아는 사람이 별로 없을 때인데 내가 연단에 올라가니 사회자가 내 이름을 부르며 소개했다.

우리의 동태를 살피며 감시하던 종로경찰서 형사가 조웅규를 잘 알려진 지금은 고인이 된 민주당의 중진 의원 조홍규로 착각하여 보고서에 조홍규라고 적어 보고했다. 조홍규 의원은 이로 인해 청와대에 초치되어 불벼락을 당했다고 하소연하였다. 그러나 곧 오해가 풀려 한숨을 놓았다고 하는 일도 있었다.

내가 예견한 대로 금광산 관광 사업은 실패로 끝났다. 북한은 10여 년에 걸쳐 단물만 빨다가 차차 개방의 여파로 체제에 위협을 느끼면서 2008년 7월 11일 관광객 박왕자를 사살하고 이를 핑계로 금강산 관광 사업을 중단해 버렸다. 이러한 북한의 만행은 우리에게 시사하는 바가 분명하다.

그런데도 문재인 정부는 김정은에게 퍼 주지 못해 안달이나 있다.

자유를 찾아 북한을 탈출한 나의 입장에서 이러한 대북 유화정책이나 퍼붓기 지원이 얼마나 북한 동포들의 고통과 지옥 같은 참담한 삶을 장기화시키는지 잘 알고 있다.

대한민국의 국민이라면 이 점을 고민하고 이 북한 동포의 고통을 멈추게 하는 길을 찾는 데 전심전력을 다해야 한다. 그런데 현실은 북한 동포를 돕는다고 하며 결국은 김정은의 영구 집권을 돕는 형국이 되고 있다.

대북 관계에 대한 나의 입장은 강경정책도 유화정책도 아닌 완전 불개입 정책으로 인내심을 갖고 김정은 레짐 체인지를 재촉하는 방안을 강구하는 데 있다.

즉 김정은의 '곳간을 비우는 작전'이 최선이라 믿고 김정은 레짐 체인지 때까지 대한민국은 단 1푼 아니 단 반 푼도 북한에 보내지 않는 대북 정책을 고수해야 한다. 나는 지금까지 북한 방문 기회나 금강산 관광 기회가 많았으나 모두 거절했다. 이유는 간단하다. 즉 북한에 내 스스로 단 한 푼도 주지 않겠다는 입장 때문이었다.

지금 북한은 핵과 미사일 개발로 미국과 UN의 강력한 경제제재 조치로 날로 나라 살림이 악화일로에 있다. 이러한 경제적 압박은 김정은이 완전하고 검증 가능하며 돌이킬 수 없는 비핵화를 이행할 때까지 계속해야 한다. 그래도 핵 개발을 고집한다면 강도 높은 국제 사회의 경제제재와 함께 대한민국은 김정은의 '곳간 고갈 작전'에 초점을 둔 대북 정책으로 대응해야 한다.

이 결과 북한이 내부적으로 스스로 변화를 시도하며 체제 변화나 개혁 개방의 노선을 선택할 때 그리고 북한의 새로운 권력이 우리에게 협력을 요구하면 지원을 아끼지 않고 도와주면 된다.

이런 과정을 거쳐 우리의 염원인 북한 동포의 해방과 자유 평화 통일이 우리 앞에 성큼 다가올 것으로 확신한다.

애틀랜타 올림픽과 사기 사건

1998년 애틀란타 올림픽에서 수희 여사 그리고 문상주 회장과 함께한 저자

올림픽의 공식 명칭은 '1996 Summer Olympic, Games of the XXVI Olympiad'로 1996년 7월 19일부터 8월 4일까지 미국 조지아주의 애틀랜타시에서 개최되었다. 이 대회의 대체적인 평가는 더 상업화되었다는 비판 여론이었다.

나는 국회에 등원하기 전부터 애틀랜타 올림픽 기간에 한미교류협회가 우리의 문화 예술단을 애틀랜타에 보내서 한국의 독특한 문화 예술을 세계에 알리고 또한 우리 선수들을 응원하기로 계획하고 있었다.

문상주 국제문화친선협회 회장이 우리의 예술단 파견 취지에 공감하고 이 행사를 한미교류협회와 공동으로 추진하기로 하고 동참했다.

문 회장과 나는 1994년 교육개혁 위원으로 처음 만났다. 자주 만나서 대화를 나누면서 우리는 많은 공통점을 가지고 있는 것을 알게 됐다. 나라를 걱정하는 마음, 교육개혁에 대한 열정 그리고 골프를 좋아하는 것까지 많은 공통점이 있었다.

문 회장은 신사이고 인격자이면서 항상 남에게 덕을 베풀고 공익을 위해 부지런히 많은 일을 하는 훌륭한 분이다. 우리는 곧 의기투합하여 동지로 또는 친구로 지내는 사이가 됐다.

문 회장의 동참은 애틀랜타 행사 준비에 활력을 불어 넣었고 큰 도움을 주었다. 우리는 예술단의 공연 준비에 박차를 가하면서 공연 내용에 심혈을 기울였다.

한편 올림픽 개최 4개월을 남기고 우리는 공연 장소를 정하고 또한 예술단의 항공권과 숙소를 정하는 일을 추진했다.

그러나 생각과는 달리 현실적으로 한 가지도 서울에 앉아서 해결할 수 있는 일이 없다는 것을 깨달았다. 올림픽은 세계적인 행사로 지구촌 곳곳에서 애틀랜타로 몰리는 것을 미처 생각지 못했다. 이로 인해 우리가 필요로 하는 공연 장소, 항공권 그리고 숙소 등이 이미 다 매진되어 버렸다.

명분이 있는 행사라 어디서든 도움을 받을 수 있을 거라고 기대했는데 아무 소용이 없었다. 이제 와서 포기할 수도 없고 아주 난처했다. 특히 공연을 위해 수개월간 예행 연습으로 고생한 단원들을 대할 면목이 없게 되었다. 속수무책으로 나 자신이 마치 전신마비 상태에 놓인 것 같았다. 국내에서는 이 문제들을 해결할 길이 전혀 없었다.

애틀랜타 현지에서 도움을 줄 분을 찾기로 하고 수소문 끝에 미국인 한 사람을 소개받았다. 올림픽 개최 20일 전쯤 연락이 왔는데 모두 해결됐다고 했다. 공연 장소는 대관료가 하루 일만 불인데 5일 안에 전액 입금해야 하고 항공권은 직항은 아니나 Continental Airline으로 서울-애틀랜타 왕복이 있어 예약해야 하니 이것도 5일 내로 전액 입금해야 한다고 했다.

그리고 숙소는 애틀랜타 외곽 도시에 있는 작은 호텔인데 이것도 5일 내에 5박의 숙박료 전액을 입금해야 한다며 자기 개인 은행 계좌번호를 보내왔다. 나는 이제 살았다 싶었다.

그리고 그에게 너무 고마웠다. 이제 모든 것이 순조롭게 진행되어 가는 과정에 한시름 놓고 주저 없이 전액을 그에게 송금했다.

나는 국회 일정 때문에 올림픽 개회식에 맞춰 출국하기로 하고 예술단을 먼저 현지로 보냈다.

그런데 이틀 후 미국 현지에 도착한 예술단 단장이 나에게 국제전화를 걸어 화난 목소리로 공연을 못하겠다고 했다. 공연장이 애틀랜타 시내 한복판에 있는데 너무 더럽고 쥐들이 다니며 마약 냄새가 나는 낡고 작은 소극장이라 이런 장소에서는 자기 작품을 공연할 수 없다고 말했다.

나는 일단 단장을 진정시키고는 다른 장소를 알아보자고 했다. 그리고 애틀랜타의 교포 유지에게 연락하여 사정을 설명하고 도움을 요청했더니 그분이 교외에 있는 중학교 강당을 섭외하여 공연은 계획한 대로 하게 됐다.

천만다행이다. 그런데 이미 지불한 공연장 대관료가 문제다. 나는 최소한 반만이라도 돌려달라고 했으나 그는 거절하고 더욱이 자기에게 수고의 대가로 만 불을 더 내놓으라고 막무가내였다. 나는 그에게 개인 수고비 지불을 거절했다.

그런데 문제는 예술 단원의 귀국 항공권을 그자가 그때까지 가지고 있었다는 것이다. 그는 수고비를 안 주면 귀국 항공권을 줄 수 없다고 하였다.

국회 일정으로 인해 나는 서둘러 귀국해야 해서 문상주 회장에게 뒷일들을 잘 수습해 줄 것을 부탁하고 귀국길에 올랐다.

그자는 종래 귀국 항공권을 우리에게 돌려주지 않아서 문 회장이 결국 자비로 귀국 항공권을 다시 매입해 단원 모두를 예정보다 3일 후에 귀국시켰다. 문 회장의 통 큰 호의와 배려가 없었다면 예술 단원들이 겪었을 고생을 생각하면 지금도 아찔하다. 문상주 회장에게 진심으로 감사한다.

애틀랜타 올림픽이 '더 상업화'되었다고 비판을 받고 있으나 우리가 경험한 미국인의 사기 행각을 생각하면 그 이상인 것 같다. 우리를 봉으로 삼은 미국인의 처사를 보니 그는 올림픽을 노다지로 알고 돈에 환장해 버린 사람으로 아주 괘씸하고 불쾌했다. 그리고 이런 일을 준비하면서 보다 신중치 못했던 점을 나 스스로 반성하였다.

실망스러웠던 15대 국회

온 국민의 관심과 기대 속에 출발한 문민정부의 15대 국회는 2년 차에 접어들었다. 15대 국회는 20세기를 마무리하고 21세기를 준비해야 하는 역사적인 전환기의 국회이다.

지금까지 우리가 이룩한 개혁의 성과를 바탕으로 세계의 중심국가로 도약해야 하는 역사적 사명을 띠고 있는 국회다. 또한 문민정부에서 시작한 개혁과 변화를 법적, 제도적으로 정착시켜야 하는 과제를 안고 있다.

이 밖에도 어려운 경제 문제와 긴장이 고조되고 있는 남북 관계 및 안보 문제, 노사관계, 각종 민생 관련 현안 등이 산적해 있는 국회다.

그러나 이 같은 막중한 임무를 부여받은 15대 국회는 출발부터 파행을 거듭하더니 결국 여야 간의 극한 대립과 공전, 실력저지 등 구시대의 고질적인 관행을 답습하고 있는 실정이었다. 과거 권위주의 정권 시절 체제 문제로 유발된 여야 간의 극한 투쟁이 21세기를 목전에 둔 시점까지 지속되고 있다는 사실은 실로 개탄스러웠다. 이는 새로운 의회상을 바라던 국민들의 한결같은 기대를 저버린 무책임한 모습이었다.

민생현안을 외면하고 정파 간 이해와 당리당략에 좌우되는 국회는 대표권을 위임한 국민에 대한 배신 행위이자 국회의원으로서 직무유기이다.

시대가 변한 만큼 국회도 변해야 한다. 과거의 잘못된 관행은 과감히 개선하여 21세기에 걸맞은 새로운 의회상 정립에 정치권 모두가 개과천선하는 마음으로 심기일전해야 한다. 이 잘못된 관행을 개선하기 위해 우선 여야 간에 신뢰 관계를 회복해야 한다. 노동법과 안기부법 처리 과정에서 여야 간에 최소한의 신뢰가 있었다면 극한 파행을 겪지 않았을 것이다.

여야가 신뢰를 바탕으로 모든 현안을 국회 내에서 처리하는 성숙한 의회정치가 하루빨리 정착되기를 바란다. 그리고 여야 간 토론을 통해 이견을 좁히고 타협과 절충의 의회정치를 생활화할 필요가 절실하다.

의회정치는 언제나 국민의 편에 서서 현안을 해결하고, 최선책이 없으면 차선책을 모색하는 협상의 정치가 되어야 한다. 그러면서 의회 민주 정치의 요체인 '다수의 결정과 소수의 권리'라는 가치를 조화시키려는 자세를 견지해야 한다.

그러나 끝까지 의견의 일치를 보지 못하였을 때에는 효율적인 의사 진행을 위해 안건을 표결에 부쳐 결정하고 그 결과에 대해 승복하고 책임지는 정치문화가 정착되어 의회 민주주의가 정상 기능하도록 해야 한다.

국민과 함께하는 국회를 원하며

구시대의 유물로 의회정치의 민주화를 저해하는 또 다른 장애물은 연계 전략이다. 정부 예산안이나 국가적인 중요 사안에 대해 여당은 정부 원안 대로 법정시한 내 통과를 원하나 야당은 자당의 이해가 걸린 안건과 결부시키는 연계전략을 남용하며 국회 파행이 반복되고 있었다.

15대 국회의 첫 정기국회에서도 예외는 아니었다. 국가적인 핵심 사안을 볼모로 야당이 반대급부를 요구하는 정치행태는 의회 민주주의 정신에 역행하는 정치문화이다.

국회가 스스로 정한 국회법을 모두가 준수하는 의회정치가 빨리 정착되어야 한다.

국회법에 국회 개원 일자를 명시했음에도 등원을 거부하거나, 정상적인 의사 진행을 물리력으로 방해하는 등 비민주적 방법으로 의회정치를 후퇴시키는 일이 없어야 한다. 마지막으로 여야는 민심을 수렴하여 대화와 타협을 통해 국정에 최대한 반영하기 위해 최선을 다해야 한다. 그런데 15대 국회가 과연 이런 민주적 책무에 충실했는지 묻지 않을 수 없다.

나는 이런 정치의 후진성은 우리가 권력에 대해 제대로 이해하지 못하고 있는 데 기인한다고 생각한다. 민주국가에서 권력은 주권자인 국민이 공직자에게 일정 기간 위임한 권한이다. 그 이상도 그 이하도 아니다. 그러므로 권력은 모든 사사로운 이해관계는 철저히 배제하고 오직 국리민복을 위해 사용되어야 할 권한이다.

우리 정치인들은 물론 모든 공직자들이 이런 권력의 본질을 알고 공직에 봉사하며 자신에게 주어진 권한을 헌법과 법률의 테두리 안에서 행사한다면 우리의 민주 정치는 국민의 신뢰와 성원 속에 크게 발전하고 세계가 부러워하는 선진국으로 도약하게 될 것이다.

내가 바라는 21세기 아시아의 신질서

15대 국회에 등원하면서 나는 21세기에 한국의 위상과 국제 사회에서의 역할에 대해 많이 생각하게 되었다.

세계의 여러 석학들은 21세기의 주역은 한국이 될 것이라고 예언했다. 《25시》의 저자 게오르규는 "한민족이 낳은 홍익인간 사상은 미래 21세기의 태평양 시대를 주도할 세계의 지도 사상이다."라고 역설했다.

아널드 토인비 역시 "21세기 세계가 하나가 되어 돌아가는 날이 온다면 그 중심은 동북아일 것으로 믿으며 그 핵심은 한국의 홍익인간 사상이 되어야 한다고 확신한다."라고 했다.

즉 21세기의 한국은 세상을 널리 이롭게 하는 일을 위해 그에 걸맞은 역할과 책임에 충실하여 국제 사회의 기대에 부응해야 할 것이다.

우리나라가 아시아 지역의 민주화와 번영, 인류 공동의 가치 실현, 그리고 문화적 다원성이 존중되는 아시아의 새 질서를 구축하는 일에 앞장서 뛰며 이를 위해 한미 양국이 함께 노력해야 한다.

이를 위해 21세기의 한미 관계는 보다 포괄적이고 다원적이며 협력적인 동반자적 관계가 되어야 한다. 21세기 신국제질서의 경향을 보면 하나는 인권, 자유, 평화, 번영, 복지 등 인류 보편적 가치의 확산이다.

다른 하나는 마약, 테러리즘, 수자원 고갈, 빈곤, 지구온난화 현상, 환경 보존 등 우리의 삶의 질을 위협하는 문제들이다.

우리의 홍익인간 사상은 이러한 범세계적 문제들을 국가별, 지역별 나아가 범세계적으로 대응하는 과정에서 우리나라의 주도적 역할을 요구하고 있다.

이러한 역할의 효과를 위해 우리는 미국뿐만 아니라 UN, EU, 일본, 중국 등 주요 국가들과 연대하여 국제 여론을 환기시키며 이러한 제반 문제들에 대해 전향적 자세를 가지도록 우리의 외교적 노력을 배가하여야 한다.

　21세기에 와서 세계의 중심이 유럽에서 아시아로 옮겨지고 있다. 그러므로 아시아의 평화와 번영이 세계의 평화와 번영으로 직결된다고 본다.

　그런데 오늘날 동북아에는 중국, 러시아, 북한을 한 축으로 하고 한국, 미국, 일본을 다른 축으로 하여 대결하는 새로운 양극화 현상이 나타나고 있다. 이러한 대결 구도는 분단된 한반도의 긴장을 고조시킬 것이며 우리의 염원인 통일을 요원하게 하고 동북아의 평화를 저해하는 직접적 요인이 될 수 있다. 따라서 동북아의 양극화 현상은 결코 바람직하지 않으며, 한미 양국은 공조를 통해 이를 막는 데 최선을 다해야 한다.

　문제는 세계 패권을 노리는 중국이다. 중국은 1970년대 미국과 수교 이후 실용주의 노선 채택으로 시장 경제를 도입한 이래 엄청난 변화와 번영을 맞고 있다. 나아가 중국은 일대일 프로젝트로 2017년에 이미 100여 국가 및 국제기구가 참여한 내륙과 해상의 실크로드 경제벨트를 구축해 중국의 패권 야욕을 노골적으로 드러내며 미국과의 대결을 도모하고 있다.

　이러한 상황 속에서 한국의 종북 좌파 정권은 최근 북한과 중국과의 유대 강화를 추구하며 친중 종북 반미 노선을 노골화하고 있다.

　이는 우리가 21세기에 홍익인간 사상에 따라 세계의 신질서 구축에서 선도적 역할을 해야 할 책무에 역행하는 처사이다. 그러나 이러한 문재인 정부의 친중 종북 반미 노선으로 인한 마찰과 이탈 현상은 일시적인 부침 (浮沈)으로 앞으로의 신세계 질서에서의 우리의 역할과 책임을 더 공고히 하는 과정이기를 바란다.

이러한 상황 속에서 우리는 세계 강대국으로 부상하는 중국을 패권의 도전자로만 인식하고 견제하려고만 할 것인지 아니면 인류의 공동 과제를 같이 해결해야 할 동반자로 대 중국 포용 정책을 추구해야 할 것인지 양자택일을 해야 할 처지에 있다.

시진핑의 등장과 함께 전개되고 있는 중국의 대내외 정책에 깊숙이 숨겨진 의도들을 보면 한마디로 공산주의란 세균을 미국을 위시한 자유세계 국가들에 침투시켜 자유 민주주의와 시장 경제를 붕괴시키며 서서히 자신들의 팽창정책을 통해 세계를 지배하겠다는 불순한 목표를 향해 매진하고 있다.

2020년 11월 3일의 미국 대통령선거에 중국이 개입하고 영향력을 행사했다는 미 정보국의 보고서만 보더라도 중국의 세계 공산화를 위한 물밑 작업이 어느 정도이며 얼마나 위협적인지 충분히 가늠해 볼 수 있다. 왜 트럼프 대통령이 공산 중국의 몰락을 위해 경제적으로 외교적으로 그리고 군사적 위협을 앞세워 그토록 노력했는지 이해가 된다.

자유 민주주의와 시장 경제를 최고의 가치로 삼고 있는 우리는 우리의 헌법 정신에 준해 우리가 나아갈 방향과 목적을 향해 흔들림 없이 그리고 주저 없이 정진해야 할 것이다.

그러므로 우리는 이 시점에서 한미 동맹을 바탕으로 한미 관계를 강화하며 어느 선택이 세계 평화와 번영에 더 유리한지를 냉철하게 분석 평가해야 한다. 즉 미국과 외교적, 경제적, 군사적, 문화적 공조 체계를 보다 강화하며 최상의 대 공산 중국 대응전략을 모색해야 한다.

꿈같은 북한 동포들과의 만남

2000년 8월 어느 날 보좌관이 내 사무실 문을 두드리고 들어와 통일부 장관실에서 연락이 왔는데 박재규 장관께서 이산가족 상봉 만찬에 꼭 동석해 주시면 고맙겠다는 초청의 말씀이 있었다고 보고했다. 나는 박 장관의 초청에 고마움을 느끼며 꼭 참석한다고 전하기를 지시했다.

사실 나 자신이 이산가족으로 북한에는 지금도 큰아버님과 사촌 형제들 그리고 외가 쪽의 친인척 모두가 살고 있어 항상 이들의 안위가 걱정되고 보고 싶었으나 나 자신은 이산가족 상봉 신청을 하지 않았다. 나는 공인으로 통일의 그날까지 기다리는 것이 좋겠다고 생각하며 지내고 있었다.

하늘의 별 따기같이 어려운 이산가족 상봉의 기회를 나 스스로 신청하지 않는다고 별 영향은 없겠으나 공직에 있는 신분으로 양보하는 것이 도리라고 생각했다. 이런 나의 마음을 헤아렸는지 박 장관께서 서울에 마련된 이산가족 상봉 만찬에 통일외교통상위원회 한나라당 간사인 나를 특별히 초청해 준 것 같아 너무 감사했다.

비록 나의 친인척들과의 만남은 아니나 평소 북한의 김정일 독재 체제 하에서 고통받고 신음하는 2400만 동포들을 모두 나의 이산가족이라고 생각하고 이들에게 자유로운 삶을 찾아 주는 것이 급선무라 생각하며 나름대로 고심하고 노력하고 있었다.

그래서 나에게 이 기회는 너무 소중하게 느껴졌다. 이들을 직접 만나는 것 자체가 나의 친인척을 만나는 것 못지않게 소중하고 반갑고 감사한 일이기 때문이다.

북한 체제의 변화를 바라며

나는 항상 남북 간의 평화적 자유 통일을 소원하고 그날을 기다리며 살고는 있으나 현실적으로 북한이 김일성 일가의 절대 독재 지배하에 있는 한 불가능하다. 이러한 절대 독재 체제의 존속이 길어지면 길어지는 만큼 북한 동포들의 삶이 더욱더 억압과 공포, 굶주림과 고통의 질곡에서 지긋지긋한 지옥 같은 삶만이 장기화되는 것이 현실이고 사실이다.

헌법 제3조 '대한민국의 영토는 한반도와 그 부속도서로 한다.' 이 헌법에 의해 북한의 2400만 동포는 대한민국 영토에 거주하는 우리 국민이다. 같은 언어와 5000년의 유구한 역사를 공유하고, 같은 생활문화 속에서 살고 있는 민족으로 형제자매와 같다.

그런데도 우리 정부는 물론 우리들 스스로 이들 북한 동포의 인권과 고통 그리고 굶주림에 대해 말로는 인도적 지원이니 교류와 협력을 앵무새처럼 떠들면서 실제로는 어떤 효과적인 방안을 찾지 못해 강 건너 불구경하듯이 처신하고 있다.

우리의 지난 반세기의 대북 정책을 냉정하게 돌이켜 볼 때 한반도 평화니 비핵화니 또한 개혁 개방의 요구 등의 모든 국내외적 정책들이 아무 소득 없이 다람쥐 쳇바퀴 도는 꼴에 불과했다.

혹자는 이런 노력의 결과로 우리가 평화를 누리고 있다며 떠들고 있으나 한미 군사동맹이 제대로 항상 작동하면 한반도의 평화는 보장되는 것이 현실이다.

다시 말해 한미 군사동맹이 있는 한 북한의 어떤 도발도 억제가 가능하며 만약 북한이 불순한 의도로 기습 남침을 계획한다면 우리의 한미 군사

역량으로 지체 없이 이를 탐지, 사전 공격으로 북한을 초토화할 수 있다. 김정은도 누구보다 이러한 엄연한 현실을 잘 알고 있다.

만시지탄이 있기는 하나 지금이라도 나는 북한 동포의 자유를 위해 필요한 선제 조건은 무조건 북한의 레짐 체인지밖에 없다고 생각한다. 우리는 무조건 김정은 교체에 초점을 맞춰 대북 전략을 펴야 한다. 그리고 교체를 위한 구체적인 전략과 방법을 세워 이들을 강력히 추구해야 한다.

그러나 이를 위한 방법으로 우리에게 주어진 선택은 몹시 제한적이다. 하나는 무력에 의한 북한 정권 붕괴이다. 그러나 이는 현실적으로 현명한 선택이 아니며 우리 대한민국도 엄청난 피해를 감수해야 하므로 반드시 피해야 한다.

그래서 대안은 북한 동포들이 스스로 봉기하여 김정은 체제를 붕괴시키도록 유도하는 전략이 필요하다.

많은 북한 문제 전문가들은 이것 역시 북한 독재 체제하의 체제 속성상 불가능하다고 한다. 그러나 나의 생각은 이들의 주장과는 좀 다르다. 최근의 북한 동향을 보면 과거와는 달리 철저한 당국의 봉쇄 및 통제에도 불구하고 많은 북한 동포들은 해외 정보 특히 대한민국에 관한 많은 정보를 암암리에 서로 공유하고 있다고 한다.

즉 경제적으로 풍족한 자유세계와 자신들의 참담한 현실을 비교하며 체제에 대한 회의와 불만을 강하게 느끼고 있다고 한다.

이에 설상가상으로 계속되는 UN 제재, 코로나 팬데믹, 북·중 국경 봉쇄, 흉작과 자연재해 그리고 핵 개발을 위한 과다 비용 지출 등으로 인해 경제 파탄이 목전이며 1990년대의 고난의 행군은 비교가 안 될 정도로 삶의 질이 더 악화되고 황폐화되고 있는 것이 북한의 현실이라고 한다.

심지어 김정은 체제 유지에 필수인 평양에 거주하는 소위 특수 계층들마저 배급을 제대로 받지 못해 생활고에 허덕이며 불만이 고조되고 있다고 한다.

우리는 이런 절호의 기회를 십분 활용해 김정은의 '곳간을 완전히 비우게 하는 대북 정책'을 보다 강도 높게 추진할 필요가 있다. 그래서 김정은의 곳간이 마르면 결국 북한 동포들에 의한 자생적인 민중 봉기나 쿠데타로 연결되어 김정은 교체의 길이 열릴 수 있다.

굶어 죽으나 총에 맞아 죽으나 죽는 것이 피할 수 없는 현실이라면 북한 동포들은 본능적으로 봉기하여 체제를 전복하는 길을 선택하게 될 것이다.

지금처럼 2400만 북한 동포들의 고통과 굶주림의 장기화를 방치하는 우리의 대북 정책으로 북한 동포들이 계속 죽어 간다면 우리는 김정은의 북한 노예화 정책에 스스로 공범자가 되어 가는 것이 아닌지 깊이 고민해 보아야 한다.

우리의 미지근한 대북 유화정책은 언젠가 역사에 의해 우리가 김정은의 공범자로 북한 동포의 고통을 장기화하는 데 일조했다는 선고를 받게 될 수도 있다. 이 점을 유의하여 보다 지혜롭고 현실적인 김정은 체제 몰락의 대북 정책을 강구해야 한다.

김일성 일가 독재 체제의 조속한 붕괴를 바라는 절실한 심정에서 나는 북한 정권 유지에 도움만을 주는 모든 형태의 지원들을 항상 반대해 왔다.

나 스스로 현금 단 일 푼도 보태 주지 않겠다는 각오로 지금까지 금강산 관광과 북한 방문의 모든 기회를 스스로 거부했다. 또한 통일외교통상위원회 한나라당 간사로 매년 예산심의 때 정부의 남북협력 기금의 20% 이상의 삭감을 주도해 관철시켰다.

북한 인솔단장과의 대화

나는 북한 동포들을 위로하고 그들의 자유로운 삶을 위해 무엇을 할 수 있을 것인지를 더 알아보고 싶은 마음으로 상봉 만찬장에 도착했다. 도착하니 안내원이 나를 주빈석의 박 장관 좌석 바로 오른쪽 자리로 안내하였다. 미리 와 있던 박 장관과 반갑게 인사를 하고 자리에 앉아 여러 이야기를 나누었다.

그런데 만찬을 하기로 한 시간이 50여 분이나 지났는데도 북측의 어느 누구도 행사장에 보이지 않았다.

의아해서 박 장관에게 어찌 된 영문인지 물으니 웃으며 북측에서 느닷없이 새로운 요구를 해 와서 지금 협의 중이라며 곧 북측 이산가족들이 행사장에 나타날 것이라고 말했다.

나는 북한 측의 복잡한 속내를 짐작하며 혼자 속으로 웃음이 났다. 좀 앉아 기다리니 북측 인사들이 행사장에 나타나서 대표 격인 인사가 박 장관에게 와서 인사했다.

박 장관이 그분을 왼쪽 좌석으로 안내하며 나에게도 소개해 주었다. 그분은 북측 이산가족을 인솔하고 온 조선적십자회 장재언 위원장이었다. 나는 그에게 내 명함을 건네며 의례적인 인사로 대한민국에 오신 것을 환영하며 만나 뵙게 되어 반갑다고 인사를 나누었다.

식사를 하고 있는데 장 위원장이 나에게 "공화당 부시 미 대통령 후보의 당선 가능성이 얼마나 되느냐."라고 물어왔다. 나는 순간 이분과 대화를 좀 심도 있게 나누고 싶어서 박 장관에게 자리를 바꾸어 앉자고 하니 곧바로 일어나 나와 자리를 바꾸어 주었다. 자리를 바꾼 나는 장 위원장에게 미국 민주당의 Albert Gore 후보가 다소 불리해 보인다고 했다.

이유는 고어는 클린턴 정부의 부통령으로 클린턴 대통령의 백악관 내에서의 성 스캔들과 이로 인한 탄핵에 도덕적 책임을 피할 수 없으며, 나아가 경제 전망이 불투명하여 무당파 유권자들의 상당수가 공화당 후보를 지지할 것으로 보아 부시가 유리하지 않나 생각하고 있다고 했다.

그는 아무 반응 없이 조용히 듣고만 있었다. 나는 이 기회에 그에게 북한의 대미 외교와 개방 개혁의 문제에 대해 언급하며 그의 반응이 어떤지 알아보고 싶어 내 말을 가급적 객관적인 입장에서 계속하기로 하였다.

나는 그에게 북한이 대미 관계를 개선하면 북한에 안보상으로나 경제적으로 많은 도움이 되고 국제적으로도 북한의 국익에 유리한 상황이 올 수 있을 것이라고 말했다. 그리고 그러한 이유에 대해 조용히 그리고 객관적으로 이야기를 시작했다.

그런데 그는 옆쪽을 의식하며 약간 불만스러운 표정으로 미국은 침략자이며 한반도 통일을 방해하는 나라라며 나의 말을 자르려고 했다. 나는 순간 그분의 옆쪽을 보니 젊은 수행원이 낮게 앉은 자세로 우리의 대화를 모두 기록하고 있는 것을 보았다.

나는 그가 듣든 말든 내 이야기를 계속하기로 하였다. 누군가 기록하고 있다는 것은 장 위원장 외 또 북한의 누군가에게 내 이야기가 전달될 수 있다는 가능성을 생각했기 때문이다.

나는 그에게 미국이 추구하는 가치관, 역사 그리고 외교 정책 등에 대해 간단하게 설명하기로 했다. 미국이 추구하는 가치는 자유, 평등, 인권, 기회균등, 법치, 자유 민주주의 그리고 시장 경제이며 이는 개개인 모두에게 자신이 원하는 행복을 추구할 수 있는 기회를 국가가 보장하기 위한 것이라고 말했다. 이러한 인류 보편적 가치를 세계에 보급하여 지구상의 모든 개개인이 미국인과 같이 자신이 원하는 행복을 추구할 수 있는 기회를 가질 수 있는 세상을 만들기 위해서 미국이 노력하고 있다고 말했다.

이러한 미국의 노력은 미국 역사를 종합적으로 보면 이해할 수 있으며 미국의 외교 정책을 면밀히 검토해 보면 알 수 있을 거라고 말했다.

사실 미국도 모든 국가들처럼 국익 우선의 외교 정책을 추구하고 있으나 동시에 인류 보편적 가치의 세계화를 위해 노력하며 이러한 가치를 지키고 보급하기 위해 많은 비난과 비용을 무릅쓰며 세계 경찰국가의 역할과 책임을 감수하고 있는 것이 미국의 실정이라고 설명했다.

내가 이런 내용의 이야기를 계속하니 장 위원장은 차츰 도전적인 반응을 자제하며 내 이야기를 경청하고 있었다.

나는 계속해서 미국의 외교 정책이나 2차 대전 이후의 미국 역사를 보면 알겠지만 미국은 먼저 전쟁을 도발하거나 다른 나라의 영토를 침공하거나 점령한 일이 없으며 오직 자유를 위해 스스로 싸울 의지와 결기를 가진 나라가 타국에 의해 침공을 당하거나 동맹국이 침략을 당할 경우에 한해 자유와 영토를 사수하기 위해 그리고 세계 평화를 유지하기 위해 자의 반 타의 반의 방어적 전쟁에 참여한 것이 전부였다고 설명했다.

그리고 2차 대전 이후 미국은 일관되게 저개발국가나 개발 도상국가들을 외국 원조 프로그램에 의해 꾸준히 지원하며 도움을 주고 있다고 했다.

북한도 미국과 외교 관계를 맺고 국제 사회의 일원으로 세계 평화와 안정을 위해 노력하면 미국은 북한의 체제를 존중하고 북한의 안보와 경제 발전을 위해 북한에 필요한 지원을 아끼지 않을 것으로 안다는 취지의 말을 하였다.

계속 내 말을 듣고 있던 그는 기록하는 수행원을 의식하면서 나지막한 목소리로 "우리는 김정일 위원장이 하라는 대로만 한다."라며 자신의 무기력함과 답답함을 고백하고 말았다.

나는 속으로 김정일로부터 어떤 개혁 개방이나 대미 관계의 개선을 바라는 것은 연목구어나 마찬가지라고 생각했다.

김정일은 자신의 절대 독재 체제를 유지하고 적화 통일을 위해 개혁 개방이나 대미 관계 개선에 대해 어떤 발상의 전환도 할 수 없는 스스로 만든 감옥에서 허우적거리는 답답한 독재자에 불과하다. 그는 체제 유지를 위해 무소불위의 독재 정치를 하면서도 한편 끝없는 불안과 공포 그리고 불신의 어둠 속에 자신을 처박고 밖의 어떤 햇볕도 인정하고 싶지 않은 사람이다. 자신만의 지옥 같은 정신세계에 갇혀 있으며 이를 잊기 위해 물질적 향락과 무절제한 방탕 생활로 하루하루를 오기로 살고 있는 괴물 같은 인간이다.

그러나 우리에게 주어진 사명은 지옥 같은 북한 사회에서 굶주림과 고통 그리고 공포로 인해 신음하며 하루하루를 죽지 못해 살고 있는 북한 동포들을 김정은의 압제에서 가급적 빠른 시일 내에 해방시켜 자유로운 삶을 열어 주는 것이다.

즉 평화, 대화, 교류 및 협상이니, 금강산 관광, 개성공단 재가동, 경제협력, 제재 완화 등 북한 동포의 눈물을 닦아 주지 못하는 아무 실효 없는 정책들을 앵무새처럼 노래 부르는 짓을 그만해야 한다. 결과적으로 붕괴로 향하고 있는 김정은 체제의 연명만을 도와주는 일은 이제 그만하고 대신 김정은 체제의 몰락을 가져올 방법을 찾는 일에 우리의 모든 역량을 결집해야 한다.

이런 방법 중 가장 효과적인 방법의 하나가 그간 탈북 동포들이 온갖 방해와 위험 그리고 열악한 자금 사정에도 무릅쓰고 꾸준히 진행한 대북 전단 살포이다. 이런 활동은 헌법에 보장된 합법적이며 인도적 정신에 입각한 활동인데도 문재인 종북 주사파 정권은 북한 김정은의 비위를 거스르지 않으려고 2021년 3월 말부터 시행할 '대북 전단 금지법'을 만들어 북한 동포의 알 권리를 송두리째 봉쇄하는 반인도적 반민족적 일을 감행했다.

이런 문재인 종북 주사파의 반역적이며 반민족적 행패는 머지않아 준엄한 역사의 심판으로 단죄를 받을 것으로 믿는다. 이런 상황 속에서 우리는 북한 동포의 해방과 자유를 위한 진정한 길이 무엇인지 고민하며 김정은의 퇴출에 초점을 맞춘 대북 정책을 찾아 추진하며 대처해야 한다.

14부

정의, 자유, 국민의 편에 서서

국군 포로와 납북자들의 귀환을 촉구하며

북송되는 비전향 장기수들을 보내며 '국군 포로와 납북자들의 즉각 송환'을 촉구하기 위해 현수막을 들고 자유의 다리 광장에서 시위하는 박세환, 이방호, 안택수, 이상배, 김용갑, 저자 그리고 김용균 의원

2000년 9월 2일에 일어난 일이다. 이날은 정부가 비전향 장기수 남파 간첩과 빨치산 등 63명을 북한으로 돌려보내는 날이었다.

이들 가운데 14명은 빨치산 활동을 하다가 검거됐고, 경찰관 수십 명을 살해한 살인범도 있다. 그리고 49명은 남파 간첩으로 대한민국을 전복하기 위해 암약했던 자들이다. 이들은 우리의 적 중에서도 최악의 적이다. 그러나 북한에서 볼 때 '대남혁명노선'의 정당성을 입증하기 위해 살신성인한 '투사'들이다.

그럼에도 불구하고 우리는 이들의 북송에 대해 인도주의적 측면에서 자신들의 이념적 고향인 북한으로 가는 것 자체를 반대할 이유가 없었다.

나는 이 기회에 북한과 정부 당국에 상호주의 원칙에 입각해 최소한 국군 포로와 납북자들을 돌려보내 달라는 메시지를 전달하면 좋겠다고 생각했다.

국회의 '바른 통일과 튼튼한 안보를 생각하는 모임'의 김종하, 김용갑 의원 등 10여 명의 의원들과 그리고 국군 포로 및 납북자 가족 30여 명과 함께 나는 비전향 장기수를 태운 버스가 지나가는 자유로 통일대교 남단으로 갔다. 거기서 국군 포로와 납북자 송환을 촉구하는 가두시위를 하기 위해 아침 8시경 그 지점으로 갔다.

북한에게는 물론, 김대중 정부에게도 생사를 모르는 국군 포로와 납북자 가족들의 애타는 심정을 전하고 정부가 이번 기회를 계기로 국군 포로와 납북자 송환에 보다 적극적으로 나서 줄 것을 호소하는 입장에서 이 현수막 시위를 준비했다.

9시경 자유로를 통해 북송 버스가 통과한다고 하여 '국군 포로와 납북자를 돌려보내 주시오' '국군 포로, 납북자를 즉각 송환하라'란 현수막을 들고 서 있었는데 급하게 연락이 왔다.

북송 차량이 우리를 피해 자유로가 아닌 통일로를 이용해 판문점으로 이동한다는 것이다. 북한 땅도 아닌 자유 대한민국에서 우리 국회의원 10여 명이 평화롭게 현수막을 걸고 시위를 하는데 무엇이 두려워서 북송 차량의 경로를 군사 작전하듯 갑자기 바꾼 것인지 정부의 대북 저자세가 참으로 한심하고 의아스러웠다. 이것만 보아도 김대중의 햇볕정책이 얼마나 허구였는지 짐작할 수 있었다.

우리들은 무작정 도로 위로 나가 지나가던 차를 얻어 타기도 하고, 취재 중이던 기자들에게 양해를 구해 취재 차량을 타고 통일로 쪽으로 급히 이

동했다.

9시 10분경 비전향 장기수를 태운 버스가 나타나기 직전, 우리는 버스가 올 곳을 향해 나를 중심으로 10여 명의 국회의원들이 '국군 포로, 납북자 즉각 소환하라'는 현수막을 펼쳐 들었다.

종북 주사파들의 난동과 행패

그 순간 갑자기 뒤편에서 30대 남성 두 명이 쏜살같이 현수막을 향해 돌진해 들어와 의도적으로 물리적 충돌을 유도했다. 이들은 비전향 장기수의 북송을 환송하기 위해 모인 100여 명의 종북, 친북 인사들 중의 일부였다. 이들은 우리를 향해 심한 욕설과 함께 주먹을 행사하며 현수막을 빼앗으려고 했다.

나는 이들 중 한 명을 붙잡으며 "너희들 빨갱이 아니냐."라고 하자 이들은 큰 소리로 "동지들의 가는 길을 막지 말라."라고 하며 더 난폭하게 행동했다. 이들의 급습으로 국회의원과 납북자 가족 여러 명이 크고 작은 상처를 입었다. 이들 중 20여 명은 우리 쪽으로 밀고 들어오며 침을 뱉고 주먹을 휘두르며 행패를 계속했다.

보다 못해 납북자 가족분이 "북한이 그렇게 좋으면 함께 넘어가라."라고 하자 이들은 "너희들이나 미국으로 꺼져라."라며 난동을 계속했다.

나는 저 자들은 도대체 누구들이기에 북한에 대한 노골적인 지지와 동지들의 북송을 찬양하고 견해가 다르다는 이유만으로 헌법기관인 국회의원들에게까지 폭언과 폭력을 행사하며 증오와 분노를 드러내고 있는지 의아했다.

과연 햇볕정책이란 미명하에 종북 세력이 대한민국에서 이처럼 폭력을 행사해도 참아야 하는지 김대중 정부가 추구하는 긴장 완화와 통일의 목표가 무엇이며 어떻게 남북 간에 화해와 교류를 추구하려고 하는지 반문하지 않을 수 없었다.

숨어 활약하던 종북 주사파 일당들은 김대중 정부하에서 서서히 그 모습을 들어내 이제는 경찰의 비호하에 반체제 활동을 노골적으로 하는 형국이 되어 버렸다고 생각했다. 김대중 대통령의 민주화 속셈이 이런 친북유화정책을 위한 속임수였는지 묻고 싶다.

우리 곁에는 경기도청 소속 경찰 120여 명이 정렬해 있었지만 종북 세력의 난동을 보면서도 이를 묵인하며 국회의원과 납북자 가족의 신변을 보호하기 위한 어떤 조치나 동작도 취하지 않았다.

우리의 거듭된 도움 요청에도 묵묵부답으로 임하면서 도리어 교통에 방해가 된다는 이유로 우리가 현수막을 들지 못하도록 제지했다.

달라진 김대중 경찰의 태도에 그만 아연실색하지 않을 수 없었다. 이런 믿기 힘든 경찰의 모습을 보면서 백주에 공공연히 폭력을 자행하는 종북 세력들의 위협에서 앞으로 누가 국민의 생명과 재산을 지켜 줄 수 있을 것인가.

나는 이 사실을 묵과할 수 없어 당에 보고하고 법적 조치를 요구했고 또한 이 사실을 글로 써서 월간조선(조갑제 편집장)에 기고하여 2000년 10월 호에 실렸다.

며칠 후 경기도 경찰청의 간부가 나의 사무실에 와서 200여 명의 명함판 크기의 사진들이 담긴 앨범을 보여 주며 폭력을 행사한 자들을 적발해 달라고 했다. 내가 무슨 재간으로 그들의 얼굴을 식별할 수 있겠는가, 나에게는 불가능한 일이었다.

그 경찰 간부는 3일간 내 사무실에 와서 적발해 달라고 계속 졸라서 나는 그만하자고 하며 그를 돌려보냈다.

경찰이 제대로 기능했다면 현장에 나와 있던 경찰이 이들 종북 좌파의 난동을 녹화해 보존했다가 우리 당이 문제를 제기했을 때 자기들이 녹화

한 사진을 보고 폭력을 행사한 무법자들을 색출하여 구속수사를 했어야
했다.

결국 경찰은 직무유기를 한 것이며 아니면 김대중 정부의 종북 세력 보
호 차원에서 이들의 난동을 묵인한 결과일 수도 있다.

지금 돌이켜 보면 지금의 종북 세력의 내로남불식 행패는 김대중, 노무
현, 문재인 정권하에서 노골적으로 보호 육성한 결과가 아닌지 합리적 의
구심을 가지지 않을 수 없다.

폐교 위기에 몰린 국군간호사관학교

김대중 정부는 국방부를 앞세워 1998년 국군간호사관학교 폐교를 추진했다. 폐교 방식은 1999년부터 신입생을 모집하지 않고 4년을 버티면 2002년에는 재학생이 하나도 없어 자동 폐교되도록 유도했다.

폐교 이유는 예산 절감이라고 했으나 김대중 정부가 개혁이니 기구 통폐합이니 하면서 개혁이란 명분으로 힘없는 정부 산하 기관들을 마구잡이로 없애 버리는 과정에서 간호사관학교가 희생양이 되어 버린 것이다.

폐교를 막기 위해 졸업생들과 재학생들이 하나가 되어 필사적으로 노력하였으나 국방부의 고압적인 자세에 눌려 제대로 여론의 관심을 받지 못하였다.

2001년 3월경 간호사관학교 동창회 간부 4인이 나의 국회의원 사무실을 찾아왔다. 이들은 답답한 나머지 모든 국회의원들을 개별적으로 방문하여 호소하며 도움을 부탁하고 있었다.

이들의 호소를 듣고는 그 즉시 나는 폐교를 반드시 저지해야겠다는 마음에서 미력이나마 내가 총대를 메고 끝까지 이들을 도와야겠다고 결심했다. 그들에게 내가 도움을 주고 싶다고 하였다.

이유는 간단하다. 나는 이들의 설명을 들으며 전시 상황에서 국군 부상자들을 누가 더 효율적으로 간호할 수 있겠는가를 생각하게 되었다. 답도 간단하다.

간호사관학교 졸업생들이 일반 간호사들보다 전시 상황에서 더 효율적으로 간호 업무를 수행할 수 있다고 판단했다. 한 사람의 생명이라도 반드시 더 구하는 것이 정부의 의무인데 전시에 계속 실려 들어오는 치명적인 부상자들을 한 사람이라도 더 살릴 수 있는 길이 있으면 이 길을 선택해야 한다.

폐교는 정부의 무책임한 발상이며 반드시 저지해야 한다고 생각하고 다른 어떤 이유도 폐교를 정당화할 수는 없다고 판단했다. 그래서 나는 즉시 보좌진에게 내막을 조사해 보라고 지시한 후 '매년 생도의 모집을 의무화해야 한다'는 규정이 보강'된 '국군 간호사관학교 설치법 개정안'을 준비하라고 하였다.

그해 4월 11일에 개정안이 준비되어 내가 대표 발의하고 여야 국회의원 33인이 공동 발의하여 국회에 상정하였다.

이로써 1998년 국방부의 간호사관학교 폐교 조치가 추진된 이후 2001년 4월 26일 국회법사위원회에서 국방부의 위법 확인과 더불어 국회의 실질적 입법 기능이 국군간호사관학교의 존속으로 의견이 모아지고 있었다.

또한 '국군간호사관학교 존속 지지 서명'에 16대 국회의원 총 273명 중 226명이 존속을 지지하여 내가 대표 발의 한 '개정안'이 본회의에 회부되어도 통과가 무난할 것으로 전망되었다.

그해 6월 초순 통외통위의 부위원장 자격으로 한국국제협력단(KOICA) 간부들과 청와대에서 김대중 대통령을 접견하는 기회가 있었다. 이 자리에서 나는 대통령에게 내가 평소 가지고 있던 간호사관학교의 존속 이유를 진술하게 피력했다.

그때 김 대통령께서 나의 논리에 공감하고 있다는 느낌을 나는 강하게 받았다.

며칠 후 국방부는 2001년 9월 학기부터 간호사관학교 신입생 모집을 재개한다고 발표하여 '개정안'의 국회 본회의 회부는 불필요하게 되었다.

나는 간호사관학교 졸업생들과 재학생들로부터 많은 감사편지를 받았다. 이런 편지가 나로 하여금 의정 활동에 대한 열정을 왕성하게 하며 보람을 느끼게 했다.

내가 받은 감사편지들 중에서 하나를 기재한다.

"존경하는 조웅규 의원님께.

안녕하십니까? 저는 국군간호사관학교 11기 졸업생 배문옥입니다. 일전에도 의원님께 감사의 글을 드린 적이 있습니다만 오늘 또다시 감사의 인사를 드리기 위해 이렇게 글을 올립니다.

사람들은 누군가에게 은혜를 입었을 때 그들의 마음을 말로 표현하여 인사를 드림으로 은혜에 대한 보답을 표합니다만 지금 제가 드리고 있는 이 글이 감히 하는 말의 인사로만 전달되지 않았으면 하는 간절한 마음으로 감사의 마음을 전해 드립니다.

존폐의 위기에서 아직도 실마리를 찾지 못하고 어쩌면 자동 폐교의 사태까지 바라볼지도 모르는 깊은 수렁에 빠진 저희 국군간호사관학교를 모른 척하지 않으시고 저희의 아픔을 진실 되게 이해해 주시고 의원님께서는 저희들에게 실제적이고 현실적인 도움을 주셨습니다. '국군간호사관학교 설치법 중 개정 법률안'을 대표 발의 하시고 의원 33인의 서명과 함께 국회에 상정해 주신 그 일이 우리 모든 국간사인들에게 얼마나 큰 힘이 되고 희망을 가져다주는지… 성경에서는 선한 사마리아인을 두고 강도 만난 자의 진정한 이웃이라고 말하지요. 사실은 이같이 감동적인 사랑을 베푸는 선한 사마리아인의 마음은 곧 신의 마음을 말하고 있습니다만 저는 오늘 감히 조웅규 의원님의 도움과 배려의 마음을 강도 만난 자의 참 이웃이 되어 주는 선한 사마리아인의 마음이라 여기고 싶습니다.

우리(국간사)가 강도를 만난 모습으로 어찌할지 모르고 있을 때 상처를 감싸 주고 자기 돈을 들여 그 사람을 치료해 주었던 사마리아인처럼 우리의 아픈 곳을 실제적으로 치유해 주시고자 앞장 서신 그 마음이야말로 신이 주신 참 사랑의 마음이라 여겨집니다. 그러기에 약한 자의 진정한 이웃이 되어 주시는 의원님께 결코 말에 지나지 않는 감사의 마음을 전합니다.

그러나 앞으로도 우리 국간사 모두가 헤쳐 나가야 할 일들이 결코 쉽지만은 않을 것을 우리 스스로도 압니다. 그래도 의원님 같은 좋은 이웃을 두었기에 많은 힘을 얻을 수 있으며 또 그것으로 반드시 우리 자신을 지켜서 더 많은 나이팅게일 사랑으로 우리가 사랑하는 조국에 반납하겠습니다.

의원님의 도움과 옳은 일에 대한 확신과 사랑을 나의 하나님께 자랑하겠습니다….

늘 우리 곁에서 힘이 되어 주심을 진심으로 감사의 마음을 전합니다.

2001년 4월 12일 국간사 11기 졸업생 배문옥 드림."

형평과 공정이 무시된 군인연금법

6.25에 참전하고도 억울하게 강제퇴역 당한 4만5천여 위부사관들의 명예
회복과 합리적 보상을 위해 국방장관에게 질의하는 조웅규 의원

국회의원회관의 나의 사무실 앞이 시끄러웠다. 알아보니 나이 드신 어
르신들 여러 분이 나를 면담하기 위해 찾아왔다. 그들은 전날 이철승 원로
정치인의 사무실에서 내가 소개받았던 대한 6.25 참전위 부사관 연합회의

최종택 회장과 간부가 되는 분들인데 매우 지쳐 보였다.

이들이 말하는 억울한 이야기를 자세히 들으며 나는 우리 정부나 고위 공직자들이 국방에 헌신했던 군인들과 특히 6.25 동란 때 나라를 구하기 위해 목숨을 걸고 용감히 싸운 참전 노병인 재향군인들을 너무 가볍게 취급하며 홀대하고 있다고 생각했다.

군인과 재향군인을 홀대하는 국가에는 안보도 미래도 없다는 것이 나의 생각이며 소신이다.

국가에 있어서 국방 이상 더 중요한 분야가 없다. 국방이 약하면 나라가 불안하고 국방이 무너지면 나라가 없어진다.

군인과 재향군인들을 제대로 예우하지 못하면 국방은 약해지고 나라는 주변국들의 먹잇감으로 전락한다. 그러면 경제도 민생도 복지도 교육도 다 소용이 없다.

선진 민주국가에서는 우선적으로 국방에 헌신한 재향군인과 현역들을 우대한다. 군인들을 예우하고 우대할 때만이 철통같은 국방과 국가의 안위와 평화가 보장된다.

국민소득 3만 불 시대를 자랑하는 세계 제10위 경제 대국인 대한민국의 정부나 정치인 그리고 고위 공직자들의 상당수가 군의 중요성을 아직까지도 제대로 인식하지 못하고 있는 것 같아 매우 불안하고 답답하다.

이 어르신들에 의하면 4만 5천이 넘는 연합회 회원들은 6.25 동란 때 참전하여 구사일생으로 살아남은 혁혁한 공을 세운 용사들로 평생 직업군인으로 국방에 헌신하는 것을 천직으로 알았다고 했다.

그런데 1953년부터 자기들의 의사도 묻지 않고 명예 제대를 통보하며 귀가할 수 있는 교통비 정도를 지급하고는 군복을 벗게 만들었다. 그러나 자신들은 국가 재정이 어려워 감군하는 것으로 알고 운명이라고 감수하기로 마음을 먹고 불평 없이 제대하여 귀가했다.

그런데 1960년 초에 정부가 '군인연금법'을 정부안으로 국회에 상정할 계획이라는 신문 기사를 접하게 되었다. 그 기사를 보고 자신들이 강제적으로 명예 제대 퇴역을 당하게 된 사유를 알게 되었다고 한다. 자신들이 '군인연금법'을 위해 희생양이 된 것을 알고 정부에 대해 심한 배신감을 느끼게 되었다고 말했다.

정부가 공정, 공평했다면 아무리 정부 재정 상황이 어려웠다 해도 최소한 직업군인을 천직으로 삼고 있던 위부사관들에게 퇴역과 군 잔류 중 하나를 선택할 기회를 주는 것이 정상이었을 것이다. 그리고 군 잔류를 선택한 모든 위부사관들을 상대로 국가 재정이 허락하는 범위 안에서 군인연금법의 시행을 시도하는 것이 도리이다.

그러면 시간이 흐르고 국가 경제가 부흥하면서 재정적 여유가 생기는 만큼 연금도 따라 증액하여 모두가 함께 공생하는 길을 택하는 것이 정부의 올바른 선택이다.

당시에 정부는 치졸했고 불공정했다. 4만 5천의 참전위 부사관들을 기만하고 그들의 명예와 군인으로서의 자긍심을 짓밟았다.

이런 정부의 불공정한 처사에 분개한 4만 5천여 위부사관들은 즉시 행동에 나서서 연합회를 결성하고 자신들의 명예 회복과 합리적인 보상을 요구하며 정부와 국회를 상대로 로비를 했으나 지난 30여 년간 아무 진전도 없었다고 하소연하며 억울함을 호소했다.

이들에 의하면 1992년 8월 김영삼 대통령은 대선공약으로 육군 2등 상사 이상의 장병에게 28만 원 이상의 연금을 지불하겠다고 약속했다고 한다. 그리고 정부입법으로 이 법안이 국회에 제출되었으나 여러 유사 단체의 반발로 당초의 취지와는 달리 참전 군인에 대한 지원법으로 둔갑하여 유명무실한 법이 되고 말았다고 한다.

이런 와중에 참전 노병들은 억울해서 죽을 수도 없다고 가슴을 치면서 하나둘 저승으로 떠나고 있었다.

나머지 4만여 명의 참전 노병들은 1998년 '퇴직 급여를 지급하라'는 주장을 내용으로 입법 추진에 나서기로 하고 '대한 6.25 참전위 부사관 연합회'를 창립하고 입법 활동에 나섰다고 한다.

국민소득 2만 불 시대로 들어선 1990년대인데도 6.25 참전 장기 복무 노병들에게 퇴직 일시금 지급을 요구하는 법안을 추진하였으나 국방부는 이런 정당한 요구를 항상 외면하면서 국가보훈처가 할 일이라며 복지부동이었다고 했다.

2000년 새해 정초에 이철승 원로 의원께서 연합회 최 회장에게 전화하여 "우리를 도와줄 수 있는 애국자 한 분을 소개할 테니 빨리 자기 사무실로 오라."라고 하여 연합회 간부들은 지체 없이 이철승 전 의원의 사무실로 달려갔다.

그 자리에는 건장하신 체격의 믿음직한 국회의원 한 분도 함께 계셨는데 그분이 바로 한나라당 국회의원 조웅규였다고 말했다.

이미 이철승 원로로부터 설명을 다 들은 나는 최종택 회장의 손을 꼭 잡고는 "이런 나라가 또 어디에 있습니까? 제가 노병들이 원하시는 법을 만들어 보겠습니다."라고 하며 노병들을 위로해 주었다.

나는 즉시 이것은 정부의 잘못으로 지금이라도 책임을 통감하고 이들의 명예 회복과 합리적인 선에서의 보상이 있어야 한다고 생각해 보좌관에게 이들과 함께 법안을 준비하라고 지시했다.

바로 그다음 날부터 2005년 말 참전 노병들에게 퇴직금 일시불 지불을 위한 법안이 국회 본회의에서 통과되기까지 국방부, 국회 국방위원회, 여당인 민주당, 정부 예산 당국 그리고 좌파 의원들과의 지긋지긋하고 기나긴 싸움이 이어졌다.

나는 36명 국회의원들의 동의를 받아 '창군 및 6.25 참전 직업군인의 퇴직금 지급 특별법'을 대표 발의하였다. 그리고 국방위원회에서 법안을 상정 설명을 해야 하는데 국방위 의원도 아닌 내가 국방부 관련 법안을 발의하느냐고 좌파 여당 의원들이 항의하며 발의 자체를 저지하려고 하였다.

나는 여러분이 직접 발의하면 철회할 생각이라고 여유를 보이며 나의 뜻을 접지 않고 밀고 나갔다.

마침 정대철 의원이 대표 발의한 유사 법안이 정무위에서 일 년 넘게 잠자고 있는 것을 알게 된 나는 정대철 의원을 만나 철회하도록 한 후 내가 발의한 법안을 국방위에 상정했다.

이 법안의 제1조 '이 법은 현역에서 2년 이상 복무하고 1959년 12월 31일 이전에 2등 상사 중사 또는 해군 1등 병조 이상의 계급으로 퇴직한 군인에게 국가가 퇴직급여금을 지급하여 줌으로써 이들의 노후 생활 안정을 도모하고 명예를 존중하며 국민의 애국심 함양에 이바지함을 목적으로 한다'고 규정한 6.25 참전 노병들을 대상으로 한 특별법이었다.

이 법안이 국회에서 통과된 2005년 12월 31일은 내가 국회를 떠나고 1년 7개월이 되는 때였다.

그간 많은 우여곡절이 있었으나 연합회 회원들의 지칠 줄 모르는 투지와 노력 그리고 이 법안의 취지와 목적을 늦게나마 인식하고 도움을 준 많은 국회의원들의 동참이 있었기 때문에 입법화가 마침내 가능하였다.

이 법안의 입법 불가론을 고집하며 황당한 논리와 이유로 끈질기게 반대를 위한 반대를 펼친 공무원은 좌파 정부의 보안 부대장을 자처한 허평환 국방부 인사복지국장이다.

국방부가 내세운 반대 이유는,

1) 퇴직금을 지급했다.

2) 지급할 법적 근거가 없다.

3) 기여금을 내지 않았다.

4) 형평성에 어긋난다.

5) 퇴직금을 이중으로 지급할 수 없다 등이었다.

더 나아가 인사보훈국장 허 씨는 만약 국회가 법을 제정하면 정부는 이 법을 대통령의 비토권을 행사해 저지하겠다고 공언하며 난리를 치곤 하였다.

위의 황당한 5가지 반대 이유를 논리적으로 그리고 팩트에 근거해 반박할 수 있으나 이 문제는 더 이상 재론의 가치가 없는 한마디로 말하면 거짓과 억지 주장을 늘어놓은 궤변에 지나지 않는다.

국민을 섬겨야 할 정부가 국민 위에 군림해 좌파적 이념으로 주권자이며 애국적 영웅들인 6.25 참전 노병들을 안하무인격으로 무시하고 경멸하는 오만불손한 행패는 용서받을 수 없다.

나는 2001년 10월 18일 제225회 정기국회에서 대정부 질문을 통해 국방부의 반대 논리를 다음과 같이 반박하고 질타하였다.

"총리께 묻겠습니다. 창군에 참여하고 6.25 전쟁에 참전하여 목숨을 걸고 이 나라를 지켜 낸 참전 군인들 가운데 중사 이상의 계급으로 5년 이상 근무하고 퇴직한 장기 복무 군인들의 일부가 전역 당시 국가로부터 퇴직금을 한 푼도 받지 못했습니다. 이 노병들은 단순히 정부의 감군 정책에 따라 강제로 1959년 12월 31일 이전에 전역되었습니다. 그러나 1960년 1월 23일 연금법이 제정되면서 모든 군인들이 연금법을 적용받았으나 70대 중반을 넘어선 이 노병들은 반세기가 지난 이 시간까지 정부로부터 퇴직급여금 보상을 한 푼도 못 받았습니다. 이것이 대명천지에 있을 수 있는 일입니까? 정부는 노병들에게 조국을 위해 헌신했다는 긍지와 명예를 회복시키고 국민의 애국심을 함양하는 차원에서 6.25 참전과 복무 기간을 합산한 퇴직급여금 보상을 이들에게 즉각 지급해야 한다고 본 의원은 생각합니다.

이들은 민주 유공자에 준하는 보상을 요구하는 것도 아닙니다. 장기 군복무자들이 연금법에 의해 퇴직금을 받는 것에 준하여 자신들의 복무 기간에 해당하는 당연한 퇴직금을 요구하는 것입니다. 이 요구를 국방부가 끝까지 외면한다면 이는 대한민국이 국가로서의 기본 자세와 초보적 책임마저 갖고 있는지를 끊임없이 의심하게 할 것입니다.

나라의 장래와 안보를 걱정하는 우국충정의 간절한 뜻이 우리 정치인을 비롯하여 온 국민에게 퍼져 오늘의 위기를 극복하는 원동력이 되기를 기원하면서 이상 질의를 마치겠습니다."

보충질의에서 나는 국방부장관에게,

"1970년대부터 이분들을 지원하기 위한 대책을 강구했는데 지금 몇 년이 지났는지 아십니까? 20년이 지났어요… 아까 장관님의 답변은 보훈처로 갔다고 했습니다. 그렇습니다. 그런데 정무위원회에서는 퇴직금은 정무위 소관이 아니라고 국방위원회로 넘긴 것입니다. 그런데 또 고려해 보겠다. 한마디로 참 유감스럽습니다만 그분들이 죽기를 기다리는 것이 정부의 자세 같네요. 이래서는 안 됩니다. 장관께서도 장군 출신이지요. 아마 1960년 1월 28일에 제정된 연금법에 의해 연금을 받으실 것입니다.

그분들은 창군과 6.25에 참전해서 목숨을 내놓았던 분들이에요. 그분들이 없었다면 여러분도 없어요… 민주화 유공자는 지금 예산을 들여 보상을 해 주고 있습니다. 왜 예산 타령을 합니까? 말도 안 되는 이야기를 하고 있으니, 정부의 자세가 그러니 누가 대한민국을 아끼고 사랑하겠습니까? …20년 전부터 해 온 것을 지금까지 해결을 못 하고 이제 와서 또 검토하고 보류한다는 것입니까?"

2001년은 이렇게 넘기고 2002년 2월 28일 제227회 임시 국회에서 논란 끝에 법률 심사 소위원회에 회부되었고 그리고 논쟁은 또 3년이나 이어졌다. 이 기간 나와 나의 보좌관들은 국방부의 입법 저지 담당관들과 계속 싸웠으며 70대 후반의 노병들은 심지어 국방부 청사 안에서 연좌 농성을 하기까지 했다.

그러나 복지부동의 국방부는 좌파 국회의원들과 야합하여 노병들의 요구와는 달리 공무원연금법을 준용하는 내용의 특별법을 만들고 말았다.

즉 반세기 전에 폐기된 법을 준용하는 소급입법(헌법 제13조 2항)을 통해 노병들의 퇴직일시금을 최소액으로 지급하기 위한 편법이며 꼼수였다. 도저히 받아들일 수 없는 내용이었으나 일단 모법을 만들어 놓고 보자는 의도의 결과 2005년 12월 31일 본회의에서 최종 가결되어 '1959년 12월 31일 이전에 전역한 군인의 퇴직급여금 지급에 관한 특별법'이 탄생하게 됐다.

이처럼 국회를 통과한 특별법은 재직 기간의 산출, 퇴직급여금의 산정,

전투 근무 기간의 적용 등 수혜 사안을 모두 공무원연금법을 준용하여 국방부의 입맛대로 산정할 수 있게 만들었다.

참으로 치사한 점은 군인연금법에는 '전쟁에 근무한 군인은 1년을 3년으로 가산' 하는데 공무원연금법을 적용하고 또한 특별법 제호에서 '창군 및 6.25 참전군인…'을 없애 6.25 전쟁에 참전한 가중치를 묵살하고 말았다.

나는 17대 국회에서 개정할 것을 기약하고 일단 받아들였으나 17대 총선에서 한나라당은 중도 정책을 표방하며 매사에 합리적이고 실용적 노선의 정책을 추구하는 나를 보수꼴통이라고 공천 심사위원장 김문수란 자가 공천에서 배제해 버려 노병들을 위한 나의 노력은 유감스럽게 더 나아가지 못하게 되었다.

국방부의 멋대로 조작한 시행령에 따라 2등 상사가 2년간 전쟁을 했고 5년 이상 복무하고 전역했는데도 퇴직일시금이 고작 62만 여원이 전부였다.

그러나 참전 노병들은 자신들의 명예와 애국심이 정부에 의해 만시지탄이 있으나 이렇게라도 인정을 받은 사실에 한없이 감사하며 눈물을 흘렸다. 많은 노병들이 퇴직일시금을 수령한 후 나에게 감사편지를 보내왔다.

그 편지들 중에서 2006년 2월 18일 자 어느 노병이 보내온 서신 하나를 기재한다.

"조웅규 님께,
안녕하십니까. 저는 78세로 무공수훈 국가유공자입니다. 당돌히 이 글을 드리는 것은 2004년 3월 26일, 마지막 국회에서 조 의원님께서 주동 역할을 하시어 저희들 6.25 참전 초기 대응에서 최선을 다하여 분투하였던 노병들에 대한 59년 말까지 제대한 중, 상사 이상 부사관들에 대한 퇴직금 지급에 대한 법률이 통과되어 그 후 저희들 14,000여 명이 수 십 차례 국방부에 드나들면서 투혼을 벌여서 결국은 소망에는 미치지 못했으나 나는 16일 전에 11년 근무 퇴직금 231만 원을 지급받았습니다.

감사한 나머지 조 의원님 사무실의 784-3873으로 전화해도 안 받았고 www.wkcho.or.kr로 해 봐도 안 되어 이처럼 마침 옛날 주소로 빈 문을 드립니다. 기회 있으면 한번 뵙고 점심 식사라도 대접하고 싶습니다. 나라의 살림살이가 여유롭지 못해 저희가 희망하는 금액의 1/10이 되지만 그저 감수하고 그러나 조 의원님과 식사라도 저 개인이지만 접대하고 싶습니다. (2)387-1195, 017-205-1195 이용권 드림."

마침내 통일외교통상위원회로

15대 국회 임기 말경이다. 본회의장에 들어가니 최형우(1935-, 6선 의원·제13대 정무장관·제58대 내무부 장관) 의원이 나를 보고는 무슨 생각이 났는지 멀리 있는 서청원 원내총무를 부르며 자기에게 오라고 손짓을 했다. 서 총무가 오니 단도직입적으로 자기와 나의 상임위를 당장 바꾸라고 명령 아닌 명령을 했다.

당시 최 의원은 통외통위에 있었고 나는 정보통신위원회에 있었다. 최 의원은 김영삼 대통령의 의중을 잘 알고 있다.

그런데 내가 15대에서 통외통위 아닌 다른 상임위에서 계속 일하고 있는 것을 보고는 더 이상 참기가 어려웠던 것 같았다.

나의 전문성을 고려해 자기가 양보하기로 작정한 모양이다.

최 의원은 김영삼계의 대부로 나의 전문성이 국회에서 사장되는 것을 보다 못한 나머지 자신이 양보하며 교통정리를 해 준 대인다운 면모를 보여 주었다. 나는 최 의원을 보면서 이런 마음이 국익을 우선하는 정치인의 자세라고 생각하며 마음으로부터 존경하고 감사했다.

16대 국회 개원과 함께 나는 통외통위에 다시 배정됐고 통외통위 한나라당 간사로 활동하기 시작했다.

16대 후반에 들면서 각 상임위는 위원장을 선출한다. 우리 한나라당은 야당이지만 원내의 다수당으로 통외통위의 위원장 자리를 배정받았다.

우리 당은 다수당으로 의원수가 많아 상임위 위원장은 3선 의원의 몫으로 당 지도부가 항상 결정하는 것이 관행이었다.

그런데 16대 전반기에 우리 당은 당헌 개정을 통해 상임위 위원장을 상임위에 배정된 의원들이 전문성과 지도력 및 기타 덕목을 고려해 상임위 차원에서 자체적으로 선출하도록 개정했다.

이 개정 당규에 의해 16대 후반기의 상임위원장은 당 지도부의 개입이나 선수에 관계없이 상임위에 배정된 의원들 스스로 결정하게 되었다. 그래서 통외통위(조웅규), 법사위(김기춘), 환경노동위(이재창), 그리고 건설교통위(윤한도)는 2선 의원들이 위원장으로 선출되어 내정된 상태에 있었다.

나는 2선 의원으로 통외통위의 동료 의원들에 의해 만장일치로 위원장에 내정되었다. 이제 총재의 결재만 형식적으로 남았다.

그런데 총재실에서 오라는 연락이 있어 갔더니 2선 의원으로 위원장에 내정된 4인이 와 있었다.

이회창 총재는 우리 네 사람에게 미국의 경우를 봐도 상임위에서 다선 의원이 위원장이 된다며 그래서 우리도 경력이 3선 이상은 되어야 하니 양보하라고 했다.

미 의회의 관행과 전통을 모르는 무식의 극치였다. 미 의회의 상임위 위원장들이 다선인 이유는 그들이 의회에 진출하면서 초선 때부터 계속 같은 상임위에 배정되어 전문성을 확보하였으며 또 당의 발전에 기여한 공로 등이 있어 상임위 위원장으로 선출된다. 즉 전문성이 확보된 다선 위원들이다.

그러나 우리의 다선 의원들은 전문성과 관계가 없는 의원들이 대부분이다. 왜냐하면 상임위를 수시로 바꿔가며 의정 활동을 하는 것이 우리 국회의 관례이기 때문이다.

하여튼 이 총재의 결정은 당규를 무시한 총재의 독선적이며 위선적인 처사였다. 우리 모두는 꿀 먹은 벙어리가 되어 총재의 이해되지 않는 결정에 울며 겨자 먹기로 따를 수밖에 없었다.

그런데 뒤에 알고 보니 총재가 한 원로 의원에게 국회 부의장 자리를 약속했었는데 부의장 자리를 정당 간의 협상에 의해 자민련 의원이 가져가게 되었다. 이에 난처해진 총재가 그 의원에게 대신 통외통위 위원장 자리를 맡으라고 설득해 꿩 대신 닭이라고 그 의원이 내 자리를 차지해 버렸다. 위원장이 된 의원도 나를 지지했던 분으로 미안하다고 하며 총재의 결정을 수용하는 입장이었다.

사실 두 사람 간의 거래가 무엇인지는 모르나 당헌당규를 총재가 고의로 무시한 처사는 잘못이다. 공당에서는 있을 수 없는 치졸한 일이다.

이런 냄새 나는 총재의 처사로 인해 당규는 무시됐고 4명의 2선 의원들은 자신의 실력으로 얻은 위원장 자리를 이유도 모른 채 박탈당했다. 공당의 총재로 이런 독선적 처사는 그의 인물됨이 어느 정도인지 짐작케 하는데 그는 정치에 몸담고는 있으나 Statesman(정치가)이 되기에는 자질과 품격이 부족한 사람으로 생각된다.

내가 1996년 등원 이후 줄곧 접해 본 최형우와 이회창 두 사람의 정치 지도자로서의 자질을 비교해 보면 이들의 공사 구분이나 인격적 자세가 아주 대조적이었다. 이회창 총재는 왜 정치에 입문해 격에 맞지 않은 큰 옷을 입고 당과 국가의 미래에 도움 대신 걸림돌이 되었는지 이해되지 않는다.

이회창 총재 방미를 준비하며

2001년 9월 초 어느 날 보좌관이 총재실에서 나를 찾는다고 알려 주었다. 나는 당사로 가서 총재실로 직행했다. 총재는 2002년 1월에 한나라당 총재로 미국을 공식 방문하기로 하였으니 나에게 즉시 미국에 가서 필요한 일정을 준비해 주면 좋겠다고 부탁했다. 총재실을 나오면서 나는 다소 의아하게 생각했다.

총재 주변에 유능한 분들이 많은데 왜 나에게 이런 중요한 임무를 부탁하는지 궁금했다. 나는 그때까지 이 총재 주변에서 그의 관심을 끌어 보려고 한 일도 없고 그를 보좌하는 측근이나 주요 당직자들과도 별 친분이 없었다. 한마디로 이회창계와는 거리가 아주 멀었다.

사실 나는 그와 경쟁 관계에 있는 다른 정치인의 계파에 속한 것으로 세상에 알려져 있었다.

15대 대선 때 이북오도민회의 동화경모공원 건과 관련해 총재의 이해가 안 되는 약속 이반으로 자신의 대통령 당선을 그르친 일을 생각하면 마음이 선뜻 움직이지 않았다.

그러나 나는 한나라당 당원이고 당이 나를 필요로 하면 언제나 당을 위해 나의 최선을 다하는 것이 당원으로서 마땅한 자세라고 항상 생각했다.

당내에서 나를 '미국통'이라고 모두가 알고 있는 사실이 작용했다고 생각했다. 그래서 총재의 방미가 성공 그 이상이 되도록 최선을 다해 노력하기로 스스로 다짐했다.

사무실로 돌아와서 나는 총재의 방미가 그 무엇보다도 그의 16대 대선(2002년 12월 19일)의 재도전에 가장 도움이 되는 방향으로 일정을 준비해야겠다고 계획을 세웠다. 방미 일정이 대선 일 년 전쯤이라 대선에 임하는 그의 주요 정강 정책은 준비되었다고 생각했다.

그래서 방미 기간 이러한 그의 대선 공약을 바탕으로 미국 조야의 많은 인사들과 만나고 이런 만남의 대화 내용이 한미의 주요 언론에서 호의적으로 보도하게 하는 것이 중요하다.

사실 미국의 부시 행정부와 보수진영은 DJ정부의 햇볕정책에 불신을 가지면서 한미 동맹에 심한 우려를 가지고 있었다. 동시에 한국의 대선 정국을 주시하면서 한나라당과 이회창 총재에 많은 관심을 갖고 있었다. 그리고 이회창 총재의 집권 가능성을 높게 점치고 있었다. 때문에 미국에서는 이 총재의 정체성, 이념 등에 대해 많은 관심을 갖고 있었고 실제 만나 확인하고자 하는 의향이 강했다.

때문에 나는 이 총재가 미국에 가서 부시 정부의 고위 관리나 의회 지도자들을 만나는 것 못지않게 미국의 여론을 주도하는 한반도 전문가나 학자 그리고 언론인들을 많이 만나는 것이 매우 중요하고 방미 성과를 극대화하고 대선 전략에 큰 도움이 될 수 있는 길이라고 생각했다.

나는 즉시 계획대로 일을 추진했다. 나의 미국 내 다양한 인맥을 동원하기로 하고 그들에게 나의 방미 목적을 설명하고 도와달라고 부탁하는 서신과 함께 나의 미국 방문 일정을 알리고 출국했다.

워싱턴에 도착하면서 도움을 부탁했던 미국 인맥들에게 연락하니 모두가 적극적으로 돕겠다고 했다. 정권 교체에 대한 열망과 이 총재에 대한 관심과 기대가 크기 때문이었다.

나는 미 행정부에서는 우선 대통령과 부통령. 국무장관과 국방장관 또는 차관, 백악관 안보수석 그리고 국무부와 국방부의 동아태 차관보 등을 집중적으로 공략했다.

그리고 입법부에서는 하원의장과 상·하원의 양당 원내총무, 외교 및 국방 상임위원장 그리고 친한 및 지한파 의원들과의 면담을 마련하기로 했다.

부시 대통령을 제외하고는 타지로 출타 중인 분들 외에는 거의 모두 면담 약속을 받을 수 있었다. 그만큼 미국 조야에서 당시 한국의 야당 대통령 후보인 이회창 총재에게 많은 관심과 기대가 있었다는 것을 증명해 주었다.

또한 워싱턴 D.C.에서 활동하는 지한파 언론인과 전문가 및 학자들과의 만남을 많이 만드는 것이 무엇보다도 중요하고 실효적이라 생각했다.

왜냐하면 이들의 이 총재에 대한 호의적인 인식과 평가가 이 총재에 대한 여론의 향배에 미치는 영향이 상당히 크고 대선 정국에도 영향이 있다고 생각했기 때문이었다.

워싱턴에서 제한된 짧은 체류 기간에 미국의 정치 지도자들과의 개별 면담 시간을 고려하면 약 100여 명에 달하는 친한 및 지한 언론인 등을 개별적으로 만난다는 것은 불가능하다. 현실적으로 보아 겨우 4-5명 정도에 그치고 말 형편이었다.

16대 대선 전에 다시 방미할 수도 없는 입장에서 이 총재가 모처럼 워싱턴을 방문한 이 기회에 이분들을 반드시 만나야만 하는데 한번에 한자리에서 만날 수 있는 방법이 없을까? 아무리 고민해도 답이 나오지 않았다.

그 당시 주미 한국 대사는 이홍구 대사였다. 이 총재와는 비록 한때 신한국당과 한나라당에서 같이 일했던 동지적 친분이 있었지만 이제는 이 대사는 김대중 대통령이 임명한 한국의 전권 대사로 워싱턴에서 활동하는 분이다.

그런데 야당 총재를 위해 대사관저에서 환영 파티를 열어 준다는 것은 나의 상식으로는 도저히 불가능한 일이었다. 그러나 나는 개인적으로 이 대사를 잘 아는 사이라 안부도 물을 겸 전화를 하고 인사차 사무실로 찾아뵙겠다고 했다.

이 대사를 반갑게 만나 이런저런 이야기 끝에 불가능한 것을 알면서도 답답한 나머지 이 총재가 워싱턴 방문 중에 이곳에서 활동하는 친한 또는 지한파 언론인, 한반도 전문가 및 학자들을 한자리에서 모두 만나볼 수 있는 방법이 생각나지 않아 고민이라고 했다.

잠시 후 그는 나를 쳐다보며 혹시 대사관저에 그분들을 모두 초청하면 어떻겠냐고 물었다. 나는 내 귀를 의심하면서 한편 이런 고마우신 분이 이 세상에 또 어디 계실까 생각하며 그것이 가능하다면 그 이상 더 바랄 것이 없다고 말했다.

이 대사는 김대중 정부가 보낸 대사이나 사실 엄격히 따지면 민주국가인 대한민국의 국민 모두를 대표하는 대사로 야당 총재에게 이런 배려도 가능한 일이라 생각할 수도 있다.

그러나 정쟁을 밥 먹듯이 하는 당시의 여야 관계를 생각하면 이 대사가 이로 인해 어떤 곤경에 처하게 될지 가늠하기 힘든 것도 사실이다.

그러나 나는 아주 골칫거리였던 문제를 해결하게 되어 너무 좋았고 한편 이홍구 대사의 높은 품격과 사심 없는 애국심 그리고 초연한 정치적 배려에 감동했다.

이 대사는 준비할 시간이 필요하니 3일 안에 가부간의 입장을 알려 주면 좋겠다고 했다. 나는 속으로 3일은 무슨 3일, 이 총재에게 전화한 후 즉답을 줄 수 있다고 생각했다.

나는 이 총재에게 전화를 하여 그간의 진행 상황을 보고하고 이홍구 대사의 제안을 설명했다. 그런데 뜻밖에도 이 총재의 반응이 너무 소극적이며 며칠 생각해 보고 알려 주겠다고 했다. 이 총재로서는 여러 가지를 종합적으로 검토해 볼 필요가 있겠다고 이해하면서 그러나 이 문제는 자신의 대권과 관련된 문제라 현명한 판단을 할 것이라 생각했다.

15대 대선 때를 반추해 보면 객관적으로 상대가 되지 않았던 김대중에게 패한 원인을 제대로 파악하고 이를 교훈으로 삼아 이홍구 대사의 호의를 긍정적으로 받아들이기를 바랐다.

그는 법치와 신뢰와 정직을 바탕으로 나라를 도약시키겠다는 나름대로 대통령 후보로서의 각오를 가지고 있었다. 그러나 대선에서 패하면 아무 소용이 없다는 것을 알면서도 비정치적 판단에 연연하는 그의 답답한 대권욕이 참 무상하게 느껴졌다.

나는 매일 국제 전화로 가부를 물었으나 그의 대답은 애매했다. 그런데 이홍구 대사가 내일까지는 확답을 주어야 한다고 해서 다시 이 총재에게 전화해 오늘은 가부간의 입장을 정리해 답을 주면 좋겠다고 하니 그제야 그 만남은 없었던 걸로 해 달라고 했다. 나는 그 시간대에 다른 중요한, 혹시 부시 면담이라도 나 이외의 통로로 성사됐나 싶어서 대단히 아쉬웠지만 포기할 수밖에 없었다. 그래서 이 대사에게 전화해 이 총재의 입장을 전하고 너무 고마웠다는 인사로 대신했다.

이 총재가 거부한 이유를 여러 가지로 생각해 보았으나 그 이유가 무엇이든 부시 대통령과의 면담이 아닌 한 대권의 승리를 위한다면 방미 중에 이 모임보다 더 중요한 대권 행보에 긍정적 영향을 미칠 다른 일정은 없다고 생각했다.

경기고등학교, 서울법대 동기 동창으로 한나라당의 전신인 신한국당에 함께 입당하여 뜻을 같이한 동지였던 이홍구 대사가 당적을 버리고 김대중 대통령이 임명한 주미 대사가 되어서 그의 도움을 받는 것이 이 총재에게 문제가 되었다면 이는 정치인으로 정치력이 부족한 처신이라 생각되었다.

어찌 되었던 그 시간에 이 총재께서 내가 준비하고자 했던 모임보다 더 대권 행보에 도움이 되는 무슨 중요한 약속이 있었을 것을 바라며 잊기로 했다.

1999년 9월 10일 이 총재와 부인 한인옥 여사 그리고 수행한 일행은 워싱턴에 도착하여 캐피털 힐튼호텔에 여장을 풀었다.

이홍구 대사가 호텔에 찾아와서 이 총재와 수행한 국회의원들을 반갑게 맞이했다. 그리고 저녁 식사에 초대했다. 이 총재는 초대에 가지 않았다. 수행한 동료 국회의원들과 함께 나는 이 대사의 저녁 식사 초대에 갔다가 호텔에 돌아와서 이 총재 수행비서에게 전화하여 총재의 동선을 물어보았다.

아무것도 모르는 수행비서는 총재 부부가 방에서 룸서비스로 저녁 식사를 하고 휴식 중이라고 사실대로 알려 주었다. 나는 뒤통수를 얻어맞은 기분이었다.

또 아무리 평생 법조인으로 법과 원칙에 따라 살았다고 해도 일단 정치를 시작하고 대권에 뜻을 두고 재수하는 입장에서 방미 일정 중 대권 행보에 가장 긍정적 영향을 미칠 수 있는 언론인, 한반도 전문가 및 학자 100여 명과 만나는 모임의 중요성을 소홀히 하고 기피하는 이 총재의 처사로 나는 이분의 2차 대권 도전도 정치력과 정무적 판단의 부족으로 실패하리라는 우려를 하게 되었다.

결국 16대 대선에서 노무현에게 패한 것도 이 총재 스스로 자초한 결과였다. 15대 대선 패배의 원인들을 그가 제대로 분석, 검토하고 16대 대선에 임했다면 두 번의 한심한 실패는 피할 수 있었다.

최소한 이인제 의원의 경우에서 교훈을 얻었었다면 우리와 함께 한나라당에서 동고동락했던 정몽준 의원을 어떻게든 설득하고 타협해 당에 남아서 자신을 돕도록 만들었어야 했다.

그리고 DJP 연합을 기억한다면 노무현과 정몽준의 단일화 협상을 당 차원에서나 후보 자신의 입장에서 원천봉쇄하기 위한 어떤 진지한 노력이라도 했어야 했다.

사실 나는 그가 이러한 노력을 했는지 알 길이 없다. 그러나 결과가 증명하듯 만약 노력을 제대로 했다면 좌파 노무현에게 패하지 않았을 것이다.

하여튼 이런 답답한 분을 두 번이나 우리 당이 대통령 후보로 공천해 정권을 좌파에게 내어 주어 오늘날 종북 좌파가 나라를 망치고 있다. 한나라당도 그리고 소위 보수라고 자처하는 우리들 스스로도 두 번의 대선 패배에 대해서 철저한 성찰과 반성이 필요하다.

· 15부 ·

미력이나마 최선을 다한
의정 활동

WMD 확산 방지를 위한 국제회의

2003년 11월 20-21일, 프랑스 Strasbourg에서 개최된 '핵 및 생화학무기 WMD(Weapon of mass destruction) 확산 방지를 위한 글로벌 파트너십 강화' EU의회 회의에 나는 한국 대표로 참석했다.

이 회의에는 한국을 위시해 유럽의회(EU) 의원, EU회원국들의 의원, EU예비회원국, 호주, 우크라이나, 카자흐스탄, 일본, CSIS 중심의 싱크탱크와 관련 NGO, ITSC, STCU, IAEA, OPCW, EBRD 등 많은 국제기구의 대표들이 참석했다.

이 회의의 주요 이슈는 냉전 종식과 그에 따른 군축 협상의 진전 등이 대량살상무기(WMD)와 기술, 물질 등의 확산 방지에 미친 영향을 평가하고 앞으로의 공동협력 방안 등을 논의하기 위한 것이었다.

1992-2001년 동안 미국은 러시아와 구소련 지역에 산재해 있는 대량살상무기들의 확산 방지와 위협 감소를 위한 프로그램에 70억 불을 투입하였다. 동 기간에 EU회원국가들, 유럽공동체 그리고 일본 등이 행동을 하였으나 재정적 기여는 저조하였다.

1999년 말 EU는 공동 외교 안보정책이라는 틀 속에서 구소련의 WMD 확산 방지와 감축을 위한 공동 행동을 시작했다. 주 목표는 EU 차원에서 WMD 확산 방지 분야의 다른 주요 관계자나 기관 또는 국가들과의 공조를 강화하는 데 있었다.

9개 국제 조직과 20여 개 국가의 정부 및 전문가들로 구성된 위원회가 두 차례 프로그램의 범위와 이행에 관한 정보를 교환하기 위해 2001년과 2002년에 브뤼셀에서 개최되었다. 2001년 9.11 테러 이후 테러리스트나 불량 국가들의 대량살상무기에 의한 위협의 증가에 따라 대량살상무기와 물질의 안전 확보 또는 신속한 제거를 강화하는 공동 프로그램의 중요성이 그 어느 때보다 증가하고 있었다.

이러한 배경 속에 2002년 캐나다의 카나나스키스에서 대량살상무기의 확산 방지를 위한 'G8 글로벌 파트너십'이라 불리는 정상 회의가 개최되었다. 이의 후속 조치로 이번 EU의회 회의가 G8을 넘어 다른 국가들의 참여를 촉구하고 이 이슈를 범국제화할 목적으로 개최되었다.

한나라당의 입장

나는 한국 대표로 초청되어 다음과 같은 우리의 입장을 제시했다.

"오늘날 세계가 당면한 안보위협은 핵무기 등 대량살상무기가 일부 불량 국가나 테러리스트들에게 유출되어 가공할 만한 위협으로 다가오고 있다. 이러한 위협으로부터 그 누구도 자유롭지 못하다. 현재는 이러한 위협에 미국만 표적이 되어 있는 것 같지만 앞으로 이 위협은 무차별적으로 자행될 것이다.

그러므로 방치된 대량살상무기를 폐기하는 것이 급선무이다.

특히 구소련 붕괴 이후 핵 및 생화학 무기가 통제 불능 상태에서 비밀리에 거래되고 있고, 일부 과학자들이 유출되고 있는 현실은 지극히 위험스럽다. 테러리스트들이 대량살상무기와 과학자들을 확보한다면 9.11 테러와는 비교할 수 없을 정도의 대규모 테러를 당하게 될지도 모른다. 대량살상무기를 이용한 테러 위협의 대두는 향후 세계를 협력 아니면 재앙이라는 양분된 구도로 몰고 갈 수도 있다. 우리 모두의 협력 없이는 테러리스트들에 의한 대재앙의 참화를 피할 수 없을 것이다.

이러한 위험으로부터 세계 평화와 안전을 지키기 위해 작년 캐나다 카나나스키스에서 G8 정상들이 모여 G8 글로벌 파트너십이라는 회의체를 구성하고 대량살상무기 확산 방지를 위해 200억 불의 기금을 모으기로 한 것은 참으로 중요한 출발이었다고 알고 있다. 앞으로 자유와 평화를 사랑하는 모든 국가들의 적극적 동참이 요구된다. 한국 정부도 G8 글로벌 파트너십으로 대표되는 대량살상무기 확산 방지를 위한 국제 사회의 노력에 적극 동참할 것을 신중히 검토할 것이다.

이러한 취지에 따라 다음과 같이 두 가지를 제안하고자 한다.

첫째, 대량살상무기의 확산을 방지하고자 하는 프로그램을 전 세계가 알아야 한다. 특히 국민을 대표하는 각국 의회가 먼저 알아야 한다. 이를 위해 IPU(국제의회연맹) 내에 상설위원회를 설치하여 우선적으로 IPU 회원국들 모두에게 이 프로젝트를 알리고 인식을 공유할 필요가 있다. 그리고 세계 모든 국가들에게 알려 범세계적 운동으로 확산시켜야 한다. 그리고 위원회가 중심이 되어 동 프로그램에 참여를 권고할 필요가 있다.

둘째, 한국 정부도 실질적으로 참여할 때가 되었다고 생각한다. 다만 예산제약으로 인해 기금 조성에는 처음부터 적극 참여하는 데는 한계가 있다. 이를 고려하여 구소련 지역의 핵 오염지역 정화 프로젝트나 핵 및 생화학무기 제조 공장 해체 사업 등에 참여하는 방안을 우선 적극 검토할 필요가 있다고 생각한다.

한국은 글로벌 파트너십 프로젝트의 참여를 통해 WMD 확산 방지 및 세계 평화에 기여하고 또한 이 분야에서 월등한 기술과 경험을 가진 각국과 협력을 함으로써 핵 및 생화학무기 폐기 및 확산 방지 노력에 동참해 이를 위한 국제적 연대 강화에 기여할 수 있다고 생각한다."

거의 20년이 지난 지금 국제 사회의 경고에도 불구하고 북한은 이란과 핵 및 미사일 개발에 박차를 가하며 자유세계를 위협하고 있다. 이런 현실을 생각할 때 북한과의 관계 개선 시 예상되는 군비통제 과정에서 우리의 글로벌 파트너십 참여를 통해 축적될 것으로 생각되는 이 분야에 대한 전문 기술과 경험 등은 대북 사찰 활동에 매우 효과적으로 활용할 수 있을 것으로 생각된다.

그러나 한나라당의 이러한 글로벌 파트너십 프로젝트 참여 의지는 좌파 정권의 소극적 태도로 인해 더 진전되지 못하고 말았다. 이로 인해 우리의 주도적 역할과 국제협력을 위한 글로벌 파트너십 프로젝트의 참여는 불발되었으며 결국 북한의 핵 및 미사일 확산을 방지하기 위한 우리의 노력은 더 험난할 것으로 생각된다.

북한 인권과 '조용한' 외교의 허구

국제 사회가 북한 주민의 인권 문제에 관해 적극 나서고 있음에 반하여 우리 정부는 우리 민족의 문제임에도 조용한 외교라는 명분으로 너무나 소극적으로 임했다. 인권은 어떠한 체제 경쟁이나 이념 논쟁도 앞설 수 없는 우리가 지켜야 할 최상의 가치이다.

미 상·하원은 2002년 6월에 탈북자들의 안전한 망명 허용과 북한으로의 강제 송환 반대를 촉구하는 결의안을 채택했다.

국회안보통일포럼에서 주최한 탈북자 문제와 국제 공조에 대한 토론회에서 인사말을 하는 저자

우리 국회에서도 1999년 11월 19일 '북한이탈주민들의 인권 보호를 위한 결의안'을, 2001년 12월 6일 내가 발의한 '북한이탈주민의 난민 지위 인정 촉구 결의안'으로 채택했다.

그럼에도 불구하고 탈북자들에 대한 우리 국회의 관심은 내용적, 혹은 시기적으로 미 상·하원만 못하다는 평가를 받고 있다.

이에 나는 탈북자 문제를 넘어 북한 인권 문제에 대한 정치권과 국민의 관심을 환기시키는 차원에서 '북한 인권 개선 촉구 결의안'을 준비했다. 내가 대표 발의하고 민주당 김운용 의원, 자민련 이인제 의원 등 여야 의원 28명이 서명한 결의안은 2003년 2월 국회에 제출됐다.

불발한 북한 인권결의안

국회는 인류 보편의 가치인 인권을 수호한다는 차원에서 북한 주민과 북한 이탈주민들의 인권 보호와 신변 안전을 그리고 국군 포로의 송환을 바라는 국민의 뜻을 모아 다음과 같이 결의한다.

1) 대한민국 국회는 북한 주민과 북한 이탈주민들의 인권침해 사태가 더 이상 묵과할 수 없을 극한 상황에 도달했음을 인식하고 정부는 보다 적극적으로 북한 인권 문제를 직접 북한 당국에 제기하고 국제 사회에서 적극 논의할 것을 촉구한다.

2) 대한민국 국회는 북한 당국이 인권을 더 이상 자주적 인권이란 개념으로 인식하여 개인의 인권은 부정하고 집단적 인권만 인정하여 국제 사회의 북한 인권 문제 거론을 내정 간섭이라고 거부할 것이 아니라, 인권을 인류 보편적 가치로 받아들여 국제적 인권 규모를 준수하고 국제 사회와 북한 인권 문제를 협의할 것을 촉구한다.

3) 대한민국 국회는 북한이 수용할 능력이 없을 뿐만 아니라 북한 체제를 거부하여 떠난 북한 이탈주민들을 본인의 의사에 반하여 강제 소환하지 말 것과 정부는 이를 방지하기 위한 모든 외교적 수단을 강구할 것을 촉구한다.

4) 대한민국 국회는 북한 이탈주민들이 통일에 기여하는 긍정적 측면을 인식하고 국내 입국 북한 이탈주민들이 성공적으로 국내에 정착할 수 있도록 법적, 제도적으로 소홀함이 없도록 최대한 배려할 것과 대량 탈북 사태에 대비하여 만반의 준비를 갖출 것을 정부에 촉구한다.

5) 대한민국 국회는 북한의 인권 유린의 대표적 현장으로 꼽히고 있는 북한 강제수용소 실태를 국제 사회에 공개할 것과 납북자 및 국군 포로 문제, 이산가족 상봉 문제에 대해서도 인권 차원에서 우리 정부 당국과 적극 협력할 것을 촉구한다.

6) 대한민국 국회는 북한이 인권 문제 해결을 위한 우리의 요구를 받아들이는 것이 역사적 흐름에 순응하는 것인 동시에 북한이 살 길이며, 이를 거부하면 북한 당국은 역사적, 민족적, 국제법적 책임을 면치 못할 뿐만 아니라 더 이상 희망이 없다는 것을 경고한다. 나아가 북한 당국은 역사적, 세계적 흐름에 부응하여 북한 체제를 개혁과 개방으로 이끌어 동북아의 평화와 안정에 기여하고 궁극적으로는 한반도의 평화적 통일에 기여할 것을 촉구한다.

이것은 국회에서는 처음으로 북한 내부의 인권 유린 상황을 문제 삼아 개선을 강력히 촉구한 결의안이었다.

결의안이 상임위에 상정되자 예상했던 대로 햇볕정책에 매달려 북한의 눈치만을 살피는 민주당에게는 이 결의안이 눈엣가시처럼 느껴졌을 것이다.

박상천, 추미애 의원 등 민주당 의원들은 한반도 긴장 완화와 북한의 개혁, 개방을 유인하기 위하여 북한을 자극하지 않는 것이 좋다는 논리로 결의안 토의 자체를 반대했다.

이에 한나라당 의원들의 공세가 이어지자 서명한 김운용 의원을 제외한 민주당 의원들이 집단 퇴장하였다.

나는 민주당의 반대 논리를 이해할 수 없었다. 아무리 우리가 추구하는 대북 정책이 북한의 협력을 필요로 한다 해도 북한에게 저자세로 눈치 보며 물량 공세로 접근하는 자세는 역효과만 가져온다고 생각한다. 이러한 유화적 대북 정책으로는 절대로 김정일이나 김정은을 개혁, 개방으로 유도할 수 없다.

지난 70여 년의 남북 관계가 이를 증명하고 있다. 김대중, 노무현, 문재인의 그간의 친북 대북 정책은 비인간적이며 후안무치한 김정일, 김정은의 허세만 키워 그들로 하여금 온갖 오만방자한 대남 정책으로 우리를 조롱하고 실익만 챙기며 동시에 호시탐탐 적화 통일의 기회만을 노리는 남북 관계를 만들고 말았다.

사실 나는 지금도 우리의 대북 정책은 불개입 정책으로 인권을 위시해 인류 보편적 가치에 한 해 김정은과 북한 동포들에게 강력히 그리고 진솔하게 피력하는 노력이면 충분하다고 생각한다.

부시 대통령과의 단독 면담

백악관 이스트룸에서 부시 대통령과 단독 면담 후 악수하는 저자

2002년 6월 9일부터 11일까지 4일간 워싱턴에서 개최된 IDU(국제민주정당연맹) 집행위원회 회의에 나는 한국 대표로 참석했다.

IDU는 각국의 대표적 우파 정당들의 연합체로 미국은 공화당, 영국은 보수당, 독일은 기민당, 일본은 자민당, 한국은 한나라당 등 각국에서 대표적인 우파 정당들이 참여하는 국제적 연맹이다. IDU는 International Democrat Union의 약자로 1983년 영국의 대처 수상과 미국 레이건 대통령이 함께 주도하여 세계 각국의 보수, 중도우파 및 기독교 정당들의 연합체로 창설한 국제민주정당연맹으로 한국 정당 중에는 유일하게 한나라당이 회원 정당으로 가입되어 있다.

이번 회의에는 세계 47개국에서 300여 명의 정당 대표들이 참여했다.

이 중에는 현직 국가원수 및 정부 수반 5명, 전직 국가원수 및 정부수반 9명 등 많은 정치 지도자들이 참석하여 대회를 빛나게 하였다.

그리고 새로운 의장단이 구성되었는데 의장에는 호주의 당시 내각수반인 John Howard 자유당 당수가 선출됐고 부의장으로 아시아 지역을 대표해 내가 선출됐다.

한국을 대표해 참석한 나는 인사말을 통해 대선과 지방선거를 앞둔 한국의 정치 상황을 설명하고 각국의 관심과 성원을 부탁하면서 한나라당이 승리할 경우 다음 IDU 회의를 한국에서 주최하여 여러분들을 모두 초청하겠다고 약속했다.

이어서 백악관에서 부시 대통령 주재로 만찬이 있었는데 만찬에는 의장단과 전·현직 국가 원수와 내각수반 소수만 초청되었다.

만찬이 시작하기 전 이스트룸에서 있었던 리셉션에서 부시 대통령은 의장단과 전, 현직 국가원수 및 내각수반과 개별 면담을 갖고 기념사진도 함께 촬영했다.

나는 개별 면담에 임하면서 많은 생각을 했다. 대한민국의 국회의원이 현직 미국 대통령과 백악관에서 단독 면담을 하고 만찬을 한다는 것이 대단히 예외적이고 정치적으로 큰 의미가 있는 역사적 시간이라 생각했다. 아마 지금까지는 내가 이런 소중한 기회를 얻은 처음이자 마지막 국회의원이라 생각한다. 나는 부시 대통령과의 단독 면담이 5분으로 제한되었기에 이 짧은 시간에 어떤 메시지를 갖고 면담하는 것이 대한민국의 국익에 도움이 되고 또한 그에게 깊은 인상과 함께 심도 있는 정치적 메시지를 전할 수 있을지, 많은 생각을 했다. 나는 그에게 한반도의 실질적, 항구적 평화와 자유 평화 통일을 위해 우리가 함께 할 수 있는 일을 제안하기로 했다.

그래서 나는 그에게 지난 1월 상·하원에서의 대통령의 연두교서를 아주 감명 깊게 들었으며 특히 북한을 악의 축(Axis of Evil)으로 규정한 것은 대단히 시의적절한 지적이었다고 칭찬의 말을 했다.

계속해서 나는 그에게 이번 한국 대선에서 우리 한나라당의 후보가 승리하게 되면 한국과 미국이 공동으로 꼭 추진해야 할 프로젝트가 하나 있다고 했더니, 그가 나를 쳐다보며 그것이 무엇이냐고 물었다.

나는 "김정일을 권좌에서 축출해 비핵화와 한반도의 평화 그리고 자유 통일을 이루는 작업을 공동으로 추진하면 좋겠다."라고 말했다.

그는 나의 직설적인 이 말에 다소 놀란 표정으로 머리를 들고 대응 없이 미소 지으며 가볍게 손을 잡고 악수하면서 사진 기사에게 촬영할 것을 눈짓으로 알렸다.

나는 이런 절호의 기회가 다시는 없다고 생각하며 이 기회에 절박한 한반도 문제의 근본적 해결책을 부시 대통령 스스로 고민해 보기를 바라는 마음에서 내 평소의 소신을 직설적으로 말해 버렸다.

만시지탄이 있으나 지금이라도 김정은 참수 작전에 대한 보다 적극적이고 정밀한 계획이 수립되어 때를 기다리며 만반의 준비가 되어 있길 바란다.

재외 동포법 개정안 통과

미국에서 해외 동포로 23년을 살다가 귀국해 의정 활동을 하고 있는 나로서는 항상 700만 해외 동포들의 권익을 생각하지 않을 수 없었다.

특히 해방 전에 일제의 폭정을 피해 중국, 러시아, 일본 등으로 이주한 해외 동포들이 모국 정부로부터 아무런 도움이나 혜택을 받지 못하는 현실이 너무 안타까웠다.

1999년 9월 2일 발표된 '재외 동포의 출입국과 법적 지위에 관한 법률 (재외 동포법)'이 시행 2년 만인 2001년 11월 20일 헌법재판소에 의해 외국 국적 동포의 개념 정의가 합리적인 이유 없이 대한민국 정부 수립 (1948년 8월 15일) 이전 해외 동포를 적용 대상에서 배제하고 있다고 판시, 2003년 12월 31일까지 개정하도록 하는 헌법 불합치 판결을 했다.

이 판결을 보고 2002년 3월에 나는 재외 동포법 관련 공청회를 열어 "중국과의 외교적 마찰을 피하고 국제법상 내외국인 평등주의에도 반하지 않으면서 외국 국적 동포들에게 국내에서 실질적 혜택을 부여하기 위한 방편으로 재외 동포법을 '재외 국민법'으로 대체하고, 대신 현행 동포법의 혜택이 실질적으로 돌아갈 수 있도록 관련 법령을 개정하여 재외 동포를 보호하자."라고 역설했다.

그리고 일 년여에 걸친 조사와 연구 그리고 전문가 및 해외 동포들의 조언을 받아 2003년 3월 28일에 재외 동포법 개정안을 제안했다.

위헌 판결을 받은 재외 동포법은 "혈통주의를 따를 경우 국제법상 인종 차별적인 요소가 있고, 헌법 정신에도 위배된다."라고 주장하는 폐지론과 "혈통주의는 합리적인 차별"이라 주장하는 개정론으로 대치하는 상황이었다.

나는 폐지보다는 외교적, 기술적 방안을 강구하여 혈통주의를 명시하지 않으면서도 모든 재외 동포를 포함할 수 있는 재외 동포법 개정의 필요성을 주장했다.

특히 외국 국적 동포들 중 역사적 환경 때문에 불리한 대우를 받은 사람들에 대해서 과거의 차별을 보상하고 장래의 차별을 방지하기 위해 국제 인권규약의 특별 조치인 '차별철폐 조치(Affirmative action)'의 법리에 따라 한시법으로 처리하는 방안을 주장했다.

그리고 재외 국민과 외국 국적 동포를 분리해 재외 국민만 관할하는 재외 국민법을 만들고 외국 국적 동포에 대해서는 내외국인 동등주의의 구현으로 해결해 나가는 방안을 제시했다.

따라서 재외 국민법으로 전환하는 절차로서 모든 재외 동포들에게 한국 입국 시 또는 거주국의 한국 공관에 신청 방식 등을 통해 모두 한국 국적을 부여하고 이중 국적이 문제가 되면 본인이 선택하도록 하여 한국 국적을 취득하면 재외 국민이 되고 거주국 국적을 취득하면 외국 국적 동포로 남도록 하는 기회를 부여하도록 하였다.

이 개정안에서는 중국 등 외국과의 외교적 마찰을 완화시키기 위해 재외 동포 정의 조항을 '재외 동포법'에 직접 규정하지 않고 '재외 동포 기본법'에 규정하는 방식을 택했고, 혈통주의를 명시하지 않으면서 모든 재외 동포뿐만 아니라 무국적 재외 동포까지 포함하는 개정안을 마련할 수 있었다.

나는 이 개정안과 함께 '재외 동포 기본법', '재외 동포 정책위원회 법', 그리고 '재외 동포 재단법' 등 3개의 법안을 함께 상정하였으나 우선 일명 '조웅규안'으로 알려진 '재외 동포법 개정안'만 2004년 2월 9일에 본회의에서 통과되었다.

· 16부 ·

여야가 따로 없는
안보, 번영, 한미 동맹

미 하원 깅그리치 의장을 면담하여 한미 동맹 강화를 재확인한 여야 국회의원들: 왼쪽부터 김창준 미 하원의원, 김선길, 조웅규, 이동원, 깅그리치 의장, 오세응, 한승수, 서상목, 유재건 의원

미국 "북한 핵 타협은 없다"

2002년 10월 31일, 워싱턴을 방문해 미 국무부 비확산군축 담당 특별보좌관 Robert Einhorn과
북핵 문제를 논의한 윤여준, 저자, 박진 의원

2002년 10월 29일 나는 한나라당 북한 핵 대책 위원회의 일원으로 윤여준, 박진 의원과 함께 조사단 단장으로 워싱턴에 급파되었다.

이는 지난 10월 4일 북한 외무성 제1부상 강석주가 부시 대통령의 특사 자격으로 북한을 방문한 제임스 켈리 국무부 동아태 차관보에게 "우리는 핵 계획을 갖고 있으며, 핵확산금지조약(NPT)에 매달리지 않는다."라고 말해 북한의 핵 개발 사실을 시인한 발언과 관련한 문제의 심각성을 인지한 우리는 미국의 시각과 대응 입장을 정확히 파악하기 위해 방미를 서둘렀다.

사실 북한 핵 문제는 김대중 정부의 햇볕정책의 허구성을 드러냈으며 향후 한반도에 냉기류를 가져올 것으로 보였다. 우리 조사단은 우선 북한의 핵무기 보유 현황과 전망에 대한 미국의 입장에 관심을 갖고 알아보았다.

북한 핵 동결을 위한 1994년의 미북 간 제네바 합의는 불가피한 조치였으며 당시 북한은 영변 원자로에서 6-12kg의 플루토늄을 추출했는데 핵폭탄 1-2개를 만들 수 있는 양으로 보고 있었다.

당시 미국은 북한이 핵 개발 프로그램을 중단하는 조건으로 경수로 2기와 매년 50만 톤의 중유를 제공하기로 했다. 그런데 북한이 6-12kg의 플루토늄 8천여 개를 비밀 저장창고 어딘가에 숨겨 두고 봉합한 것을 파악했다. 또한 미국은 1994년 이전부터 북한이 농축우라늄, 플루토늄 핵 개발 프로그램을 동시에 병행하다가 값이 싼 플루토늄의 핵 개발에 치중하는데 제네바 합의로 플루토늄의 핵 개발이 동결되자 농축우라늄의 핵 개발을 비밀리에 진행하고 있는 것을 파악하고 있었다.

북한이 비밀 핵 개발을 강행한 이유로는 국제 사회에 처한 북한의 특수한 입장 때문인 것으로 미국은 보고 있었다. 즉 북한은 주변국들을 적대국으로 생각하고 체제 유지와 생존, 보존용 방패로 핵무기를 가져야만 하겠다는 인식과 동시에 적화 통일을 위한 무력도발용으로 비밀 핵 개발에 전력하고 있다고 미국은 판단했다.

정치, 경제적으로 매우 어려운 상황임에도 불구하고 국제 사회에서 생존을 위한 가장 효과적인 수단이 핵무기라고 북한은 믿고 있으며 아울러 자국민에게 체제의 우월성을 선전하기 위한 의도도 있다고 미국은 알고 있었다.

미국의 북한 핵에 대한 해결 방안으로는 북한 핵이 검증될 수 있는 차원에서 해체되어야 한다는 것이고 핵무기를 비롯한 농축우라늄 등은 전혀 협상의 대상이 아니며 북한이 핵을 해체할 때까지 미국은 경제제재, 국제 규약 이행 강화, 외교적 고립 등으로 계속 압박을 가하겠다는 입장이었다.

평화적인 해결 방안을 모색하며 인도적 지원 이외의 어떤 지원도 불가 능하도록 하겠다는 것이 미국의 확고한 대북 핵 정책이었다.

북 핵 문제 해결을 위한 한미 공조 문제에 대해서는 미국은 한미 간에 대북 인식에 차이가 있고 더욱이 김대중 정부의 햇볕정책으로 인해 한미 공조가 쉽지 않다는 것을 알고 북 핵 문제의 심각성을 고려해 핵 문제를 한미 간의 최우선 과제로 다루어야 하며 일본과의 3자 공조도 강화되어야 한다는 입장이었다.

미국은 햇볕정책은 "주기만 하고 받지는 못한 일방적 정책"으로 문제가 있다며 최소한 북한의 변화를 확인하고 신뢰가 전제된 뒤에 지원하는 "전략적 상호주의"에 의한 남북 관계를 기대하고 있었다.

이것이 거의 20년 전의 북 핵 문제이며 미국 정부의 북 핵 대응 입장이 었다. 그간 비핵화를 위한 우리 정부와 미국 정부 그리고 국제 사회의 꾸준한 노력은 있었으나 아무런 소득 없이 반대로 북한은 꾸준히 핵과 미사일 개발을 하였고 지금 국제 사회에 오히려 북한을 핵 보유국으로 인정하라고 큰소리치는 판국이다.

한국 정부는 이러한 현실을 직시하고 미국과 UN의 대북제재에 동참하고 북한이 스스로 변해 핵 포기를 단행할 때까지 국제연대를 통한 대북 경제제재와 외교적 고립정책을 계속 강화할 필요가 있다.

이 방법만이 북 핵 문제를 평화적으로 해결할 수 있는 길이라 믿는다. 지금도 늦지 않았으니 문재인 정부는 북한에 퍼 주지 못해 안달하지 말고 진정으로 비핵화와 한반도 평화를 원한다면 한미 동맹을 강화하면서 미국의 대북 경제제재에 전적으로 동참해 북한의 변화를 유도하는 노력에 전력투구하기 바란다.

비난을 감수한 한국-칠레 FTA

  정치를 하다 보니 애국이나 국리민복을 위해 야당 의원이면서 여당 의원을 대신해 욕을 먹는 것을 감수해야 할 때도 있다는 것을 알았다.

  1997년 IMF(국제통화기금) 외환 위기를 겪으며 국가부도의 날을 맞아 하루아침에 우리나라는 빚더미 3류 국가로 전락하는 위기를 겪었다. 이 과정에서 우리 정부는 국제통화기금이 제안한 대로 정부의 무역 기조를 보호무역에서 자유무역으로 전환해야만 했다.

  국제통화기금은 자유무역으로 전환을 위해 우선 일본, 칠레, 싱가포르, 뉴질랜드와의 FTA를 제안했으며 정부는 칠레와의 첫 FTA를 추진하기로 했다.

  1998년 11월 APEC 정상 회의에서 한-칠레 FTA 협상 개시를 양국의 정상이 선언하여 협상이 진전되면서 2003년 7월 8일 우리 국회에 비준동의안이 제출되었다. 이 안은 국회에서 상당히 지연되었으며 또한 농민단체들이 주도적으로 반대하여 이에 편승한 여야의 농촌 출신 의원들의 격렬한 반대로 국회에서 심의가 길어지게 됐다.

  우선 국회 통일외교통상위원회에서 이 비준동의안이 통과되어야 본회의에 상정된다.

  우리 한나라당은 야당이지만 다수당이었으나 의원들이 도시와 농촌으로 나누어져 격렬하게 대립하며 특히 공천 심사에서 낙제점을 받은 영남 출신 의원들의 반발로 당론을 정하지 못한 입장이었다.

  FTA를 발의한 노무현 정부의 열린우리당은 FTA를 당론으로 찬성은 하였으나 소수당이었으므로 국회 통과를 위해 여당으로서의 구실을 전혀 못하는 처지였다. 그리고 또 하나의 야당인 민주당의 호남을 지지 기반으로 한 농촌 출신 의원들 대부분은 죽기 살기로 반대하는 입장이었다.

나는 IMF 외환 위기를 겪으면서 국가 경제가 살고 특히 국가 간의 치열한 경제 전쟁에서 한국이 살아남기 위해 자유무역 외의 다른 대안이 없다고 생각했다. 그래서 야당이면서도 통외통위의 한나라당 간사로 상임위 통과를 위해 나름대로 최선을 다하기로 스스로 다짐했다.

통외통위에서 우선 심의를 해야 하는데 여야의 농촌 출신 의원들이 심의 자체를 반대하며 온갖 방해를 다하고 있었다. 나는 한나라당이 비록 야당이나 통외통위의 다수당인 점을 이용해 FTA 통과를 위해 마치 우리 당이 발의한 법안처럼 상임위에서 주도적으로 역할을 하여 국가 경제 발전을 위해서 최선을 다해야겠다고 결심했다.

약 1개월간 상임위에 있는 농촌 출신 의원들의 주장을 주로 들으면서 그들과의 타협점을 모색했다. 그러나 그들은 FTA가 농촌과 농민을 사지로 모는 반국가적 정책이라며 엄청난 피해 보상이 법적으로 보장되지 않는 한 결사반대한다고 했다.

나는 이들의 주장에 일리가 있다고 생각해 합리적인 피해 보상안이 빨리 마련되어야겠다고 생각했다. FTA를 계기로 농촌과 농민이 과거에 안주할 것이 아니라 발상의 전환을 통해 새로운 농작물들을 개발하고 농촌 스스로 자립 번영할 수 있는 창의적, 발전적 길을 모색하도록 정부와 전문가들의 조력이 시급하다고 생각했다.

동시에 나는 상임위 의원 한 분 한 분을 접촉하며 그들의 FTA에 대한 입장을 파악했다.

비준안이 상임위에 상정되고 약 4개월이 지나는 시점에 나는 상임위에서의 도-농간 의원들의 합의가 불가능하다고 보았다.

　바람직한 방법은 아니었으나 차선책으로 찬반 투표로라도 상임위에서 표결로 처리하는 길 이외에 다른 방도가 없다는 판단이 섰다. 내가 상임위 의원 개개인들의 입장을 파악해 보니 표결 투표로 통과가 확실했다. 상임위 위원장에게 더 이상 미룰 수가 없으니 표결로 결정해야겠다고 하니 상임위원장이 걱정하며 자신 있느냐고 물었다. 나는 통과에 자신 있다고 말했더니 그럼 표결로 가자고 했다.

　막상 상임위에서 표결로 처리하려고 하니 우리 한나라당 농촌 출신 의원들이 더 난리였다. 나는 더 기다릴 수 없으니 오늘은 가부간 결판을 내자고 하니까, 농촌 출신 의원들은 반대가 다수인데도 표결로 가겠냐고 협박했다. 나는 반대가 우세하다고 해도 오늘은 표결로 가부간을 결정하고 이 안건으로 더 소모적인 싸움을 하지 않기를 바란다 하고는 위원장에게 표결을 하자고 했다.

　결과는 12대7로 찬성이 압도적으로 FTA는 드디어 일차 관문인 통외통위를 통과했다.

정부안 발의를 해야 하는 야당 의원

나는 상임위에서 통과시켰으니 내 책임은 다했다고 생각했다.

그런데 본회의에 상정하기 위해 고심하던 박관용 의장이 나를 보자고 하여 의장실에 갔다. 박 의장은 본회의에 법안 발의를 할 사람이 없다며 나에게 부탁했다. 나는 정부안은 여당 의원이 해야 하는데 왜 야당인 내가 발의해야 하는지 모르겠으며 또 상임위 통과를 위해 우리 당 농촌 출신 의원들로부터 엄청 비난을 받았는데 나는 더 욕먹을 이유도 없다고 하며 하지 않겠다고 했다.

그런데 여당 의원들은 모두 욕먹기 싫어 거절하고 달아나 버렸으니 어쩌면 좋겠냐고 했다. 나는 못한다고 거절하고 내 사무실로 돌아왔다.

2003년 12월 30일 박 의장이 전화로 해를 넘길 수 없어 오늘은 반드시 법안을 본회의에 발의해야 하는데 발의할 사람이 나밖에 없다고 사정했다. 비록 야당에 몸을 담고 당의 정강 정책을 실현하기 위해 의정 활동을 하고 있으나 당시 IMF 외환 위기에 직면한 현실을 보면 경제 재건을 견인할 수 있는 정책은 지하자원이 없는 우리에게 자유무역이 분명하다.

그리고 첫 단추가 한-칠레 FTA이다. 욕을 먹더라도 애국하는 마음으로 무조건 초당적 자세로 대처할 수밖에 없다고 마음을 정했다.

박 의장실에서 또다시 연락이 왔다. 본회의를 속개하여 한-칠레 FTA를 상정하려고 하는데 발의를 부탁한다고 사정을 했다. 나는 이상 더 피하지 않고 수락했다. 국회사무처에서 준비한 발의안을 보니 족히 3-4분이 걸릴 분량으로 이것을 다 읽으면 농촌 출신 의원들에게 무슨 봉변을 당할지 불문가지다. 그래서 핵심 내용을 1분 안에 마무리하기로 하고 내 머리에 담았다.

본회의장에 들어가서 내 자리에 앉으니 40-50여 명의 여야 농촌 출신 의원들이 나를 둘러싸고는 나보고 법안 발의를 하지 말라고 시비를 걸었다.

박 의장은 그날 31번째로 FTA 법안을 처리하기로 하고 나를 호명했다. 내가 단상으로 나가 법안을 발의하려고 하니 경기도 여주 출신 이규택 의원이 "의장님" 하고 단상으로 뛰어가고 다른 의원들은 나를 둘러싸고는 법안 발의하는 나의 마이크를 빼앗겠다고 위협하며 실력 행사를 하려고 밀려들었다.

이에 아랑곳하지 않고 나는 의도한 대로 법안 발의 내용을 줄여 1분 이내에 빨리 읽었으며 박 의장은 즉시 의사봉을 세 번 두드려 법안을 정식으로 발의하게 되었다.

그러나 농촌 출신 의원 40-50여 명은 계속 소란을 피우며 마이크를 뺏고 단상을 점거하며 의사 진행을 방해하여 그만 표결은 무산되고 해를 넘겨야만 했다.

결국 FTA 법안 통과를 전제로 편성됐던 FTA 관련 농촌 지원비 7천 541억 원을 확정했다. 그 후 2-3개월의 유예 기간을 거쳐 국회 본회의에서만 3번 무산되는 진통 끝에 2004년 2월 16일 4번째 만에 가결되고 이후 후속 협의를 진행해 2004년 4월 1일에 발효되었다.

기대와 우려를 안고 출발한 한-칠레 FTA가 발효 이후 양국 간 교역이 크게 확대되면서 기대 이상의 효과를 내고 또한 자유무역에 의한 국내 경제에 미치는 파급효과 역시 기대 이상이었다고 나는 당당히 말한다. 농촌 출신 여야 의원들로부터 잠시 내가 비난을 받기는 했으나 이것이 개인 간의 감정적 격돌이 아니라 상호 애국하는 마음으로 인해 발생한 정치적 견해

차이로 불가피한 일이었기 때문에 한-칠레 FTA 발효 이후 우리는 모두 원상으로 돌아가 마치 아무 일도 없었던 것처럼 서로 잘 지냈다.

한미 동맹 50주년을 기념하며

헤리티지재단에서 가진 한미 동맹 50주년 기념 학술세미나에서 개회 인사를 하는 저자

　한국의 안보와 번영 그리고 국리민복을 위해 한미 두 나라의 우호 및 동맹관계는 반드시 강화되어야 한다. 한국에서 성조기를 불태우는 장면이 언론 매체를 통해 미국에 생생히 보도되면서 미국인들이 한국을 바라보는 태도가 부정적으로 바뀌고 있었다.

　한국의 반미 기류가 미국 주류사회에 확대해석되어 자칫 큰 오해와 부작용을 불러일으켜 국익에 역행하는 부정적 한미 관계가 조성될 수도 있다. 우리가 명심해야 할 것은 반미 감정의 선동은 한국에서 미군을 모두 철수시키기 위한 전략적 음모임을 알아야 한다.

　이는 북한의 지령에 의해 남파 간첩이나 종북, 친북 불순 세력이 '자주'라는 미명하에 미군을 한국에서 몰아내야 그들의 무모한 적화 통일 야욕을 달성할 수 있다고 믿고 있기 때문이다.

사실 미군 철수는 우리의 안보와 경제에 엄청난 파괴력을 가진 직격탄이다. 이는 남북 대치 상황에서도 한국에 경제 투자를 주저하지 않았던 많은 외국 투자자들이 썰물처럼 일시에 빠져나가 경제 공황이 닥쳐올 우려가 있으며, 더욱이 핵과 미사일로 무장한 북한의 무모한 기습 남침의 기회를 제공하는 결과를 초래할 수 있다. 그래서 국가 안보와 경제 번영을 위해서도 한미 두 나라의 50년 우정과 동맹은 앞으로도 변치 말아야 한다.

분명한 것은 다수의 한국 국민이 마치 반미 감정을 드러내는 것처럼 비치는 것은 사실이 아니며 우리는 이런 한미 간의 오해를 불식시키기 위해 무슨 노력이든 해야 한다. 그 당시 한국은 미국과의 동맹 관계에 다소 소홀했던 것이 사실이다. 그래서 나는 두 나라의 우호 증진을 위해 그리고 절대다수의 한국인들은 미국과의 동맹을 소중히 생각한다는 사실을 미국에 알리기 위해 한미 동맹 50주년을 맞아 3가지 사업을 추진했다.

1) 2003년 6월 25일 워싱턴에서 개최한 "한미 동맹의 어제와 오늘 그리고 내일"을 주제로 학술세미나
2) 한국전 참전용사들을 위한 기념 만찬
3) 미주 4개 도시 특별 문화순회공연

또한 나는 한국전쟁에 참전했던 16개국의 참전 재향군인들에게 '명예시민권'을 부여하는 법안을 국회에서 적극 추진하기로 했다.

사실 한국전이 휴전으로 종결되자 미국 내에서는 한국전 참전을 수치스럽게 생각하며 '잊혀진 전쟁(Forgotten War)'으로 치부하였으나 공산권 붕괴 이후 한국전에 대한 인식이 달라졌다. 그래서 우리도 한국전쟁을 재조

명하고 소련 공산권 붕괴가 한국전에서 공산주의 팽창을 저지한 것에 연유한 사실을 상기해야 한다. 그리고 보다 적극적으로 참전 미군을 위시한 UN 재향군인들을 위한 보은사업을 적극적으로 전개해야 한다.

"[한미 동맹 50주년] 對北 시각차 못 좁히면 同盟 의미 잃어", 〈동아일보〉, 2003. 7. 6.
"한미 동맹 50주년을 맞아 한미교류협회(曺雄奎, 한나라당 의원) 및 미국 헤리티지재단과 공동으로 지난달 25일 미 워싱턴 헤리티지재단 회의실에서 '한미 동맹의 어제, 오늘, 내일'을 주제로 국제 세미나를 개최했다. 이 세미나에는 한미 양국의 한반도 및 군사 전문가들이 참석해 전환기를 맞은 한미 군사동맹에 대한 조망은 물론 북한 핵 위기의 실체를 진단하고 해결책도 제시했다… 이하 생략." 〈김승현 기자〉

한미 동맹 50주년 기념 만찬에는 당시 북한을 방문해 백남순 외무상, 강석주 제1부상 등과 만나 대화를 나눈 미 하원 군사 위 조사개발소위 위원장 커트 웰던(Curt Weldon, 공화당) 의원이 와서 특별강연을 했다. 그의 강연 내용은 나의 대북관과 정확하게 일치하였다.

한미 동맹 50주년 기념 만찬에서 특별강연을 하는 Curt Weldon 공화당 의원

"김정일이 시간을 벌기 위해 유화적인 자세로 부시 행정부의 대북 강경책을 완화시키려는 숨은 의도가 있다는 것이다. 또한 부시 행정부의 군사

적 위협에 대항해 억제력(핵)을 발전시킨다는 논리는 어떤 상황에서도 핵 개발을 포기하지 않겠다는 김정일의 각오가 담긴 메시지"라고 하였다.

20년이 지난 지금 북한은 개혁, 개방과는 역행하는 노선을 견지하며 한 편 핵 보유국임을 자처하며 계속 국민의 삶을 희생 삼아 핵과 미사일 개발 에만 전력투구하고 있다. 지금 돌이켜 보면 그 당시의 나의 예측이 틀리지 않았던 것 같다.

한미 동맹 50주년을 기념하면서 나는 한국전 참전용사와 그 가족들에 게 감사하고, 유대를 강화하며 우정을 돈독하게 할 목적으로 서울시립무 용단과 국기원태권도 시범단으로 구성된 한미 동맹 50주년 기념 미주 지 역 순회공연단을 데리고 7월에 놀폭 버지니아, 템파 플로리다, 타코마 워 싱턴, 하와이 등 미국의 4개 도시에서 문화공연행사를 했다.

〈Tampa Tribune〉, 2003. 7. 2.
"A half-century later, South Korea's appreciation for the United States remain strong… 중략 in a celebration of the 50th anniversary of the end of the Korean War, South Korea showed it's thanks to veterans of that war with a ceremony at the Tampa Convention Center."

"'원더풀, 코리아' 객석감동 [한미 동맹 50주년 기념 특별 공연 성황, 미주 한인 이민 100주년 기념사업회 후원]", 〈미주 한국일보〉, 2003. 7. 12.
"'원더풀, 코리아!' 화려한 서울시립무용단의 공연과 현란한 국기원태권 도의 시범을 지켜보던 관객들에서 일제히 터져 나온 함성이다. 한미 동맹 50주년 기념 특별공연이 지난 8일 오후 6시 30분 마마야 극장에서 성황리에 개최됐다.

이번 공연은 한미교류협회(이사장 조웅규 의원)가 한미 동맹 50주년 기념사업 일환으로 지난달 27일부터 버지니아 놀폭과 플로리다 템파, 시애틀, 하와이 등 한국전쟁에 참전한 재향군인들이 많이 거주하는 미주 4개 도시를 순회하며 한미 우호관계를 강화하고 참전용사들에게 경의를 표하는 동시에 한국 문화를 알리는 취지로 개최된 것이다.

이날 하와이 공연에는 한국의 조웅규 국회의원과 최흥식 주호놀룰루 총영사, 앤 고바야시 시의원, 로널드 로우 미육군소장(미 태평양사 참모총장) 등 각계 인사들과 한국전 참전용사 및 가족, 한인 동포 등 5백여 명이 참석했다.

조웅규 의원은 인사말에서 한미 동맹 관계의 중요성을 강조하며 한국전에 참전한 미국을 비롯한 16개국의 재향군인들에게 감사의 뜻을 표명했다.

로널드 소장은 축사를 통해 "한국과 미국은 혈맹국으로 한반도 안보 문제에 적극 협력, 대처하고 있다."라며 "이 같은 좋은 자리를 마련해 준 여러 관계자들에게 감사하다."라고 말했다.

약 120분 동안 펼쳐진 이번 공연에서 서울시립무용단은 부채춤과 사랑가, 한량무, 삼고무 등 수준 높은 공연을 펼쳐 관객들의 아낌없는 찬사를 받았으며 국기원 시범단은 태권도의 품새와 고난도의 기술을 이용한 격파를 선보여 관객들에게 기립박수를 받기도 했다. 아름다운 무용과 박력이 넘치는 태권도 시범이 이어지는 동안 한국전 참전용사 및 가족 등 관객들은 무대에서 한시도 눈을 떼지 못하며 한국 문화에 흠뻑 매혹되었다. 국기원태권도 시범단이 끝으로 공중 이단 발차기로 쳐 '한미 동맹 50주년 기념'이라고 적힌 플래카드가 아래로 펼쳐지는 순간 모든 관객들은 박수를 치며 환호했다. 이 행사에 참여한 공연단원들도 "뜻깊은 공연에 참여해 많은 참전용사들에게 한국 문화를 알리고 기쁨을 선사할 수 있어서 기쁘다."라고 소감을 밝혔다." 〈김현조 기자〉

은혜를 잊지 말자

6.25 한국전에 참전한 미 장병들의 헌신과 희생에 보답하는 "보은행사"의 2012년 프로그램 표지

광복과 함께 한반도의 공산화를 막은 것도, 김일성의 6.25 기습 남침에서 대한민국을 사수할 수 있었던 것도 그리고 세계 최빈국에서 세계 제10위(2021년 7월 2일 UN무역개발회의가 선진국으로 10위 상향 변경) 경제 대국을 만들 수 있었던 것도 모두 미국의 도움이 없었으면 불가능한 일이다.

그리고 남북이 대치한 상태에서 북한이 핵과 미사일로 대한민국을 계속 위협하고 있으나 북한의 전쟁 도발을 억제하며 외국인 투자의 안정성을 보장해 대한민국이 안정 속에서 번영을 구가할 수 있게 한 것도 한미 동맹 덕분이라는 것에 이의가 있을 수 없다.

그러나 문재인 정부의 친중, 반미 노선을 보면 미국이 그간 우리에게 베푼 은혜는 모두 잊은 듯하다. 북한의 선동에 놀아나 반미운동을 하거나 한국에서의 미군 철수를 주장하는 국민이 증가하고 있는 현실이 너무 안타깝다. 반미 감정을 선동하는 자들은 세계 2차 대전 종결 시 미군이 38선을 만들어 "우리 민족끼리"의 "자주적 통일"을 방해했다고 주장한다. 이런 주장은 한반도의 공산화 통일을 방해한 것이 미국이라는 것이다. 이는 한반도에 존재하는 빨갱이들의 주장이다.

자유를 사랑하는 대한민국 국민은 남녀노소를 막론하고 모두가 결사반대하는 것이 적화 통일이다. 그럼 어떻게 38선이 만들어졌는지 역사적 사실을 제대로 알아야 한다.

제2차 세계대전 시 미국은 연합군과 함께 유럽에서 독일과 힘겨운 싸움을 하면서 또 한편 태평양과 동아시아에서 벌어지는 아시아-태평양 전쟁을 미국이 단독으로 일본과 싸워야 했다. 1945년에 접어들면서 미국은 일본 본토는 물론 만주 지역에 세력을 확장하고 있는 일본의 관동군 병력과 화력이 미국 단독으로 접전하기에는 너무 버겁다고 판단해 소련의 스탈린에게 도움을 요청했다.

이런 루스벨트 미 대통령의 요청에 스탈린은 독일 항복 이후 3개월 안에 아시아 전쟁에 소련군의 투입을 약속했다. 광기의 5년 8개월이 지난 1945년 5월 9일 나치 독일의 항복으로 유럽에서의 전쟁은 종결됐지만, 당시 미군의 최선봉 부대는 한반도에서 1,000km 이상 떨어진 오키나와 전투(1945년 4월 1일-6월 22일)에서 강렬히 저항하는 일본군과 대치해 힘든 해상 전투를 하고 있었다.

일본제국은 패전이 분명한 상황임에도 전 국민의 옥쇄(玉碎)를 내걸고 전쟁을 지속하였다. 이런 일본제국에게 1945년 7월 26일 무조건 항복을 권유하는 포츠담선언이 발표된다. 일본제국은 포츠담선언을 거절한다.

1945년 8월 6일 미국은 전쟁을 끝내기 위해 히로시마에 원자탄(little boy)을 투하하여 32만 명이 사망하거나 부상한다. 그래도 여전히 항복을 하지 않아 8월 9일 나가사키에 또 하나의 원자탄(Fat man)을 투하하여 27만 명이 죽거나 다친다.

인류 역사상 최초의 핵무기 전쟁이 된다. 나가사키에 원자탄이 투하된 이날 1945년 8월 9일 스탈린은 일본의 항복이 확실해지고 전쟁이 끝났음을 직감하고, 1941년 4월 13일 모스크바에서 소비에트 연방과 일본제국이 조인한 '일·소 중립조약'을 일방적으로 파기하고 재빨리 일본제국에 선전포고를 하고 참전한다.

감옥에 있던 죄수들을 무장시켜 부족한 병력을 보충해 일본제국의 괴뢰 정권인 만주국을 대대적으로 침공한다.

일본의 관동군은 제대로 싸우지도 않고 저항 없이 후퇴하여 일본의 괴뢰 정권인 만주국과 몽고국은 붕괴된다. 그 결과 소련군은 만주, 내몽골을 점령하고 또한 빠른 움직임으로 한반도 북부로 들어와 버린다.

이런 상황에서 미국은 소련의 남진을 막지 아니하면 미군의 일본 본토 상륙에 앞서 소련군이 한반도는 물론 일본 서부 지역마저 상륙해 점령하는 사태가 올 수도 있다고 예상했다.

그래서 미 국무부 전략정책단 정책과장 딘 러스크 대령(Dean Rusk, 1909-1994년, 제2차 세계대전 참전 장교·제54대 국무장관)은 한반도 38선 분할 점령안을 서둘러 작성하여 '일반명령 제1호'가 명문화되었다.

〈일반명령 제1호〉
'38선 이북의 일본군은 소련극동군 사령관에게 항복하고(2조)'
'38선 이남의 일본군은 미군 태평양 육군 사령관에게 항복한다(5조)'

1945년 8월 11일 이 방안을 소련 측에 통보한다. 소련은 종전을 목전에 두고 참전하여 승승장구 한반도로 진격해 아무 저항 없이 순조롭게 남진한 것이 찔리기도 하고 그냥 수락한다. 이렇게 해서 38선을 경계로 북쪽은 소련이 남쪽은 미군이 일본군의 무장 해제 임무를 맡게 되었다.

하지만 이것은 나라를 두 개로 만들겠다는 내용이 아니고 다만 군사적 점령을 어떻게 할 것인가였다. 정치적이 아닌 군사적인 목적으로 그은 임시적인 선이었다.

미국이 히로시마와 나가사키에 투하한 원자탄으로 인해 더 이상 버티지 못한 일본제국은 1945년 8월 14일 연합국에 통보하고 1945년 8월 15일 낮 12시에 일본 쇼와천황 히로히토(1901-1989년, 제124대 천황)가 라디오 방송으로 무조건 항복을 선언하였다.

소련군은 나진, 청진을 거쳐 1945년 8월 22일 평양에 진주한 소련 제25군 사령관 치스차코프(Chistyakov, 1900-1979년)가 일본 관동군 제34군을 무장 해제시키고 38선 이북을 점령하고 평양 소련군정의 최고 사령관이 되었다.

미군은 1945년 9월 8일 아침 마침내 존 하지(John Reed Hodge, 1893-1963년) 사령관이 이끄는 2개 사단이 인천 월미도에 도착하였다.

한국인으로서는 실로 일제 식민 지배 36년 만에 맞이하는 해방군이었다. 이튿날 9월 9일 일본군의 항복을 받아 내고 아베노부유기(安倍信行, 1875-1953년) 조선 총독은 미군 제24군단장 존 하지 중장과 제7함대 토마스 킨케이드(Thomas Cassin Kinkade, 1888-1972년) 해군 제독 등이 지켜보는 앞에서 항복 문서에 서명했다. 일본의 항복으로 한반도는 일제의 식민지 지배에서 해방과 동시에 38선을 경계로 남과 북이 분리되었다.

그 당시 소련군은 미국과의 약속대로 38선 이하의 남진은 하지 못하고, 우리의 의지와는 상관없이 남북이 분단되는 운명을 감수하게 되었다.

미국이 홀로 수행한 일본과의 전쟁에서 소련은 큰 희생 없이 대일선전포고 엿새 만에 한반도 38선 이북과 일본의 북방 4개 섬을 점령하였다. 소련군이 점령한 38선 이북에서는 소련군이 가는 곳마다 약탈, 방화, 강간, 학살 등 수많은 반인류적 범죄가 곳곳에서 끊이지 않았다.

미·소 분할 점령의 결과 남한에는 미국식 자유 민주주의 체제가 들어왔고 북한에는 스탈린식 공산 전체주의 정권이 들어섰다.

1948년 9월 9일 북한은 '조선민주주의 인민공화국'을 창건하고 김일성을 수상으로 선출했다. 소련은 한반도에 공산 정권을 수립하고 위성 국가화하려는 목적이 있었다. 소련 붕괴 후 공개된 기록으로 확인된 사실이다.

그러나 천만다행으로 딘 러스크 대령과 미 국무부의 기지로 소련군의 38선 이하의 남하를 막고 남한을 점령한 미국에 의해 우리가 미국식 자유 민주주의 체제를 도입하여 자유 대한민국을 건국하게 되었다. 1948년 5월 10일 총선거를 통해 제헌 국회를 구성, 8월 15일에 대한민국 정부를 수립하고 초대 대통령은 이승만이 선출되었다.

개개인이 누리는 인간의 기본권과 경제 수준을 보면 미군이 점령한 남한은 해방되어 자유를 얻었고, 자주독립으로 경제 발전을 이루어 세계경제 10위권의 경제 대국으로 선진국 대열에 우뚝 서게 되었다. 이런 나라에서 우리 국민은 자유를 만끽하며 잘살고 있는 반면에 소련을 통해 해방되고 중국의 품에 안긴 북한은 세계 최악의 인권 탄압 독재 공포 국가, 마약 밀매, 달러 위조 화폐를 만드는 불량 국가로 전락하였다. 공산주의와 김일성 일가의 압제에 시달리는 이북 동포는 식량난으로 배고파 굶주리는 지구상에서 가장 가난한 나라로 해방 78년이 지난 지금도 김일성식 '공산주의 독재'의 사슬에서 시달린다. 그럼 누가 점령군이고 누가 해방군인가?

자유롭고 풍요로운 대한민국에서 표현의 자유를 만끽하고 잘살면서 북한을 찬양하고 반국가적인 행동을 하는 종북 좌파들의 소원대로 미군이 남한을 점령하지 못했다면 그들이 지금 누리고 잘사는 이 모든 혜택은 있을 수도 없다.

그러므로 자유 대한민국을 사랑하는 모든 국민은 항상 감사한 마음으로 미국을 기억하고 한미 동맹을 소중히 생각해야 한다. 그러나 현실은 불행하게도 이러한 우리의 기대와 도리에 역행하는 상황이 확산되고 있다.

한국전 참전 미 장병들을 위한 보은행사

보은행사를 준비하며 가진 기자간담회에서 설명하는
저자에 관한 신문 기사

    한나라당의 비민주적 공천 방식에 항의하여 탈당과 더불어 국회를 떠난
나는 한미교류협회와 함께 미국의 도움과 은혜, 특히 6.25 참전 미 재향군
인들의 영웅적 희생과 헌신에 보답하기 위해 우리의 고마운 마음을 직접
만나 전하기로 하고 미국 현지에서의 '보은행사'를 계획했다.

    우선 이 사업을 추진하기 위한 종잣돈 마련이 시급했다. 궁리 끝에 앞으로 대중교통을 이용하기로 하고 내 자동차를 처분하기로 했다. 나를 위해 다년간 수고한 기사에게는 미안했으나 기사를 보내고 나니 그의 연봉과 자동차 판 값으로 종잣돈을 마련할 수 있었다. 나는 그 돈을 갖고 무조건 로스앤젤레스로 와서 몇 분의 지역 유지들을 만나 나의 계획을 설명했다.

그중 오렌지카운티 한인회 회장을 역임한 오구 박사가 적극적으로 동참 의사를 보여 함께 행사를 준비하기로 하고 비용은 50대50으로, 즉 한미교류협회와 오렌지카운티의 한인들이 반반씩 나누어 부담하기로 합의를 보았다.

행사의 취지가 좋아 많은 한인 교포들이 자진해 봉사하고 도와주어 행사 준비는 순항할 수 있었다. 이 행사를 주관할 조직이 필요해 우리는 'Friends of American Veterans of the Korean War(한국전 미 참전용사들의 벗)'를 조직하여 내가 회장을 맡고 많은 훌륭한 분들이 참여해 큰 도움을 주었다.

제1회 보은행사 '한국전 참전 미 노병들에 대한 감사 행사'

'Appreciation Concert honoring American Veterans of The Korean War'는 2008년 5월 24일 오렌지카운티 라미라다 극장(La Mirada Theater for Performing Arts)에서 이 지역의 미 한국전 참전 노병들과 가족 500여 명이 참석한 가운데 성대히 개최되었다. 보은행사는 기대 이상의 대성황으로 참석한 미 한국전 참전 영웅들이 모두 만족하고 즐거워하는 모습들이 인상적이었다.

그리고 이 행사를 위한 한인 동포들의 열정과 봉사 역시 대단했다. 이 행사를 통해 우리는 보은행사를 미 전역을 대상으로 추진하는 것도 가능하겠다는 확신을 갖게 되었다.

제2회 보은행사는 '미 한국전 참전 재향군인협회'의 월간지에 '보은행사' 초청장을 광고로 실어 미 전역에 있는 한국전 참전용사들을 1박 2일의 행사에 초청하는 것으로 준비했다.

2009년 6월 21-22일, 라스베이거스 팔레스 스테이션 호텔에서 개최했다. 전국에서 참전 노병들 일부는 부부 동반으로 1,000여 명이 참석해 즐거운 시간을 보내며 전쟁 때의 각자의 체험담과 한국의 눈부신 발전을 이야기하며 모두가 만족해했다.

한 노병은 강원도 시골 마을에서 사귄 자신의 첫사랑인 시골 앳된 아가씨의 사진을 보여 주면서 평생 자기 첫사랑을 찾으려고 애썼으나 아직까지 찾지 못했다며 꼭 죽기 전에 찾아야 하니 도와달라고 부탁했다. 이 이야기를 들으며 박계주의 장편소설 《순애보》의 또 다른 버전을 보는 것 같아 마음이 울적했다.

우리는 이 사업을 통해 미국인들에게 "당신의 희생과 헌신 그리고 자유에 대한 신념을 존경하고 항상 기억하고 감사히 생각한다."라는 범국민적 감사를 전할 수 있다고 확신하게 되었다.

> **"한국전 노병 찾아 보은잔치 [전쟁 60주년 맞아 한인 인사들 모임 만들어 6월 라스베이거스에서 1,200명 초청 본보 후원 매년 개최]", 〈미주 한국일보〉, 2009. 4. 16.**
> "여러분의 희생과 헌신을 결코 잊지 않을 것입니다." "'한 번도 들어보지도 못한 나라, 한 번도 만나본 적도 없는 사람들'을 위해 자신을 희생했던 한국전 참전 미 재향군인들에게 한인사회의 감사를 전하는 대규모 감사 행사가 올해 라스베이거스를 시작으로 매년 미 전국 주요 도시를 순회

하며 개최된다.

한인사회의 뜻있는 지도급 인사들이 모여 결성한 단체인 '한국전 미 참전용사들의 벗 모임'(이하 벗 모임. Friends of American Veterans of the Korean War)은 본보 후원으로 오는 2010년 한국전 발발 60주년을 앞두고 올해부터 미 전국의 참전용사와 가족들을 한자리에 초청해 그들의 희생과 헌신에 감사하는 대규모 감사 행사를 개최하기로 했다…

중략

한미교류협회 회장 자격으로 이 행사를 적극 주도하고 있는 조웅규 전 의원은 "미국에 거주하는 한인들이 나서 이들에게 감사하는 것은 뜻깊은 일"이라며 한인사회의 적극적인 참여와 지원을 당부했다… 이하 생략."

제3회 보은행사는 2010년 6월 13-14일 양일간 라스베이거스 오를레앙 호텔(The Orleans Hotel)에서 성대히 개최하였다. 우리는 이 '보은행사'를 미 서부 지역에서만 하다 보니 미 동부의 참전 재향군인들의 참여가 저조했다는 점을 깨달았다.

제4회 보은행사는 2011년에 워싱턴 지역에서 하기로 하고 워싱턴 한인회 홍일송 회장에게 연락해 취지를 설명하니 즉석에서 좋다고 하여 비용을 한미교류협회와 워싱턴 한인회가 반반씩 책임지기로 합의하였다. 많은 한인 자원봉사자들의 헌신적 수고로 우리는 2011년 보은행사를 6월 24-25일 양일간 워싱턴 근교 타이슨스코너 쉐라톤 프리미어 호텔(Sheraton Premier at Tysons Corner)에서 미 동부에 거주하는 한국전 참전 미 노병과 가족 700여 명을 초청해 성공적으로 행사를 치를 수 있었다.

"한국전 참전 미군 용사 700명 초청… 동부 지역 한인회론 처음. VA 한인회·한미교류협회, 24-25일 보은행사 개최", 〈워싱턴 중앙일보〉, 2011. 6. 7.

버지니아 한인회(회장 홍일송)가 오는 24-25일 이틀 동안 한국전쟁 발발 61주기를 기리기 위해 전국의 생존한 미군 용사 중 700여 명을 초청해 '한국전 참전 용사 보은행사'를 개최한다고 밝혔다. 타이슨스 코너의 쉐라톤 프리미어 호텔과 워싱턴 한국전 기념공원 등에서 열리는 이번 행사는 버지니아 한인회와 한국의 한미교류협회(회장 조웅규)가 공동 주최하고 한국전 참전 미군 전우회(FKWAV)가 주관한다. 홍일송 버지니아 한인회장은 6일 애난데일의 팰리스 연회장에서 가진 기자 회견에서 "올해로 4회째인 행사는 지난 3회 동안 서부에서만 열렸다."라며 "동부에서 열리는 첫 행사이고, 이 행사를 한인회가 주최하기는 최초"라고 밝혔다. 이어 "민간단체가 한미 관계 발전에 도움이 되는 행사를 열게 돼 의미가 크다."라며 "시간이 갈수록 세상을 뜨는 참전 용사들이 늘기 때문에 그들이 살아 있을 때 우리의 감사한 마음을 표현하기 위해서는 행사 개최를 미룰 수 없었다."라고 덧붙였다… 중략.

24일 오후 5시 30분 쉐라톤 호텔에서 기념행사가 열리며 한국전 참전 군인 출신인 찰스 랭겔(민주, 뉴욕) 연방 하원 의원이 기조연설을 할 예정이다… 중략. 24일에는 전쟁 이후 경제 대국으로 부상한 한국 소개 영상과 한국 국기원의 태권도 시범, 전통 한국무용 공연 등의 순서가 마련됐다. 25일 참전용사들의 전쟁체험기를 나누는 시간과 국악공연 등이 진행되며 오후에는 워싱턴에 있는 한국전 기념비 헌화와 참배 의식 등이 치러진다. 〈이성은 기자〉

홍일송 회장과 행사 준비를 위해 수고한 많은 봉사자들에게 다시 감사의 마음을 전하고 싶다.

제5회 보은행사는 2012년 미주 한인 총연합회 회장 유진철 회장과 공동으로 7월 16-17일 양일간 뉴저지주 어틀란틱시티 캐사르호텔(Atlantic City Caesars Hotel)에서 개최했다.

> **"한국전 참전용사 보은의 밤 행사"**, 〈한국일보〉, 2012. 7. 18.
> "한국전 참전 미군 용사 초청 보은의 밤 행사가 16일과 17일 양일에 걸쳐 뉴저지주 애틀랜틱 시티에서 열렸다. 한국전 참전 미군들과 가족들을 초청한 가운데 감사를 표한 이날 행사는 한미교류협회(회장 조웅규)와 미주 한인 총연합회(회장 유진철)가 공동으로 주최했다. 최영진 주미 대사는 참전용사들의 용기와 희생을 기리는 내용으로 기조연설을 했다."
> 〈이창열 기자〉

나는 이 행사를 위해 수고를 아끼지 않은 유진철 미주 한인 총연합회 회장과 Ken Ahn(Kwang S. Ahn) 회장에게 그리고 많은 자원봉사자들에게 특별히 감사의 뜻을 전하고 싶다. 지금도 보은행사에 오신 많은 참전영웅들이 즐겁고 만족스러운 시간을 보내며 또한 한국의 감사함을 너무 고맙게 생각하며 얼굴에 함박웃음의 꽃을 피우던 따뜻한 표정들이 생생히 기억에 떠오른다. 이 보은행사를 진행하며 미 한국전 참전영웅들로부터 나는 많은 감사편지를 받았다. 그 편지 중에서 하나를 인용한다.

Dear Chairman Woong Kyu Cho:

It is hard to put into words how much I appreciate the hospitality shown to my wife and me at the FAVKW 2020 Event in Las Vegas. We were absolutely thrilled to be able to attend and meet such a wonderful group of people.

My special thanks go to the volunteers who made us feel welcome at every turn.

The love and friendship displayed was overwhelming. We will never forget you and the Friends of American Veterans of the Korean War.

Respectfully,

RMC Emory L. Crews

우리는 이 보은행사를 2013년에는 하와이에서 개최하기로 하고 하와이의 교민 유지들과 협의해 행사 준비에 착수하였다. 그런데 한국 정부에서 휴전 50주년을 기념해 미국에 있는 모든 한국의 외교공관에서 보은행사를 개최하기로 하였다. 그래서 하와이 한국 총영사관도 그해 7월 27일 휴전일을 기해 보은행사를 한다고 하여 하와이의 교민 유지들이 중복을 피하기 위해 우리 행사를 취소하는 것이 좋겠다고 연락이 와 심사숙고 끝에 아쉬움을 남기며 하와이 보은행사의 취소를 결정하였다.

이를 계기로 지난 5년간 열과 성을 다해 한미교류협회가 중심이 되어 추진했던 보은행사가 막을 내리게 되었다.

지난 2008년부터 2012년까지 5년간 미주 동포들의 열렬한 참여와 헌신적인 봉사로 나는 미 한국전 참전영웅들을 위한 보은행사를 감사한 마음으로 추진할 수 있었던 보은행사들을 잊을 수 없다.

'우리의 감사한 마음을 미국에 전하는 생생한 역사'의 기록을 남기게 된 것을 보람이 있었던 일로 자부한다. 그리고 모든 미 한국전 참전용사들과 미국 정부 그리고 미국 국민에게 감사와 함께 하나님의 무한한 축복이 넘치기를 기도한다.

17부

언론 인터뷰를 통해 본 조웅규

〈월간한민족〉이 만난 조웅규 의원

[조웅규 의원이 걸어온 길], 〈월간한민족(The Monthly Korean)〉제2권 제2호, 2004. 2월호.

"정략 아닌 정책으로 유권자 심판을 받겠다."

"60의 나이에 늦깎이 등원⋯ 4년 연속 입법활동 1위"

조웅규 의원은 오랜 미국 유학 생활과 미국과 한국에서의 교수생활을 거쳐 60의 나이에 제15대 국회 전국구의원으로 의정 활동을 시작한 늦깎이 의원이다. 그러나 그는 경실련 참여연대 등 250여 시민단체가 발표한 '개혁입법 발의'에서 1위를 차지할 정도로 386세대의원을 능가하는 왕성한 의정 활동을 펼쳐 국민의 사랑을 받고 있다.

이번 재외 동포법 개정안(조웅규 대표 발의: 일명 조웅규안)의 국회법사위 심의통과에서 볼 수 있듯이 그의 의정 활동은 '세비 축내는 정치인'들과는 큰 대비를 이루며 모범적 의정 활동을 펼쳐왔다. '총선 준비도 중요하지만 7백만 해외 동포들에 대한 사명감에서 기필코 통과시켜야 했다'는 그의 말에서 신뢰를 읽을 수 있었다. 16대 국회에서만 대표 발의 법률안이 46건, 공동발의 법률안이 136건으로 의원들 중 단연 베스트이다.

'6.25 때 피난⋯ 고학으로 미국대학 교수까지'

"연고 하나 없이 무일푼으로 유학길에 올랐습니다." 그러나 매 순간 최선을 다했습니다. 워싱턴에서 유학생회 회장을 하고, 동부뉴멕시코 주립대에서 석사과정, 미주리 주립대에서 박사학위를 취득하는 등 주경야독의 힘들었던 미국 유학 생활에 대한 조씨의 회상이다⋯ 대학교수 시절 한국국제 교육협의회 회장, 한국아메리카학회 부회장, 사단법인 한미교류협회 회장으로서 교육문제 및 한미간 교류협력 우호증진에 주력했던 경험이 첫 의원 생활에 큰 도움이 되었다고 설명하며 앞으로 이 분야에 깊이 일조하고 싶다는 포부를 밝혔다.

2001년부터 이번 2004년까지 제16대 국회는 그가 이미 신참 의원이 아님을 확인시켰다. 국민의 뜻을 정책에 반영하기 위해 여야 대치상황에서도 각 당 의원들과 머리를 맞댔고 모범법안을 찾아내기 위해 행정부와 유관 시민단체를 찾아 나섰다. 중진의원이면서도 정략적 파당적이지 않은 그의 모습은 후배 의원들에게 귀감이 되기에 충분했다.

16대에서 그는 통일외교통상위 간사, 국회연구단체인 안보통일정책연구회 회장, 한미의원외교협의회 간사장, 한국 앰네스티 국회모임 부회장 등 굵직한 직책을 맡고 있다. 그리고 영자 계간지 〈U.S.-Korea Tomorrow〉를 창간, 미국 입법부, 행정부를 비롯하여 한국관련 단체와 연구소 등에 매월 6,000부를 배포하며 새로운 시대의 한미 관계 정립을 위해 노력하고 있다.

이 같은 조 의원의 활동은 국회 사상 유례없는 '입법 활동 4년 연속 1위 유지' 기록을 낳았고 또 성실한 의정 활동으로 2003년도 국정감사 "통외통위 베스트 의원"으로 선정되기도 했다. 또 2003년 국회 개원 50주년 기념식에서는 조 의원이 회장으로 있는 '국회안보통일포럼'이 우수연구단체로 표창을 받는 영예를 안기도 하였다… 이하 생략.〈심선미 기자〉

미국의 대북관과 유사한 조웅규 의원

[만나봅시다], 〈일요시사〉, 2003. 4. 27.

'6백만 명 굶주리는 국가, 사치향락품 1억 달러 수입'에서 미국의 대북관에 대한 조 의원의 생각을 소개했다.

"…부시행정부의 대북 인식은 우리가 생각하는 것과 많은 차이가 있다. 지난 김대중 정부를 거쳐 오면서 우리 정부는 북한과 가까워지기 위해 애를 많이 썼다. 하지만 결국 남은 것은 핵 위협과 남한에 대한 무시다. 미국은 약속을 지키지 않는 김정일 정권을 극도로 불신하고 있다…

미국은 김정일 정권의 선군 정치로 인해 국민들이 굶어 죽어 가고 있는 현실을 용납할 수 없다는 입장이다. 북한 주민 3백만 명이 굶주림으로 이미 죽었고, 6백만 명이 현재 배를 곯고 있다. 30만 명 이상이 아사 직전에 북한을 탈출했고, 아이들의 60%가 영양실조로 비정상적인 발육을 하고 있다.

이 모든 것이 어마어마한 군사비 지출 때문이다. 지난 3월에 로이타통신은 북한 고위층이 연 1억 달라 이상의 사치, 향락품을 수입하고 있다고 보도했다. 북한이 미국으로부터 신뢰받지 못하는 결정적인 배경이다.

우리 입장에서도 이 같은 김정일 정권을 인정할 수 없다. 국제법을 준수하지 않고 자기 말에 책임을 지지 않는 북한 정권이 시도 때도 없이 벼랑 끝 전술을 쓰는 모습을 미국은 더 이상 보기 싫어한다. 위조 화폐나 마약 등으로 외화를 벌어 쓰다가 이도 저도 막히니까 외국에 손 벌려서 겨우 살아가고 있는 북한이 핵무기를 만든다고 하니 얼마나 기가 찬 노릇인가. 어느 것 하나 불신감을 가지지 않게 하는 게 없다…."

하지만 북한이 계속해서 막가는 식으로 나온다면 미국도 대북 행동을 충분히 달리할 수 있다. 북한은 지난 50년 동안 줄곧 기만적인 외교술로 우리나라와 미국을 대해 왔다. 얼마 전 북한은 다자회담에서 우리나라를 배제시킨 후 곧바로 식량을 보내라고 요구해 왔다. 북한은 늘 그런 식이다. 세계에 이런 외교를 보이는 국가는 없다.

부시 대통령을 움직이는 체니 부통령과 럼스펠드 장관 등은 보수 강경파들이다. 위협을 느끼기 전에 선제 공격하겠다는 의지를 갖고 있는 사람들이다. 북한은 우리나라를 비롯해 미국이나 일본으로부터 막대한 도움을 받고 있다. 북한도 성의를 보여야 한다. 북한이 계속 장난치듯 외교에 임한다면 평화적 해결은 기대하기 힘들다는 점을 강조하고 싶다."

〈김동현 기자〉

⟨OK Times⟩가 평가한 인간 조웅규

칼럼니스트 서병욱 작가의 인터뷰 기사로 인간 조웅규를 분석했다. 사실 나는 가끔 다른 사람들이 나를 어떻게 생각하는지가 궁금했다. 그렇다고 대놓고 나를 어떻게 생각하느냐고 물을 수도 없고, 궁금하던 차에 ⟨OK Times⟩의 인터뷰 기사를 보고 내가 이렇게 사람들에게 인식된다면 좋겠다고 생각했다.

"한나라당 '조웅규 의원은, 누구인가' Cover story", ⟨월간해외동포 (Overseas Koreans Times)⟩, 2001. 12월호.
"의원회관 217호의 문을 밀쳤다. 의자에 앉아 있던 키가 훤칠한 사내가 조용히 일어나 취재진의 손들을 잡는다. 그 사내는 정감 어린 얼굴과 어조로 인사를 던져 왔다. 수선스럽지가 않아 상대방의 맘을 편케 해 주는 타고난 재주가 있었다. 그 사내는 한나라당 전국구 국회의원 조웅규 씨였다.

동행한 해외교포문제연구소 이구홍 소장이 한마디 슬쩍 던졌다. "신문이나 TV에서 뵈었던 것보다 실물이 훨씬 낫습니다" "아이, 그렇습니까? 제가 사진발을 안 받는 편입니다" 그랬다. 1m 80cm의 키에 93kg. 그런데도 전혀 뚱뚱해 뵈질 않았다. 안경 새로 비치는 인상은 단아한 학자풍이었다. 아닌게 아니라 6년 전만 해도 그는 계명대 미국학 교수였다. 국회의원이 되면서 휴직했다….

그의 전국구 의원 두 번 연임은, 한국적 정치 풍토에선 이례적이다. 첫 번째는 김영삼 전 대통령이, 두 번째는(김덕룡 의원의 강력한 추천으로) 이회창 한나라당 총재가 전국구 의원을 안겨 줬다.

그의 진정성과 열정, 그리고 능력을 인정한 탓이다… 입법 활동 중 돋보이는 것은 35년간 3천 5백여 명을 배출한 국군간호사관학교를 자동 폐교 시키려고 정부가 2년째 간호사관생도 모집을 일방적으로 중단한 위법성에 대해 법률안을 개정해 국군간호사관학교를 존속시킨 것이다.

또한 창군 및 6.25 참전 장기 복무 군인 퇴직급여 지급을 위한 특별법을 제정해 7천여 명의 노병들이 국가로부터 보상을 받을 수 있도록 1년 동안 노력했다.

그를 흔히들 정치 초년생으로 본다. 그러나 그의 정치와의 연계는 1960년 연세대를 졸업하던 그해로 거슬러 올라간다. 7.29 선거에서 정일형 박사 캠프에 들어가 유세에 가담함으로써 정치에 입문한다.

민주당 집권 후 한국 UN협회 총 간사를 1년여 하기도 했다.

그러다 5.16 이후 군사정권이 들어서면서 정치와 담을 쌓는다. 공화당에서의 입당 권유도 있었지만 한마디로 일축하고 말았다.

그는 '돈 없이 하는 정치'에 익숙해 있다. 관심사는 입법과 통일 외무, 그리고 재외 동포 쪽에 실려 있다. 그는 또 '국회 내 미군의 벗들'이란 모임도 만들었다… 재외 동포 재단이 하는 일을 돕는 것은 결국 재외 동포는 물론 한국을 위한 것입니다. 재외 동포에 실린 에너지는 바로 한국으로 전이되고 시너지 효과까지 안겨 줄 것입니다….

그와 인터뷰를 끝내고 돌아서면서 '아직도, 참, 괜찮은 정치인이, 국회의원이 있구나! 하는 생각이 들었다. 의원회관을 돌아 여의도 광장에 이르자 겨울을 재촉하는 바람이 한 줄기 지나쳤다. 그 바람이 따뜻하게 느껴졌다."

저도 **북한**에서 왔습니다

ⓒ 조웅규, 2023

초판 1쇄 발행 2023년 7월 25일

지은이   조웅규
펴낸이   이기봉
편집   좋은땅 편집팀
펴낸곳   도서출판 좋은땅
주소   서울특별시 마포구 양화로12길 26 지월드빌딩 (서교동 395-7)
전화   02)374-8616~7
팩스   02)374-8614
이메일   gworldbook@naver.com
홈페이지 www.g-world.co.kr

ISBN   979-11-388-2136-0 (03330)